JN102452

αブックス

新 プリメール民法2

物権・担保物権法［第2版］

今村与一・張　洋介・鄭　芙蓉
中谷　崇・髙橋智也　著

法律文化社

第２版はしがき

不動産登記簿上所有者が判明せず，あるいはその所在が不明のままになっているという意味での所有者不明土地の解消に向けて，2021（令和３）年４月28日，「民法等の一部を改正する法律」（令和３年法24号）および「相続等により取得した土地所有権の国庫への帰属に関する法律」（同年法25号）が公布された。民法関係の改正法は，2023（令和５）年４月１日から施行され，いわゆる相続土地国庫帰属法の施行は同年４月27日から，不動産登記法関係の改正法は，2024（令和６）年４月１日から順次段階的に施行されるとのことである。

本書第２版では，改正法の施行を待たずに，できるだけ上記の立法措置を叙述の中に取り入れることにした。関連する箇所は，相隣関係，無主物先占，共有，相続と登記など多岐にわたる。また，この機会に，日頃の授業実践を通して執筆者各人が気づいた点や学生からの要望を反映させるべく，新たに具体例や判例を加えたり，より平易な説明に近づけるための推敲を重ねたり，全面的な見直しを図った。

それでも，本書の守備範囲に限っただけでも，民法が抱える難題は複雑さを増すばかりである。読者には，そうした法の「現実」にひるまず，果敢に挑んでほしい。本書がその水先案内人になることを切に願うものである。今回も，細部に至るまで法律文化社の野田三納子氏のお世話になった。ここに記して感謝の気持ちを表したい。

2022年７月20日

執筆者を代表して

今村与一

はしがき

『プリメール民法』と名付けられた本シリーズの初版が刊行されてから，早18年の歳月が経過した。十年一昔というが，この20年近い間の日本社会の変貌ぶり，大学内外の環境の変化，そして何より，本シリーズの対象とする民法本体の変動が尋常ではない。その書名が物語るように，初学者向け民法教科書として，自学習や学部専門教育での活用が期待された本シリーズの全面改訂が求められるのも時代の趨勢というべきであろう。

そこで，新シリーズの本巻でも，その内容を書き改めるべく，中堅世代の執筆者と大幅に入れ替わる布陣となり，前シリーズの執筆者のうちで残ったのは私のみとなった。これは，かみくだいた平易な説明を心がけ，コラム欄（WINDOW）では，注目すべき問題を取り上げながら，つねに社会の現実を念頭に置いて生きた民法理解を読者に促すという本書初版以来の持ち味を継承し，かつ次世代を担う若者と同じ目線で清新な空気を民法学習に吹き込むという企画趣旨に沿ったものと思われる。

実際，執筆方針や各自の持ち寄り原稿をめぐって自由に議論を交わし，用語や記号の統一まで相互に気を配り，複数回の編集会議を経て出来上がった校正刷りを通読すれば，少なくとも分担執筆にありがちな叙述の不均質な状態は免れている。1970年代にはじめて民法を学んだ「旧世代」に属する者の視点で見れば，相対的に変動が少ない物権法の基本事項の説明においても，マンネリ化した表現ではなく，「現世代」，「新世代」ならではの言語表現が新鮮で心地よい。それだけに，これから民法を学ぼうとする読者にとって，親しみやすく心強い“民法学習の友”になってくれるものとひそかに期待している。

2017年の債権法を中心とした民法改正は，その対象外であった物権法領域にも大きな影響を及ぼしている。2017年の「民法の一部を改正する法律」の施行が2020年４月１日に予定されており，施行後を前提とした解説を施すという本シリーズ全体の執筆方針に従い，本書の中で引用された民法改正後の条文は相当数に上る。一般的な傾向として，改正後の条文は，格段にボリューム・アップしているから，関係する条文を読みこなすだけでも，正直一苦労だが，それが民法学習の妨げになるようでは，あえて民法改正を果たした立法趣旨にも反しよう。大学での法学教育の一環をなす民法講義担当者の手腕が試される時代でもある。

本書にも前シリーズと同じくらいの寿命が見込まれるとすれば，今世紀前半の四半世紀を優に超える期間となる。はたしてこの先どのような変化が待ち受けているのか，すぐには明確な展望を得られようもないが，願わくは，読者とともに必要な改訂を重ねて本書も歩み続けたい。末筆ながら，法律文化社の野田三納子氏には，本書刊行に至るまでお世話になったうえ，私たち執筆者の「最初の読者」として，きめ細やかで的確な助言を惜しまれず，大切なことを次世代へ伝える作業に貢献していただいた。ここに記して心からの感謝の気持ちを表したい。

2018年1月20日

執筆者を代表して

今村与一

目　次

WINDOW 目次

凡　　例

【1】 判例の略語（主要なもの）

大　判……大審院判決
大連判……大審院民事連合部判決
最　判……最高裁判所小法廷判決
最大判……最高裁判所大法廷判決
地　判……地方裁判所判決

民　集……大審院（最高裁判所）民事判例集
民　録……大審院民事判決録
刑　録……大審院刑事判決録
新　聞……法律新聞
訟　月……訟務月報
金　法……金融法務事情
判　時……判例時報
判　タ……判例タイムズ

【2】 法令名の略記

本文カッコ内での法令条名の引用に際して，民法典については，条名のみかかげ，その他の法令で頻度の高いものは，その法令名を，通例慣用されている方法により略記した。

【3】 その他

本書は，2021（令和３）年４月21日成立，同月28日公布の「民法等の一部を改正する法律」（令和３年法24号），「相続等により取得した土地所有権の国庫への帰属に関する法律」（令和３年法25号）による改正までを反映させている。

著者紹介

今村　与一（いまむら　よいち）　序章，第２章　執筆

略　歴
1978年 広島大学政経学部卒業，東京都立大学大学院博士課程単位取得退学後，東京大学社会科学研究所助手，岡山大学法学部助教授等を経て，
現在，**横浜国立大学名誉教授**

主要著作
『意思主義をめぐる法的思索』(勁草書房，2018年)，「抵当権と所有権の関係：その理論的分析の試み」『日本社会と市民法学―清水誠先生追悼論集』(日本評論社，2013年)，「不動産法序説」『民主主義法学と研究者の使命―広渡清吾先生古稀記念論文集』(日本評論社，2015年)，「変動するフランス物的担保法制の現状：2006年民法典改正前後の点描」『現代都市法の課題と展望―原田純孝先生古稀記念論集』(日本評論社，2018年)

◆読者へのメッセージ◆

どんな情報でもスマホから簡単に手に入れることができる時代に，じっくり一冊の書物に取り組み，六法を片手に堅苦しい用語や表現を読み解く作業は，たしかに大なり小なり忍耐を必要とする。けれども，そうした法的思考のトレーニングを積み重ねるなかで，多様な紛争の平和的解決の道筋が見えてくるはず。民法は，日常生活や資格試験に役立つだけでなく，人間本来の理性を鍛える格好の修練の場でもあることを忘れないようにしよう。

張　　洋介（はり　ようすけ）　第１章，第４章，第８章，第９章　執筆

略　歴
1998年 関西学院大学法学部卒業，2005年 関西学院大学大学院法学研究科博士課程後期課程単位取得満期退学，徳島文理大学講師，島根大学准教授を経て，
現在，**関西学院大学大学院司法研究科准教授**

主要著作
「土地問題と土地所有権論の変容―都市における土地所有権概念の検討に向けて」法と政治55巻第３号（2004年），「土地所有権論における補償の論理と調整の論理―ドイツにおける相隣法上の調整請求権の分析から」法と政治62巻３号（2011年），「土地所有権論の再定位―ドイツ相隣法上の調整請求権の分析から」私法76号（2014年）

◆読者へのメッセージ◆

民法を勉強するとき，つねに手元に六法を置き必ず条文を見るようにしてください。その条文が何を目的として誰が誰に対して何を認めているのか，を理解することが必要です。ただし，条文だけ見ていてもまったくおもしろくないでしょう。民法というものはわれわれの生活を規律する法律です。つまり，現実の社会において適用されるルールなのです。したがって，各条文も現実の社会においてどのような問題に対して適用されているのかを意識して判例を読むことで生き生きとした民法の世界が見えてくるはずです。最初はなかなか捉えにくいと感じると思いますが，一度身につけば民法の学習がより楽しいものとなるでしょう。頑張ってください。

鄭　芙蓉（てい　ふよう）　第３章，第５章　執筆

略歴　1999年 中国西北政法大学経済法学部卒業，2006年 京都大学大学院法学研究科博士後期課程修了，博士（法学），京都大学助教，名古屋商科大学専任講師を経て，
現在，**広島修道大学大学院法学研究科教授**

主要著作　「中国物権法成立の経緯と意義」ジュリスト1336号（2007年，共著），『中国物権変動法制の構造と理論―日本法との双方向的比較の視点から』（日本評論社，2014年），『18歳からはじめる民法〔第４版〕』（法律文化社，2019年，共著），「不動産抵当権の売却代金への物上代位の可否について―中国物権法の議論を手がかりとして」『21世紀民事法学の挑戦―加藤雅信先生古稀記念（上巻）』（信山社，2018年）

◆読者へのメッセージ◆

物権法には，私たちの生活に馴染みがない権利が多く規定されており，難しいとよく言われている。しかし，物権法は国や地方の社会生活の実態をそのまま反映しているため，自国の民法の特色を知るための絶好の素材である。日本の物権法は，ドイツ民法の物権編の構造を受け継ぎながら，物権変動についてフランスの意思主義・対抗要件主義を採用している。また，西欧法を継受しながら，永小作権や入会権などを規定し，日本法の独自性を出している。独仏法の混在，西欧法と固有法の融合に注目しながら，物権法のおもしろさを是非発見してみてください。

中谷　崇（なかや　たかし）　第６章，第10章　執筆

略歴　2002年 法政大学法学部卒業，2009年 横浜国立大学大学院国際社会科学研究科国際経済法学専攻博士課程後期修了，博士（国際経済法学），駿河台大学法学部准教授を経て，
現在，**立命館大学法学部教授**（2017年４月～2018年９月 マールブルク大学客員研究員）

主要著作　「双方錯誤の歴史的考察―ドイツ法の分析(1)～（4・完）」横浜国際経済法学17巻１号～18巻１号（2008年，2009年），『法社会学の基礎理論』（法律文化社，2013年，共訳），『アソシエイト法学』（法律文化社，2016年，共著），「新型コロナウイルスの大流行と行為基礎の障害に基づく賃料減額の可否―総論的考察編」立命館法学399・400号（2021年）

◆読者へのメッセージ◆

知識を覚える→理解する→新たな知識を覚える→理解する。民法の学習は，骨組みだけにすると，この繰り返しだと思います。残る問題はこれをどう実行するかです。テキストはそのための１つの手段です。その際に心がけて欲しいのは，ただ読むのではなく，内容を人に説明できるようになることを目的に読むということです。そうすれば，グッと理解が深まります。本書が皆さんの学習の一助となれば幸いです。

髙橋　智也（たかはし　ともや）　第７章　執筆

略　歴

1995年 山形大学人文学部卒業，2000年 東京都立大学（現首都大学東京）大学院社会科学研究科博士課程単位取得退学，熊本大学法学部准教授，大阪市立大学大学院法学研究科准教授を経て，
現在，**大阪大学大学院高等司法研究科教授**

主要著作

「抵当権の物上代位に関する一考察(1)～(3・完)」東京都立大学法学会雑誌38巻２号～39巻２号（1997年～1999年），『史料債権総則』(成文堂，2010年，共編)，「譲渡担保の法的性質論に関する覚書」阪大法学66巻３＝４号（2016年）

◆読者へのメッセージ◆

民法は「市民生活の基本法」と称されます。これは，我々が日常生活を円滑に送るために必要不可欠な法的基盤となっているのが民法である，ということを意味します。読者の皆さんには，自分たちの日常生活になぞらえながら本書を読むことをお勧めします。たとえば，普段「このPCは自分の物だ」と何気なく思っていることは，民法では，「このPCには自分の所有権が成立している」と表現されます。本書を通して，民法の学習が少しでも楽しいものとなることを祈っています。

序　章

物権法・担保物権法を学ぶための基礎知識

●本章で学ぶこと

民法の授業は社会の現実から遠い。難解な言葉が飛び交うばかりで日常との接点，社会生活とのつながりが見えにくい。物権法・担保物権法もその例に漏れない。このような不満を抱き続けている初学者は，きっと多いはず。そこで，本章は，民法の中で用いられる基本概念・用語の説明を兼ねながら，少しでも現実味のある「物権法・担保物権法案内」を心がけた。抽象的な言語の世界（実定法）は，さまざまな民事紛争，社会問題との関連を意識すれば，やり甲斐のある魅力的な世界に生まれ変わる。また，知らず知らずのうちに民法の用語法に慣れ親しめば，本格的な民法学習へと歩みを進めることができる。幸先のよいスタートを！

第1節　物権法の基礎知識

1――物権とは何か：物権と債権

[1] 民法体系上の位置

これから私たちが学ぼうとする民法は，その編別構成でいえば，第二編「物権」と題された分野である。この「物権」編では，多様な財産をめぐる法律関係が規律されている。たとえば，個人が日常生活を営むうえで必要不可欠の身の回り品は，ことごとく「動産」と呼ばれる財産に分類される。しかも，その大半は，手作りの自家製ではなく，商品として供給されるものである。そして，個人消費者のみならず，法人企業もまた，日々，商品化された財貨の交換（市場取引）を通じ，企業活動を続けている。民法が取り扱う財産の多くは，最終消費者のもとで衣食住に供されるものを除けば，市場取引の対象となり，つねに持ち手を交代させていると考えてよい。衣食住のうちで最も高価な財産，土地・建物を意味する「不動産」でさえ，今日では，当たり前のように市場取引の対象とされ，1個の流通市場を形成しているのである。

商品化＝市場化された財産であれば，財産に対する権利，「財産権」（憲29条）も，それだけいっそう強く意識される。いうまでもなく，この財産権を代表するのが所有権である。ただ，所有権と同義で用いられる財産権は，その客体となる財産そのものと混用されることがあるので注意しよう。また，所有権以外の主要な財産権も，後述する「物権」に属し，本書の守備範囲となるが，「債権」に属する権利の中でも商品化＝市場化され，その意味で「財産化」の傾向を強めているものがある点に注意を払おう。

要するに，本書の前半をなす「物権法」とは，取引によって流通する財産と財産権を規律する民法分野である。これに対し，取引の主体，客体および行為に関する共通事項は，民法第一編「総則」に委ねられ（→新プリメール民法1），種々の取引とそこから生じる債権・債務に関する「債権法」は民法第三編に委ねられる（→新プリメール民法3・4）。以上のほかにも，民法は，市場（取引社会）の外にある家族関係（→新プリメール民法5）を包み込んだ人間社会の全体を秩序づけようとしたのだから，まさに「法律」(憲41条・59条）の中の法律，基本法の呼称にふさわしい。

2「私権」の二大区分

毎年の「六法」に掲載される「実定法」(現に存在している法規範の総体）の体系は，国家との関係を規律する「公法」と，私人間の関係を規律する「私法」に大別されることがある。法の体系は権利の体系でもあるから，公法上の権利は「公権」(たとえば，選挙権と被選挙権，憲法15条，公職選挙法19条以下）と呼ばれ，私法上の権利は「私権」(3条１項）と呼ばれる。この私権を代表する「物権」と「債権」は，民法の編別構成上，明確に区別されている。講学上の説明でも，**図表序-1**に掲げる比較対照表のように，両者の違いは明らかである。

なかでも，「絶対的」(誰に対しても権利主張ができること）でかつ「排他的」(同種の権利の重複的存在を許さないこと）な物権らしさを体現するのが所有権であり，反対に，対人的権利，債権の典型をなすのが，債務者の金銭給付を求める金銭債権である。売買を例にとれば，売主は，通常，契約締結時に売買目的物の所有権を有し，買主は，その代金を対価として目的物の所有権を取得する（555条)。売買と同時に代金が支払われる現金取引では，ほとんど債権が発生する余地はないが，目的物先渡し，代金後払いの「掛売り」，「掛買い」と呼ばれる信用取引になれば，そこには必ず債権・債務が生じる。代金支払期日に支払いがあるまで売主が持つのは，売買代金債権という金銭債権であり，目的物の引渡し，所有権の移転まで買主が持つのは，目的物の引渡しおよび所有権移転請求権という意味での特定物ないし種類物債権（すでに受領すべき目的物が特定されているか，または目的物の種類のみで指示されているかの区別，400条・401条を参照）である。そして，その信用取引が終了し，当事者間の債権・債務関係が消滅すれば，売買の帰結として所有権の帰属が変わったあとの物権関係だけが残る。たしかに，このような具体例で見る限り，物権と債権を区別するのは難しくない。しかし，現実には，原則的に占有物の引渡しを拒むことしかできない留置権（295条）のように，一見して物権らしくない物権もあれば，不動産を目的とする賃借権（605条，借地借家10条・31条）のように，債権らしくない債権もある。はたして，両者を峻別することにどれほど意味があるのか，疑わしいという見方もあり，近年では，両者の区別を相対化する議論が有力とされている。けれ

図表序－1　物権と債権の比較対照表

	物　権	債　権
意　義	ある特定の物を直接的かつ排他的に支配する権利	特定の人（債務者）に対して一定の行為（給付）を要求する権利
性　質	直接的支配 →「対物権」 「絶対権」 （万人に対して） 排他性あり （多重支配を認めない） →一物一権主義	人の行為による媒介 →「対人権」 「相対権」 （債務者に対してのみ） 排他性なし （重複して成立可能であり，残るのは債務不履行の問題。）
種類・内容の決め方	物権法定主義（175条）	当事者の自由 ただし，無制限ではありえない（90条ほか）。
公示の要請	あり	例外的（605条）

ども，物権と債権の比較対照表（→図表序－1）に照らせば，物権法の領域では，物権の種類，内容ともに民法で法定され，本来的に契約の自由が制限されるのに対し，債権法領域は，文字どおり当事者の私的自治が貫徹すべきフィールドであることは留意されてよい。前者において特約の効力を認めない強行規定が多く，後者において特約で排除される任意規定が多いのは，そのことを裏づけるものである。

2――物権の種類

民法第二編第一章の冒頭を飾る175条は，「物権は，この法律その他の法律に定めるもののほか，創設することができない」として，**物権法定主義**の原則を謳(うた)っている。この法原則は何を意味するのだろうか。また，それは，どうして必要とされるのだろうか。さらに，慣習上の物権は，同原則に反し，認められないのだろうか。

1 物権法定主義とは

民法が法定した物権は，所有権をはじめ，それ以外にも①地上権，②永小作権，③地役権，④入会権，⑤留置権，⑥先取特権，⑦質権，⑧抵当権があり，「占有権」を含めれば10種類に及ぶ（→図表序－2）。とはいうものの，入会権に関する規定は，わずか2か条（263条・294条）にすぎず，しかも無内容であり，その法的規律は，民法制定以前から存在していた古い慣習規範に委ねられてきた。したがって，入会権を他の物権と同じように扱ってよいかは，慎重に検討する必要

図表序－2　物権の分類

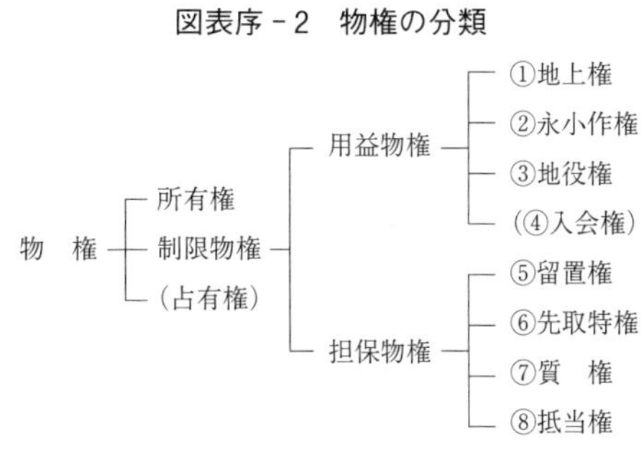

がある（→第5章第4節）。また，第二編第二章は，占有に関する独立の章とされているが，所有権ほか，占有を根拠づける権原（けんげん）の有無にかかわらず，占有支配の事実そのものを法的に保護しようとするのが占有制度の趣旨であるから，これまた，他の物権と同列に置くことはできないように思われる（詳細は，→第6章）。さしあたりは，入会権と「占有権」を脇において考えよう。

そこで，物権法定主義の主眼は何かと問えば，財貨の包括的な支配を可能にする所有権のほか，その諸権能を制限的に有するという意味での制限物権を機能別に配置し，物権の種類を限定することにあると考えられる。制限物権のうち，所有権に代わってその用益的権能を担うのが前掲①から③までの用益物権であり，債権担保として所有権の負担となるのが⑤から⑧までの担保物権である。

2 物権法定主義の存在理由

それではなぜ，民法は，あえて物権の種類を限定し，その内容にまで立ち入って規定しているのだろうか。

歴史的には，封建的な身分社会が解体し，土地をめぐる支配従属関係から個人が解放されたのちも，西欧においては，「物権」の名を借りた封建的諸特権に対する警戒心が強く働いていた。物権法定主義は，そのような封建制の再来を許さず，所有権の自由の妨げとなる制限物権を極力抑え込もうとする当時の立法政策にほかならなかった。

物権法定主義のもとで所有権の自由を確保することが，いわば歴史的な存在理由であるとすれば，何より利用者にとってわかりやすい不動産公示を実現するため，賃借権等を除き，法定された物権に限って登記の対象とした（不登3条）のは，いたずらに登記簿の記載を複雑化させないためのもう1つの法技術的な理由といえるであろう。

□ WINDOW 序-1

「墓地使用権」の将来は？

「墓参り」といえば，かつては大切な年中行事の1つであったが，最近では，都会生活しか知らない孫や曾孫の世代となり，遠方の，しかも辺鄙(へんぴ)な場所に残された先祖代々の墓が荒れ放題になっている例が少なくないという。

ところで，一般に墓地の「分譲」・「販売」の言葉が用いられている場合でも，その大半は，分譲地の所有権ではなく，一区画ごとに設定された「墓地使用権」の販売にすぎない。つまり，購入者は，一区画分の「墓地使用権」を取得し，その上に墳墓（墓石）を所有することになるわけである。

この「墓地使用権」は，判例上，「慣習法上の物権」またはそれに準ずる権利として認められながら，驚くほど未解明の問題が多い。さしあたり，公有（国または地方公共団体の所有）墓地と私有の区別のほか，運営主体別にみれば，寺院（宗教法人）所有墓地，公益法人所有墓地，集落所有墓地の分類が可能だが，これら多様な形態の「墓地使用権」を同質のものとみなすことはできず，類型別に考えてみる必要がある。

おしなべて墳墓所有権と一体不可分の関係にある「墓地使用権」の譲渡処分は，その本来的性質から大幅な制約を伴うはずだが，世代交代のたびに必ず相続の対象となる。しかし，過疎化が著しく，超高齢化が進む地方の集落単位の墓地は，その存続自体が危ぶまれるばかりか，仮にその存続のための運営主体の確保が可能だとしても，「墓地使用権」の帰属主体を特定することが容易でないかもしれない。「墓地使用権」は，「系譜，祭具及び墳墓の所有権」とともに「祖先の祭祀を主宰すべき者が承継する」ものと解されるが（897条1項），数世代に及ぶ複数の相続（「数次相続」）が開始し，しかも，共同相続の例外をなす祭祀承継者が未定のまま放置されれば，「墓地使用権」の主体は不明となってしまうからである。

都市部では，人口集中に伴う墓地の供給不足が深刻化し，農村部では，無人化した村落の墓地が荒廃の一途を辿るという近未来像は，信仰心の厚くない者にとっても決して望ましいものではない。法学的アプローチを含めた多角的な検討が切実な課題となっているのだ。

3 慣習上の物権

たとえば，河川や溜池から引水し，農業用水として使用する農業水利権，源泉地から湧き出る温泉を目的とした「温泉権」，先祖代々の墓所・墓石を設け，その敷地を利用する「墓地使用権」など，いわゆる慣習上の物権は，ふだん気づかないものの，意外にも身近なところで役立っている。ところが，これらの権利を物権として扱う法律上の定めは，どこにも見当たらない。それゆえ，物権法定主義との関係が問題とされてきた。ここでは，「温泉権」に焦点を絞り，慣習上の物権として認められるか否かを考えてみよう。

広義の「温泉権」は，地盤所有権から独立して温泉の出る場所を排他的に支配する源泉権（「湯口権」）と，その温泉を分けてもらう温泉利用権の両方を包含している。これらのうち，源泉権については，判例は，戦前以来，「物権的権利」であることを認めたうえ，その譲渡を第三者に主張するためには「特殊ノ公示方法」を講じる必要があると判断してきた（大判昭15・9・18民集19巻1611頁：鷹の湯温泉事件）。けれども，判例上，物権法定主義と抵触しない積極的な理由づけが示されているわけではない。

この点，現在の有力学説は，民法施行前に生まれた慣習上の物権であっても，その施行後は，民法その他の法律で定めたものでなければ物権の効力を有しない（民法施行法35条）とする前提に立ちながら，「公の秩序又は善良の風俗に反しない慣習は，……法令に規定されていない事項に関するものに限り，法律と同一の効力を有する」（法適用3条）との規定に依拠し，175条との矛盾を免れようとしている。ただ，解釈論の次元での努力を惜しむものではないが，農業水利権にせよ，温泉権にせよ，そろそろ実態調査に基づく本格的な立法措置が検討されてよいように思われる。一例として，現行の温泉法（1948年）は，温泉採取に伴う災害防止や公衆衛生の観点から制定されたものであり，温泉権の法的性格を明らかにする規定は，どこにもみられない。

3――物権の客体

民法85条は，「有体物」の概念を用いて「物」を定義づけている。物権の客体，とりわけ所有権の客体となるものを可視的で触知可能な「有体物」に限局する趣旨である（「有体物主義」）。これを受けた86条では，「有体物」と同義とされた物が，「土地及びその定着物」からなる不動産（同条1項）と不動産以外の動産（同条2項）に区分され，無体の権利に関しては，わずかに無記名債権を動産とみなす規定があったにすぎない（2017年の民法改正前の86条3項。同年改正により同項削除）。従来から物の定義として狭すぎるという批判はあるが，それにしても見事な「有体物主義」の貫徹である。

以下では，この「有体物主義」が採用されたのはなぜか，どのような事情から土地と建物が別個の不動産とされるようになったのか，物権の客体にかかわる法原則として，一物一権主義は何を意味するのか，集合物や財団，金銭といった客体が特殊なのはどのような点かという問題を順次にみていこう。

1 有体物主義

これまでの理解では，物権の客体を有体物に限定する物の定義は，包括的でかつ絶対的な物の支配を可能にするものであり，商品流通の起点となる所有権の客体として，最もふさわしい概念構成であった。なるほど，目に見えないもの，手で触れることができないものを排他的に支配することは容易でない。とすれば，そのような理解の仕方が，近代法固有の所有権に適合的であるようにも思われる。しかし，古くは，「有体物主義」を採用したため，それが「電気は窃盗の目的となるか」という刑法上の論議にまで波及したことはよく知られている（刑法245条を参照）。ましてや，無体の権利が，有価証券に限らず，1個の商品として流通市場に出回る同時代においても「有体物主義」を守るべきかどうか，むしろ守れるかどうかは別問題である。

2 土地と建物

民法86条1項では，**不動産**とは「土地及びその定着物」のこととされているが，土地とその地上に存在する建物が1個の不動産をなすものか，それとも別個独立の不動産となるのかは文理上はっきりしない。実のところ，民法本体には，正面から土地と建物を別扱いにする規定は見られず，意外にも，不動産物権のうち，抵当権の目的物を定めた370条から窺い知るほかないのである。つまり，同条によれば，土地の上に設定した抵当権の効力は，その「抵当地の上に存する建物を除き」，目的不動産（抵当地）に付加して一体をなす物に及ぶとあり，かろうじて地上の建物は土地抵当権の効力の及ぶ範囲の外にあることが判明する。抵当地上の建物をいっしょに担保化するためには，改めてその建物の上に抵当権を設定する必要があるのだから，土地と建物は，1個の不動産ではなく，別々の不動産ということになるわけである。

それでも，不動産登記法（平成16年法律123号）にまで目を向ければ，土地と建物が別個独立の不動産であることは自明となっている。2004年に同法が全面改正される以前は，バインダー式（紙媒体）の登記簿自体が土地登記簿と建物登記簿の2種類に分かれていたが（2004年改正前14条），電磁的記録（電子媒体）として登記が行われる現行法のもとでも，土地登記と建物登記は明確に区別されている（→巻末資料）。土地に関する物権の得喪変更は，その土地の登記を経なければ第三者に対抗できず，同様に，建物に関する物権変動も，その建物の登記を対抗要件とするのである（177条）。このように土地と建物に分けられた不動産物権の公示方法は，日本において不動産公示制度が誕生して以来一貫しており，そうした登記実務上の取り扱いが，民法という実体法の次元でも土地と建物を別々の不動産として扱う不動産法制を定着させたのではないかと考えられる。

3 一物一権主義

一物一権主義とは，1つの物（有体物）の上には1つの所有権しか存在しないことを意味している。端的に私的排他的所有権とその客体を念頭に置いた法原則である。このことを裏返せば，物の一部には，1個の所有権は存在せず，複数の物の上にも1個の所有権は存在しないということでもある。しかし，これらの派生的な法原則は必ずしも厳守されていない。

たとえば，土地の一部について譲渡が可能か，同じく土地の一部の時効取得が認められるか，といった問題がある。判例上は，いずれも肯定的に解されているが（大連判大13・10・7民集3巻476頁，大連判大13・10・7民集3巻509頁の同日付けの2判決），任意の譲渡と時効取得を同列においてよいかどうかは疑問を残している。

それでは，1つの物を複数の者が所有する共同所有の形態，共有関係は，一物一権主義に反するのだろうか。この問題は，のちに詳しく検討することにしよう（→第4章第**5**節）。また，種類・数量・所在場所から特定されたいわゆる**集合物**（たとえば，搬入，搬出を繰り返して入れ替わる在庫商品）を1個の担保権の目的とすることができるか。この問題もまた，関係する箇所で検討することにしよう（→第10章第**2**節5）。

4 特殊な客体

集合物は，それを構成する部分の変動にもかかわらず，判例上，1個の物として擬制される傾向にある。「**財団**」と呼ばれる物権の客体も，企業活動のために必要不可欠の財産からなり，1個の不動産または物として組成される。たとえば，工場財団は，工場に属する土地，機械器具その他の付属物，工業所有権等をもって組成され（工場抵当11条），工場財団登記簿への登記を経て1個の不動産とみなされる（工場抵当14条1項）。この工場財団は，1個の所有権の客体として設定されるが，それは，さらに当該財団を丸ごと抵当権の目的とするための前提にほかならない（同条2項・10条）。

金銭が所有権の客体となる場合も，その特殊性は際立っており，注意が必要である（→WINDOW 序-2）。このほかにも，物権の客体として，物としての独立性を失った「**付合物**」（242条），抵当不動産に付加して一体となっている「**付加物**」（370条），「**主物**」の処分に従う「**従物**」（87条）といった諸概念に出くわしたときは，明確に区別できるように理解しておきたい。

第2節 担保・担保物権法の基礎知識

本節では，所有権の諸権能を制限し，その一部を担う意味での制限物権のうち，とくに担保物権を取り上げる。担保物権は，同じ制限物権に属する用益物権とは趣きを異にし，保証に代表される人的担保と並んで，さまざまな信用取引を舞台にして債権担保の機能を果たしているからである。

1——債権担保とは何か

1「信用」授受の社会的機能

本章の冒頭でも述べたように，民法が「債権」と呼ぶ概念は，日常的に行われる取引のなかで授受される「信用」を法の世界で写し取ったものである。ここでいう「信用」とは，単純化していえば，他人の資本（一定の経済的価値）を一時的に借用するということに尽きる。

たとえば，動産売買の当事者が，契約締結後の目的物の引渡しを先行させ，代金の支払いを引渡しから3か月後に繰り延べする合意を成立させれば，買主は，代金支払期日までの3か月間，引渡しを受けた目的物を自分のために活用することができる。その間，買主が仲買商であれば，買い入れた商品を小売商に転売し，その収益を売主への代金支払いに充てることができる。また，買主が製造業者であれば，買い入れた原材料等を加工して流通市場に出し，やはりそこから得られた収益で自己の代金支払いを済ませることができよう。短期間ではあるが，信用売買の買主（受信者）は，売主（与信者）から受けた代金額相当

□ WINDOW 序-2

「電子マネー」時代の金銭所有権の理解

「金銭」とは，経済学でいう貨幣にあたるものである。貨幣は，取引社会において交換の対象となるすべての商品の値付けに用いられ，その意味で各商品の価値尺度としての機能を担うと同時に，交換される商品と商品の間に入ってその流通を媒介する手段としての機能を担っている。これら2つの主要な機能のほか，支払手段（402条），蓄財手段（「たんす貯金」の例）などの機能を加えることができよう。

貨幣は，金銀本位制のもとでその本位貨幣との兌換が認められていた時代とは異なり，現在では，強制的な通用力を認められた硬貨と紙幣からなる「通貨」または「法貨」を意味している（通貨の単位及び貨幣の発行等に関する法律，日本銀行46条以下）。そのなかでも，紙幣は，元来，兌換を予定した銀行券，一種の手形にすぎなかったのだから，厳密には有体物とは言いがたいが，不換紙幣となってすでに久しく，無体の権利として扱うこともできない。いずれにせよ，「通貨」を意味する金銭は，従来から有体的存在としてみなされてきたのである。

けれども，金銭は，個々の商品の値打ちを測る評価手段，商品と商品の間をとりもつ流通手段にすぎず，それ自体に何か特別の商品価値があるというわけではない。しわくちゃになったお札も「ピン札」も貨幣価値の点でまったく変わりはなく，いわば究極の種類物，没個性の数量的価値のみを表章する有体的存在，それが金銭である。

そうなると，金銭を所有権の客体として観察するとき，金銭以外の有体物と同様に考えてよいかが問題となる。たとえば，Aが，自ら所有する金銭をBに騙し取られたあと，その金銭を取得した第三者Cをつきとめた場合に，Aは，Cに対し，自己の所有権に基づいて騙取された金銭を返還するよう請求することができるのだろうか（詳細は，→新プリメール民法4第9章）。

古い判例は，金銭にも動産の即時取得に関する規定を適用し，Cの占有する金銭が盗品または遺失物であるときは，Aは，盗難または遺失の時から2年間，その金銭の回復を請求することができるとした（193条）。しかし，みだりにAの請求を認めたのでは，金銭の安全確実な流通を妨げてしまう。そこで，前述した金銭の特殊性に着目し，「貨幣にあっては現実に支配する占有を離れての所有権は成り立たない」（末川博）から，金銭所有の得喪は必ず占有の得喪を伴うとする見方が有力になった。この金銭の占有＝所有理論に立てば，Aの請求が認められる余地はなくなり，たしかに金銭の流通性は確保される。

しかし，金銭の占有を失ったAの所有権を全面否定しさえすれば事足りるのかという疑問は残る。これまでの議論は，もっぱら現金を念頭に置いたものであったが，デジタル化されたいわゆる電子マネー（チャージされた金額内で暗証番号や署名なしに電子的に処理する決済手段であり，クレジット機能のないもの。suica，PASUMO，PayPayなど）が続々と登場し，現金を多用してきた日本の取引社会でも，札束や硬貨の出番は急速に狭まりつつある。金銭所有権をめぐる諸問題は，前世紀には予想もしなかったテンポで新たな次元に突入しているのである。

の経済的価値を利用し，信用授受の恩恵に浴するのである。これを「商業信用」と呼ぶ。

このような場面では，従来ならば，買主から売主へ「約束手形」(その手形と引き換えに振出人が額面金額を支払う旨の記載のある有価証券）が振り出され，当該手形の満期日前に現金を必要とするときは，売主は，買主から受け取った手形を銀行に持ち込み，手形金額から満期までの利息を割り引いて現金化することもできた。「手形割引」と呼ばれる金融操作がそれである。実は，この手形割引も，信用の授受にほかならないが，その手形割引に応じた金融機関が登場する段階から，商品流通の過程で行われる「商業信用」とは区別され，銀行が介在する信用授受という意味で「銀行信用」と呼ばれるものとなる。

何より銀行信用の典型といえば，銀行とその取引先の顧客との間で行われる「貸付信用」であろう。民法上は，利息付金銭消費貸借と呼ばれる契約形態（587条）である。ちなみに，預金者が口座を開設した銀行から融資を受ける場合には，当該預金契約は民法上の消費寄託契約（666条）にあたるから，２つの典型契約が銀行取引の基本をなすといってよい。

それはともかく，「商業信用」と「銀行信用」という信用の二大区分のほかにも，消費目的の信用，あるいは消費者を一方当事者とする信用を「消費（者）信用」と呼ぶことがある。これも，大量生産・大量消費の時代を迎えて以来，なくてはならない信用授受の形態となっているが，ここで詳細に立ち入ることはできない。

消費者信用における多重債務者の例を考えれば，信用を促進することの積極面と消極面は明らかである。すなわち，他人から金融上の便宜を受ける信用は，受信者の自己資金の限界を越えた生産または消費活動を可能にしてくれるという意味で測り知れない経済的効用を発揮する反面，一歩間違えれば，企業の生産活動とは無縁の投機的行動を助長したり，個人消費者の安易な消費行動を招来したりする危険性をはらんでいる。これは，債権担保法を考えるうえでも軽視してはならない視点である。

ところで，信用取引の全般にわたって債権担保と呼ばれるものが必要不可欠かと問われれば，そうとは限らない。先ほどの商業信用の例でいえば，単発の信用売買取引で担保が求められることは少ないであろう。事業者間の継続的な信用取引においてはじめて，根保証，根抵当といった担保形態が必要になると考えられる。最も切実に担保が要求されるのは，銀行信用の中でもとくに中長期の貸付信用である。企業が，新たな事業を展開し，新たな設備投資を実現するために必要な資金の融通を受ける場合には，必ずといってよいほど担保を要求されるだろう。不動産会社がマンションの建設用地を取得し，建設会社がマンションを建設する資金の融通を受ける場合も同様である。最終消費者が，住宅ローンを組んでマンションの一室を購入する場合にも，購入不動産上の担保権の設定は避けられない。ただし，消費者信用は，高額の消費財（住宅以外の例では自動車）を除き，無担保の取引がほとんどであろう。どのような信用取引の場面でどのような担保が用いられているか，注意深く観察することも，債権担保法を学ぶうえで有用なもう１つの視点である。

２ 人的担保と物的担保

考えてみれば，現実の取引社会は，無数の信用授受によって成り立っている。その１つでも破綻すれば，場合によっては，連鎖的な信用危機が社会全体に及ぶこともありえないではない。そこで，債権担保の出番となる。

債権担保とは，信用の授受によって生じた債権の実現を確保するための法的手段を総称するものである。それは，各債権者にとって個別の自衛手段であると同時に，社会全体にとっても波及的な信用危機を免れるための安全弁として働く。さらにいえば，１つひとつの債権の実現を盤石のものにする担保法制が整備されれば，それが新たな信用の呼び水になるであろう。債権担保は，健全な信用取引社会の要（かなめ）をなす法制度といっても過言でない。

その債権担保は，人的担保と物的担保に大別される。とりあえずは，債権者の立場からそれぞれの必要性を考えてみよう。

債権者には不安がつきものである。第１の不安は，債務者の弁済資力に信頼して債権を取得したものの，その後に債権実現の最終的なよりどころであった債務者の責任財産（積極財産と消極財産，資産と負債の両方を包含した債務者の総財産のうち，強制執行の対象となる積極財産）が減少し，自己の債権全部の回収が見込めなくなる危険性である。第２の不安は，責任財産が減少しないまでも，消極財産（負債）が膨れ上がり，債務者が債務超過の状態に陥れば，限られた責任財産から全債権者が自己の債権を回収しようとしても，とうてい十分な満足は得られないという危険性である。

そこで，まず，第1の不安を解消するため，債務者以外の信用力のある者を保証人にする方法が考えられる。こうすれば，仮に主たる債務者の責任財産が減少し，主債務者から債権全部を回収することが困難になっても，債権者は，十分な責任財産を有する保証人から自己の債権を回収することができる。このように債務者以外の者の責任財産を追加し，債権の実現を確保する方法が**人的担保**と呼ばれるものである。

次に，第2の不安を解消するために考えられるのが物的担保である。具体例を用いて説明しよう。

債権者Bは，債務者A（責任財産1500万円）に対して1000万円の貸付債権を有していたが，その後，同じ債務者Aに対して500万円の貸付債権を有する債権者Cが登場し，さらにAに対して500万円の売掛代金債権を有する債権者Dが現れたとする。この場合，注意を要するのは，同一の債務者Aをめぐって複数の債権者が競合し，およそAの資力によって全債権者を満足させることはできないけれども，各債権者が取得した債権の発生前後や，さしあたりはその発生原因によっても債権者間の優劣は決まらないということである。つまり，強制執行・破産手続に従ってAの責任財産から満足を得ようとする段階に至れば，各債権者は，それぞれ自己の債権額に応じた按分比例による配当しか受けられない。これを**債権者平等の原則**という（破産194条2項）。日本の現行民法には，同原則を正面から取り上げる明文規定はないが，意外なところで顔をのぞかせている（929条・947条2項など）。

この債権者平等の原則を打破し，他の債権者に優先して弁済を受ける方法が，一般に**物的担保**と呼ばれる。たとえば，上記の例において，債務者Aの責任財産のうち不動産（価額1200万円）が大きな比重を占めている場合には，Bは，A所有の不動産上に抵当権の設定を受け，その登記を済ませることにより，万が一のときは，抵当権の目的不動産から優先弁済を受けることができる。特別の担保を持たない他の一般債権者は，抵当不動産以外のA所有の財産から債権回収を図るか，抵当不動産の売却代金からBが優先弁済を受けたあとの剰余に期待するほかはないのである。たとえAが破産者となった場合でも，Bの抵当権は，「**別除権**」と呼ばれ，破産手続によることなく行使することが認められている（破産65条）。

さて，債権担保法の歴史的変遷を振り返れば，古代，中世を通じて人的担保優勢の時代は長かったが，近代以降，とくに産業革命期には，物的担保が制度上飛躍的な発展を遂げた。そして，現代においては，改めて人的担保が見直されるようになり，再び勢いを盛り返している（個人保証のほか，法人による営利的保証の著しい増加）。とりわけ日本の取引社会では，古くから何かにつけて人的担保が多用されてきた事情があり，2017年の民法改正でも大きな焦点の１つとなった。（詳細は，→新プリメール民法３第８章を参照）。

3 典型担保と非典型担保

物的担保には，民法に定めのある担保物権のほか，判例上，民法に定めのないものが認められており，前者を**典型担保**と呼び，後者を**非典型担保**と呼ぶことがある。典型担保は，いずれも民法上種類と内容が詳細に規定された制限物権型の物的担保である。これに対し，非典型担保は，いずれも金融実務上の取引慣行として編み出されたものばかりであり，担保目的で権利を移転したり，反対に権利を留保したりする権利移転・留保型の物的担保である。

前述した物権法定主義を厳格に解するならば，民法によって認められた担保物権以外の非典型担保の存在は疑問の余地がある。しかし，不動産の譲渡担保など暴利性の強い非典型担保の効力を制限する議論はあっても，その効力自体を否定する議論はみられない。その存在理由のあるなしを含め，第10章において検討しよう。

2――担保物権とは何か

1 担保物権の物権性

先ほど債権者平等の原則の例外をなすのが物的担保であると述べたが，民法に定められた４種類の担保物権（留置権，先取特権，質権，抵当権）の中には，留置権のように，他の債権者に優先して弁済を受けられる優先権を伴わず，弁済があるまで債権者が目的物を留置し，債務者の弁済を促すところに主眼があるものも含まれる（295条１項を参照）。しかも，留置権は，債権者がその目的物の占有を失えば消滅してしまうというのだから（302条），いかにも物権らしくない物権のようにみえる。けれども，よく似た機能を果たす同時履行の抗弁権

(533条）とは異なり，留置権は，双務契約の当事者間に限らず，当事者以外の第三者に対してもその効力を主張できる点で，やはり物権的性格を有している。このことを見逃してはならない。

2 担保物権の種類

民法は，4種類の担保物権を認めているが，これらをさらに区分すれば，法定担保物権と約定担保物権に分かれる。

法定担保物権とは，民法が定めた諸要件を満たせば当然に成立する担保物権であり，上記の留置権と先取特権がそれにあたる。**約定担保物権**とは，通常，債権者と債務者の間で設定契約が結ばれ，その約定に基づいて成立する担保物権である。これに分類されるのが質権と抵当権である。ただし，債務者以外の者が設定者となり，債権者のために担保を提供する場合もあるので，注意を要する。この場合は，保証に類似した三者間の法律関係がみられるが，保証人は，主債務者の債務とは別の保証債務を負うのに対し，債務者以外の者が自己所有の財産上に質権または抵当権を設定するときは，固有の債務を負うわけではなく，目的財産上の**物的責任**（質権または抵当権が実行されれば，所有権を喪失するという意味で果たされる責任）のみを負う。このような意味で「**物上保証人**」(351条・372条）と呼ばれるのである。

3 担保物権の性質

民法が認める4種類の担保物権には，法定か約定かという成立原因の違いこそあれ，そのすべてに共通し，または一部でも共通する性質があることを予め知っておこう。

担保物権のすべてに共通する性質として，まず，被担保債権への「付従性」が挙げられる。「**付従性**」とは，担保される債権の成立から消滅まで担保物権が運命を共にし，被担保債権が成立しなければ担保物権も成立せず，被担保債権が消滅すれば担保物権も消滅するという基本的性質をいう。また，被担保債権が譲渡され，債権者が譲渡人Ａから譲受人Ｂに交代した場合には，たとえば，それを担保していた抵当権も移転し，抵当権付債権を取得したＢがその抵当権を行使することになる。このように被担保債権が移転する場面での付従性は，とくに担保物権の「**随伴性**」と呼ばれる。ただし，抵当権についていえば，将来発生すべき債権（たとえば，保証人の求償権）を担保する抵当権の設定も可能

図表序－3　担保物権の種類別の効力

	占　有	非占有
法　定	留置権（B）	先取特権（A）
約　定	質権（A・B・C※） ※不動産質のみ。	抵当権（A）

A：優先弁済を受ける効力
B：留置的効力
C：用益的効力

となるなど，付従性緩和の傾向が著しく，その延長上に「根抵当権」と呼ばれる特殊な抵当権が存在する（398条の2以下）。「一定の範囲に属する不特定の債権」（398条の2第1項）を定まった限度（極度額）で担保する根抵当権は，担保される元本が確定するまで債権が消滅しても消滅せず，債権が譲渡されても移転（随伴）しない（→第7章）。

次に，すべてに共通する性質として，留置権でいえば，「債権の全部の弁済を受けるまでは，留置物の全部についてその権利を行使することができる」（296条）という意味での**不可分性**がある。この不可分性に関する規定は，先取特権，質権，抵当権にも準用されているから（305条・350条・372条），とりあえず担保物権のすべてに共通する性質といえる。もっとも，留置権の不可分性と抵当権の不可分性とでは意味合いが異なってくる。留置権の場合には，留置権者は，文字どおり，全部の弁済があるまで目的物全部を留置できることになるが，抵当権の場合には，そもそも抵当権者が目的となる不動産を占有しないので，全部の弁済があるまでその不動産の全部について権利を行使できるというのは，結局，一部弁済があっても，抵当権の登記の一部を抹消することなく，不動産全部の競売を申し立てることができるとの趣旨に帰着する。

これらのほか，先取特権，質権および抵当権については，「その目的物の売却，賃貸，滅失又は損傷によって債務者が受けるべき金銭その他の物に対しても」（304条1項），それぞれの権利を行使することができるという意味での「**物上代位性**」を共通の性質として挙げてもよいが，担保物権の本質的な理解にかかわる問題を含んでいるので，ここでは立ち入らないことにする（→178頁）。

4 担保物権の効力

担保物権には，どのような効力が認められるか（→図表序－3）。

すでに述べたように，物的担保の主眼が債権者平等の原則を排除することにあるとすれば，「他の債権者に先立って自己の債権の弁済を受ける権利」（369条

1項）を行使し，**優先弁済を受ける効力**（A）こそは，担保物権の最も本質的な効力と考えられる。ところが，この優先弁済的効力を認められた担保物権は，民法上，先取特権，質権，そして抵当権に限られる。

留置権には，他の債権者に優先して弁済を受ける効力は含まれないが，留置権を取得した債権者は，「その債権の弁済を受けるまで，その物を留置することができる」（295条1項）。要するに，留置権者は，債務者または第三者に対し，自らが占有する「留置物を引き渡さないぞ」と心理的なプレッシャーを加え，自己の債権の弁済を促すことができるというのである。このような担保物権の効力は**留置的効力**（B）と呼ばれるが，留置権以外で留置的効力が認められているのは質権のみである。法定担保物権に属する留置権とは異なり，約定担保物権に属する質権は，当事者間での設定の合意を必要とするが，合意だけでは足りず，「債権者にその目的物を引き渡すことによって，その効力を生ずる」（344条）。質権設定契約は，その効力を発生させる要件として質物の引渡しが要求され（344条），債権質を除き，民法の中でも数少ない要物契約とされている。だからこそ，質権者は，債務者に対し，自己の債権の弁済があるまで「質物を引き渡さないぞ」と主張し，自分よりも優先する債権者がいない限り，質権に認められた留置的効力を存分に享受することができる（347条）。まさに質権の古めかしいイメージにぴったりの効力といえよう。

古めかしいといえば，質権のうち不動産質権については，「質権の目的である不動産の用法に従い，その使用及び収益をすることができる」（356条）とされており，不動産質権者は，目的不動産から得た収益を自己の債権の利息代わりに取得することができる（358条）。これが**用益的効力**（C）と呼ばれるものである。たとえ大きな収益が得られても，その収益を質権者の債権の元本償却に充てることはできないと解されている。不動産質権が存続する期間中（360条），目的不動産の所有者（通常，債務者）は，使用・収益権能を質権者に奪われ，ほとんど所有権を失ったかのような状態となる。それでいて，元本債権の償却は待ったなしに迫られる。このことからも，ともすれば，質入れ，とりわけ不動産の質入れが暴利性の強い担保取引になりやすいことを知っておくべきであろう。民法の質権に対する警戒心は，明文で流質契約を禁止する規定（349条）にも現れている。

3——物的担保法の歩み

民法の定めがある4種類の担保物権（典型担保）は，**図表序−3**にあるとおり，法定・約定の区別，占有・非占有（債権者が担保目的物の占有を取得するか否か）の区別によって分類され，それぞれの守備範囲が明確になっている。民法制定当初は，これら担保物権の役割分担により，金融取引上の支障はないだろうと考えられていた。ところが，民法制定後の特別法による物的担保法の発展は，実に目ざましいものがある。詳しく取り上げることはできないが，ここにその一端を紹介し，日本の物的担保法が歩んできた足跡を振り返っておこう。このことを念頭に置けば，民法の定めがない物的担保（非典型担保）の隆盛，物的担保法をめぐる最近の動向を理解するうえでも有益である。

1 特別法による物的担保法の発展

現行の明治民法が施行（1898年）されて間もなく，1905（明治38）年には，多様な企業財産から前述した「財団」を組成し，丸ごとその財団を抵当権の目的とするために鉄道抵当法，工場抵当法，鉱業抵当法の三法が制定された。民法上の抵当権では，裸同然の土地・建物しか担保化することができず（→第７章第**3**節），その当時育ちつつあった日本企業の旺盛な資金需要に対し，とても応じきれるものではなかったからである。同種の財団抵当制度は，第二次世界大戦後にも続々と登場する。

ところで，民法は，設定者から債権者への占有移転なしに設定される約定・非占有の動産抵当権を認めていないから，事業者が，その経営にとって必要不可欠の動産を使用・収益し，最大限に活用しつつ，同じ動産から金融上の便宜を得ようとしても，これを実現するための担保化の道が閉ざされていた。そこで，「樹木の集団」を独立の不動産とみなし，抵当権の設定を可能にした立木法（1909年）の制定後，動産抵当制度を創設する立法として，農業用動産信用法（1933年）が実現した。第二次世界大戦後には，自動車抵当法（1951年），航空機抵当法（1953年），建設機械抵当法（1954年）がそのあとに続いた。これらの立法のほか，相前後して，採掘権（1905年），漁業権（1911年），採石権（1951年）といった無体の権利の上の抵当権設定も可能となった。

こうして抵当権の目的となる財産の範囲を拡大し，企業財産の効率的把握を目指した特別法の延長線上に，特殊会社・特殊法人の総財産を目的として社債権者らに認められる優先権という意味での「一般担保（ゼネラル・モーゲージ）」制度を位置づけ（放送80条6項・7項，電気事業27条の30など），そこに物的担保の包括化現象を読み取ろうとする見方もある。

2 非典型担保の隆盛

日本では，民法制定当時から非典型担保の存在が知られていた。「売渡担保」や，「譲渡担保」，「仮登記担保」と呼ばれる担保形態である。見た目には，いずれも売買との見分けがつきにくい。不動産を目的とする譲渡担保の場合でいえば，債権担保の目的で譲渡されたのか，真正の売買目的で譲渡されたのか，登記簿上の記載から識別するのはしばしば困難である。この場合，売主（設定者）から買主（債権者）への所有者の交代を公示する所有権移転登記がなされるけれども，その登記原因が「譲渡担保」になっているとは限らず，当然ながら，被担保債権に関する記載もないからである。

なぜ，そのような非典型担保が用いられるのか。およそ3つの理由が考えられる。

第1に，1979（昭和54）年に民事執行法が制定される以前は，裁判手続として担保目的財産を売却する強制換価（金銭債権を有する債権者を満足させるため，不動産，動産，権利といった目的財産を強制的に金銭に換えること）の方法がきわめて不備な状態にあり，裁判外の換価方法に依存せざるをえない面があったこと。第2に，何より債権者にとっては，自己の債権額に比してきわめて高価な担保の差し入れがあっても，判例による法的コントロールが強化されるようになるまでは，その目的財産の評価額との差額分を全部自分のものにできる「丸取り」のうまみがあったこと。第3に，担保物権型の典型担保だけでは，金融取引上の必要に対応できなかったこと（たとえば，約定・非占有の動産担保物権の欠如を補う動産譲渡担保の存在理由）が挙げられよう。

また，近年では，複数の物，複数の権利から構成され，その構成要素がつねに変動してやまない集合財産が，譲渡担保の新たな目的として注目されるようになった。この集合物譲渡担保は，従来の伝統的な譲渡担保取引とは一線を画し，「収益担保」や「プロジェクト・ファイナンス」と呼ばれる新しい金融手法を駆使した取引で用いられている。その意味では，新たな潮流をなす譲渡担保取引の増大が「動産及び債権の譲渡の対抗要件に関する民法の特例等に関する法律」の制定（1998年）にもつながった。

3 物的担保法をめぐる最近の動向

非典型担保については，長い間，判例による司法上のコントロールに委ねられてきた。たとえば，種々の譲渡担保の設定・効力・消滅に関する諸問題のことごとくが，膨大な数にのぼる判例によって規律されている。唯一の例外は，一時期まで譲渡担保を凌（しの）ぐ盛行ぶりを示した仮登記担保法の立法化（1978年）だが，仮登記担保は，立法化されたとたんにほとんど利用されなくなった。上述した非典型担保の存在理由を想起すれば，興味深い現象である。一般的には，立法的措置に踏みきれば，当該担保取引のすべてが適用対象となるのに対し，司法的解決にとどまる限り，それは，訴訟当事者に限定された個別的救済（「氷山の一角」！）でしかなく，司法的事後的な救済でさえも届かない多くの事例が水面下に残される。非典型担保に関する取引の大半がそういう状態にあることを忘れないようにしよう。

ところで，民法に定めのある典型担保，担保物権に関しては，2003（平成15）年，民事執行法，そして民法にもメスを入れる大がかりな法改正があった。この「担保・執行法改正」と呼ばれる民法改正の具体的な内容は，関係箇所の説明に譲るとして，ここでは，その最大のポイントを２つ紹介しておく。

第１は，抵当権の設定後もその目的不動産の短期賃貸借（602条）を特別に保護していた規定（2003年改正前395条）が廃止されたことである。実際，1980年代後半以降，抵当権者が，抵当権の実行として目的不動産の競売を申し立てても，競売手続が一向に進行せず，自己の債権を回収することのできない事例が続発していた。抵当不動産上の占有者が，その不動産の換価を妨げる意図をもって居座り，あるいは，第三者への賃貸や転貸を重ねることにより，容易には第三者による占有を排除できない状況を作り出し，とにかくあの手この手の執行妨害行為があとを絶たなかったのである。

第２は，抵当権の被担保債権の弁済期が到来し，債務者が債務不履行の状態になれば，抵当権の効力が「その後に生じた抵当不動産の果実に及ぶ」（371条）ものとされたこと。いつまで経っても抵当不動産の換価代金から自己の債権を回収することのできない抵当権者が，その不動産から生まれる収益に着目し，抵当権に基づく物上代位（372条・304条）として，その収益から優先弁済を得ようとするようになったからである。2003年改正前の取り扱いでは，抵当権の実行着手があるまで果実に対しては抵当権の効力が及ばないとされていたが（同年改正前371条1項），原則と例外が入れ替わったことになる。

その「担保・執行法改正」をめぐる議論がそうであったように，ごく最近に至るまで，物的担保法の主要課題といえば，誇張でなく，抵当権の効力強化の一辺倒であった。ところが，現在では，抵当権に関する判例は，まったく目にすることがなくなった。あれほど過熱していた学説上の議論もすっかり影を潜めている。抵当権設定登記件数も，近年，頭打ちの傾向にあり，21世紀前半を占う物的担保法の足どりは，ますます不透明さを増しているようにみえる。

第1章 物権の効力

●本章で学ぶこと

本章では物権の効力について学ぶ。物権の効力といっても，所有権や地上権，抵当権や留置権といった各種の物権それぞれがどのような効力を有するかについては，各種物権の章に譲るとして，本章は，それら物権に共通する効力を学ぶ。各種の物権に共通に認められる効力として２つのことが挙げられる。１つは，物権と債権でどちらが優先するか，あるいは物権相互ではどちらが優先するかといった物権の優先的効力についてである。もう１つは，物権が侵害された場合の救済手段である物権的請求権についてである。とくに，物権的請求権は，所有権のみならずほかの制限物権においても重要な役割を果たすため，どのような種類の物権的請求権があるか，そして，誰が誰に対してどのような内容を請求しうるかといったことを中心に学ぶ。

第1節　序　　説

序章で学んだように，物権とはある特定の物を直接的かつ排他的に支配する権利である。とくに，物について排他的に支配するという性質を有するため，1つの物の上に両立しえない2つの物権が同時に成立することはありえない。たとえば，Aが所有する自転車をBとC双方に売却したとしても，その自転車の所有権がBとCにそれぞれ帰属することはない。排他的支配権としての所有権がそれを許さないからである。自転車についての売買契約は複数成立することはありえても（この場合，BもCもAに対して自転車を引き渡せという債権を有する），結果的に自転車の所有権はBかCのどちらかにしか帰属しない（→図表1-1）。このように，1つの物の上に両立しえない2つの物権が競合した場合，原則として先に成立した物権が後から成立した物権に優先する。また，同一の物について物権と債権とが成立した場合，物権が債権に優先する。これらを**物権の優先的効力**という。

さらに，自己の物が奪われたり侵害されたりした場合に，その物の返還や侵害の除去を請求できなければ，物を直接的かつ排他的に支配する権利とはいえない。物権の中心的存在である所有権をはじめとしてそのほかの制限物権には，客体である物に対する侵害の除去を請求する権利が認められている。この権利は，債権には認められない物権に特有の権利であることから，**物権的請求権**という。土地利用権を例に具体的に考えてみよう。土地を利用する権利として民法上は用益物権である地上権と賃貸借契約から生じる賃借権とがある。たとえば，A所有の甲土地についてBが利用権を取得した（→図表1-2）。この土地利用権がA・B間の地上権設定契約によって生じた地上権である場合，Cという不法占拠者がBの甲土地の利用を妨げていたとしても，物権的請求権として地上権に基づいて土地利用の妨害の排除をCに対して請求できる（対抗要件の問題は考えないものとする）。これに対して，土地利用権がA・B間の賃貸借契約に基づく賃借権である場合には，Cという不法占拠者がBの土地利用を妨げていたとしても，Bが土地の利用を請求できるのは原則上，あくまでも契約相手であるAに対してであり，Cに対して直接請求できない（例外として不動産賃

図表１－１　物権と債権の違い（その１）

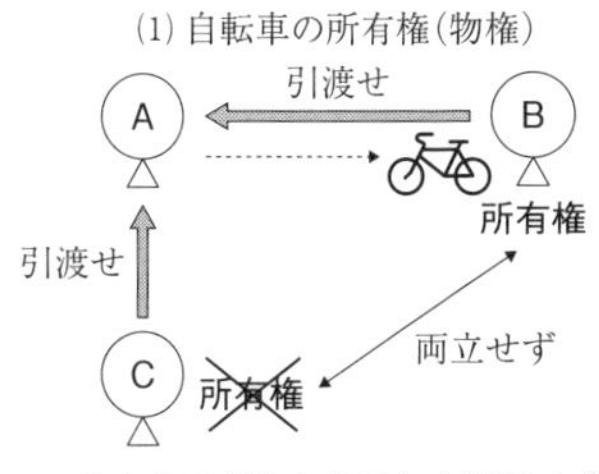

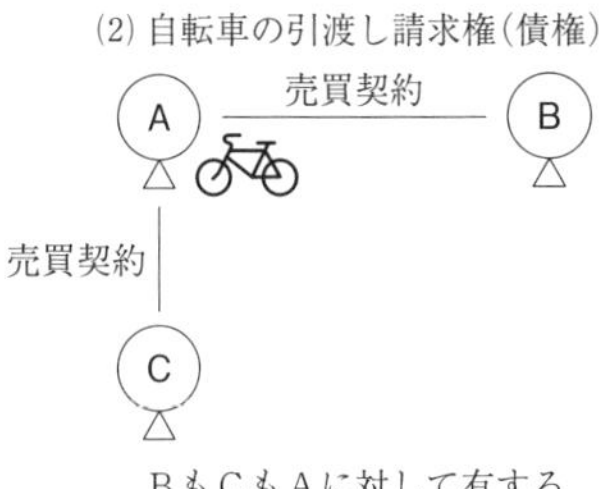

図表１－２　物権と債権の違い（その２）

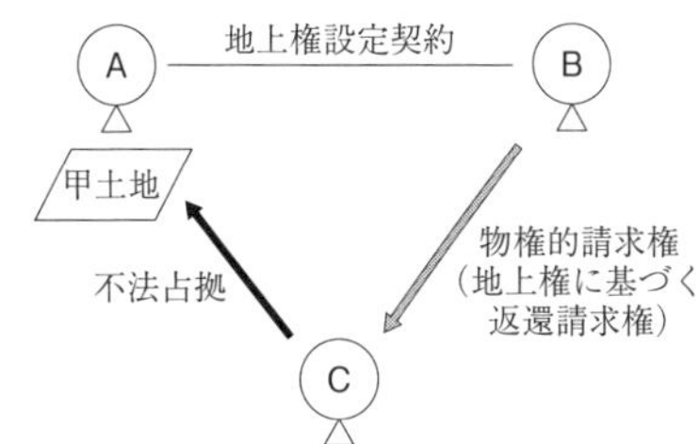

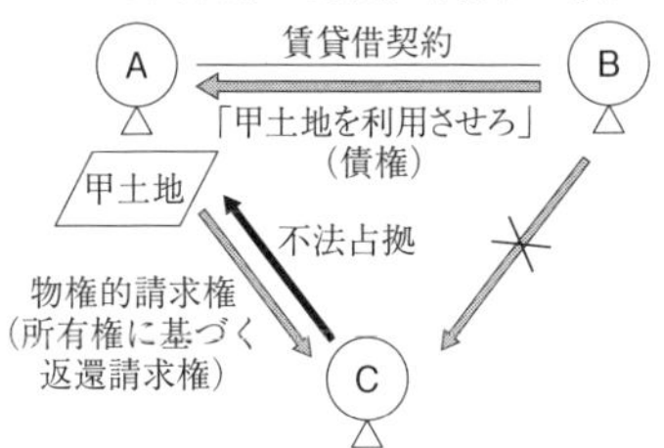

借権に基づく妨害排除請求権が認められる場合もある)。物権的請求権は，物権の違法な侵害を排除することにより，物権を有する者の物に対する排他的な支配を守るという役割を果たしているのである。これに対して，債権の場合は，あくまでも債務者に対して（例でいえば賃貸人Ａに対して）一定の行為（甲土地の利用）を請求できる権利であるため，債務者以外の者が権利の実現を妨げる場合，物の支配自体の直接的な回復を求めるような請求は原則としてできない。物権が絶対権，債権が相対権といわれるゆえんである。

上記のように，物権の優先的効力および物権的請求権は，各種の物権に共通に認められる効力という意味で**物権の一般的効力**という（ただし例外もある)。本章ではこれら２つの効力について説明する。

第２節　物権の優先的効力

1 物権相互間における優先的効力

同一物について物権が競合する場合，時間的に先に成立する物権が後に成立する物権に優先するというのが，**物権相互間の優先的効力**である。しかし，原則は，成立の時間的先後で優劣が決まるが，重要な例外として，公示制度が備わっている物権については，登記や引渡しといった公示方法（対抗要件）を先に備えたものが優先する（177条・178条）。たとえば，先ほどの例で，Ａの所有する自転車をＢとＣ双方に売却した場合に，売買契約はＡ・Ｂ間の方が先であっても，Ｃの方が先に引渡しを受けたなら，自転車の引渡しという動産の対抗要件を先に備えたＣが優先することになる（詳しくは，→第２章・第３章参照）。また，法定担保物権である先取特権については，時間的な先後の順位によらず，法律上の特別の順位が与えられるという例外もある。

2 債権に対する優先的効力

同一物について物権と債権が競合する場合は，その成立の先後にかかわらず物権が債権に優先するのが原則である。たとえば，Ａ所有の甲土地についてＡ・Ｂ間で賃貸借契約を結びＢが甲土地を利用していたとして，ＡがＣに甲土地の所有権を譲渡しＣが対抗要件（登記）を備えた場合，Ｃは甲土地の所有者としてＢに対して甲土地の返還を請求することができる（売買は賃貸借を破る）。ただし，対抗要件を備えた賃借権の場合にはＢはＣに対して賃借権に基づく甲土地の利用を主張しうる。このように物権が債権に優先するのは，物権が物に対する直接的排他的な支配権であるのに対して，債権は特定の人に対する請求権であり，物に対して直接に効力を及ぼさないからである。上記の例でいえば，Ａ・Ｂ間の賃貸借契約で生じるのは，ＡがＢに対して甲土地を利用させるという債務のみであって，甲土地についてあらゆる人に対して主張しうる直接の支配権が生じるわけではないからである。

第3節　物権的請求権

1 ——序　　論

1 根　　拠

物権的請求権が，物権を直接的排他的支配権たらしめるものであることはすでに述べたとおりである。ところが，そのような重要な権利であるにもかかわらず，民法典において条文上明文の規定は存在していない。なぜ条文上の根拠が存在しないのか。民法の起草者は，物権について物権的請求権が認められることはあまりにも当然のことと考えていたために，物権的請求権についての明文の規定を置かなかったといわれている。そして，それは，仮の権利ともいうべき占有権について占有の訴えを認めていること（197条以下），および，占有の訴えのほかに「本権の訴え」が存在することを規定している（202条）ことなどからも，物権的請求権が当然の前提となっていることを示すものと考えられている。

2 性　質

物権的請求権は，物権が侵害された場合に発生する人に対する請求権である。この請求権と物権自体との関係が問題となる。たとえば，Aの所有する土地をBが権原なく違法に占拠していたとしよう。Aは自己の所有権が侵害されているのであるから，Bに対して所有権に基づく妨害排除請求権を行使しうる。しかし，Aは自らこの妨害排除請求権を行使せず，この妨害排除請求権のみをCに譲渡することは可能であろうか。この場合のAのBに対する土地を明け渡せという請求権は，物に対する権利ではなく人に対する請求権であるから，債権類似のものと考えることもできる。そこで，まず物権的請求権が譲渡可能な独立の権利なのかどうかが**物権的請求権の性質**として問題になる。そして，次に独立の権利としたならば，物権とは独立に消滅時効にかかるのかが問題となる。これらの点につき，判例は，物権的請求権について物権の作用であって独立の権利ではないため，譲渡もできず独立して消滅時効にかかることもないとしている（大判大5・6・23民録23輯1161頁など）。

2——物権的請求権の種類と内容

1 緒　論

物権的請求権の種類として，①返還請求権，②妨害排除請求権，③妨害予防請求権の3つがある。これは，それぞれ占有の訴えにおける占有回収の訴え（200条）・占有保持の訴え（198条）・占有保全の訴え（199条）に対応するものである。これらの物権的請求権は，物権であれば必ず認められるとは限らない。と

□ WINDOW 1-1

不動産賃借権に基づく妨害排除請求

たとえば，A所有の甲土地についてA・B間で賃貸借契約を締結したとしよう。そして，Bが甲土地を利用しようとした場合にCが甲土地を不法占拠していたとしても，原則として，BはCに対して甲土地を明け渡せとは請求しえない。この場合，物権的請求権である妨害排除請求権は，Aの所有権に基づき発生するものであり，AがCに対して行使しうるものであるからである。Bとしては，すでに甲土地の引渡しを受け占有していれば，占有回収の訴え（200条）が可能であるが，占有する前にCが占有していた場合には占有の訴えも行使しえない。ただし，例外として甲土地についてBの賃借権を登記した場合（605条）など（その他に，借地借家法10条などが一定の要件のもとで賃借権に対抗力を認める）は，賃借権に対抗力が具備されることにより，その賃借権は物権的効力を有することになるとして，賃借権に基づく妨害排除請求権が認められる（605条の4）。

くに，担保物権に関しては返還請求権が認められない場合がある（302条本文・353条など）。そこで，ここでは物権の典型である所有権に基づく各請求権が，どのような場合に，誰が誰に対してどのような請求ができるかをみていこう。

2 返還請求権

(1) **意義と請求権者**　所有権に基づく返還請求権とは，所有物の占有を失った所有者が無権原の占有者に対して所有物の返還（占有の回復）を請求することができる権利である。占有回収の訴え（200条）と異なり，一度も占有していない所有者でも返還請求ができる。たとえば，Aが所有する土地にBが無権原で建物を建てていた場合に，Aからこの土地の譲渡を受けたCは，Bに対する返還請求権として建物の収去と土地の明渡しを求めることができる。所有権に基づく返還請求権は，物に対してあるべき支配秩序の回復のために認められるものであるため，登記などの対抗力を備える必要もない。

(2) **請求の相手方**　(a) 原　則　請求の相手方は現に違法に占有している者である。所有者から占有を奪った者がそのまま占有していれば，その者が請求の相手方であり，その者から譲り受けた者が現に占有していれば，その譲受人が請求の相手方になる。譲受人が正当な権利者から譲り受けたと信じており，かつそう信じたことに過失がなかったとしても（つまり，善意無過失であっても），現に物の正当な支配秩序を侵害している限り，所有権に基づく返還請求権の相手方となる。たとえば，Aの所有する自転車をBが盗み，これを善意無過失のCに譲渡したとしても，Aは，Cに対して返還請求権を行使しうる。また，Aの自転車を盗んだBがCに貸しており，Cが直接占有している場合には，Aは間接占有者B，直接占有者Cどちらに対して返還請求してもよいし，B・C双方を相手に請求してもよいとされている（直接占有・間接占有については，→143頁参照）。

図表１－３　物権的請求権の相手方

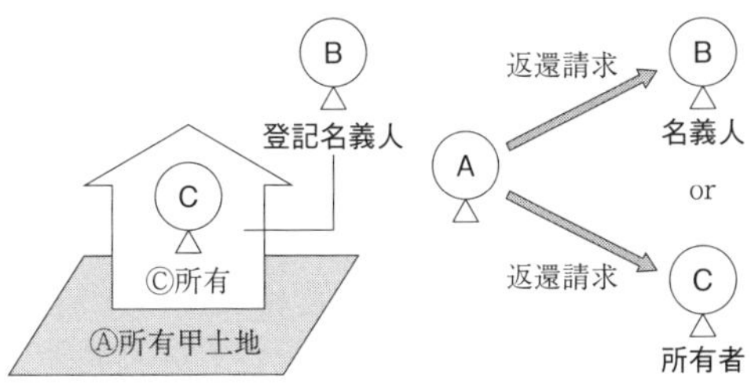

(b)　例外―建物収去・土地明渡請求の場合　　Aが所有する土地にBが無断で建物を建て，これをCに譲渡したが建物の登記名義はB名義となっているという場合，AはBとCのどちらに対して返還請求権として建物収去および土地明渡しを請求すべきであろうか（→図表１－３）。この場合，現にAの土地所有権を侵害しているのは，権原なく建てられた建物を所有しているCであるから，原則としてCに対して所有権に基づく返還請求権を行使すべきである。ただし，この原則を貫くと，登記名義はB名義のまま，所有権がBからC，CからD，Dからさらにほかの者へと移転した場合に，Aは建物の所有者が誰かを突き止めその所有者を探し出したうえで，この所有者を相手に返還請求をしなければならない。他方で，請求された相手方は容易に他人に所有権を移転でき，建物収去・土地明渡義務を免れることができる。これでは不合理であろう。そこで，判例は，原則として建物の所有者に請求すべきであるが，例外として，他人の土地上の建物の所有権を取得した者が自らの意思に基づいて所有権取得の登記を経由した場合には，土地所有者はその登記名義人に対して請求することができるとした（最判平６・２・８民集48巻２号373頁。→WINDOW 1-2）。

3 妨害排除請求権

(1)　**意義と請求内容**　　所有権に基づく妨害排除請求権とは，占有喪失以外の方法で所有物が侵害されている場合に，所有者がその侵害の除去を請求できる権利のことである。自己の所有する土地が，権原のない第三者に全面的に占有されている場合は返還請求権であるが，自己の土地に権原なく他人の自動車

□ WINDOW 1-2

物権的請求権の相手方（最判平6・2・8民集48巻2号373頁）

事案は，A所有の建物甲をYが単独相続により取得し，これをBに売却したが，相続によるYへの所有権移転登記がなされたまま放置されていたところ，競売により建物甲の敷地乙を買い受けたXが，所有権に基づく返還請求権として建物収去・土地明渡しをYに請求したものである。もともとは敷地乙には賃借権が設定されていたが，これが解除され建物甲の所有者Bは利用権原なく敷地乙を利用している状態であった。第一審，第二審ともXの請求は認められなかったが，最高裁は，原判決を破棄しXの請求を認めた。その理由として，①土地所有者と建物譲渡人（この事案ではY）の両者の関係が，土地所有者が地上建物の譲渡による所有権の喪失を否定してその帰属を争う点で，あたかも建物についての**物権変動における対抗関係にも似た関係**といえるとし，そして，建物所有者は，自らの意思に基づいて自己所有の登記を経由し，これを保有する以上，右土地所有者との関係においては，建物所有権の喪失を主張できないというべきであるとする。さらに，②登記にかかわりなく建物の「実質的所有者」をもって建物収去・土地明渡しの義務者を決すべきものとするならば，土地所有者は，その**探求の困難を強いられる**ことになり，また，相手方において，たやすく建物の所有権の移転を主張して明渡しの義務を免れることが可能になるという不合理を生ずるおそれがあるとも述べている。

が置かれているなど，土地の一部が他人の物の違法な放置によって侵害されている場合は，妨害排除請求をすることになる。請求しうる内容は，自己の土地に他人の物が違法に放置されている場合は，その物の除去であり，他人の行為によって自己の所有権が侵害されている場合にはその行為の停止である。また，自己の所有する不動産について，その登記名義が他人名義となっている場合も，所有権に基づく妨害排除請求として他人名義の登記の抹消を請求しうる。

(2) **請求の相手方**　現に違法な妨害状態を生じさせている者またはその妨害状態を除去することのできる者が請求の相手方である。たとえば，B所有の自動車がCにより盗まれてCがA所有の土地に放置した場合に，AはBに対して妨害排除請求をすることになる。現に違法な状態を生じさせているのはBが所有する自動車であるから，この違法状態を除去しうるのもBであるためである。

4 妨害予防請求権

所有権に基づく妨害予防請求権とは，自己の所有物に対して現実に侵害が発生していないが，侵害が発生するおそれがある場合に，この侵害の予防のために相手方の一定の行為を禁じること（不作為）を請求し，また侵害の予防に必要な措置を講ずる（作為）よう請求しうる権利である。請求の相手方は，妨害排除請求権と同様に現に違法な妨害状態を生じさせるおそれのある者またはその発生の予防に必要な措置を講ずることができる者である。

3 ——物権的請求権の性質と費用負担

1 何が問題か

Ａが所有する土地にＢが利用権原なく勝手に建物を建てた場合，Ａは，Ｂに対して所有権に基づく返還請求権として建物収去・土地明渡しを請求できる。この場合，Ｂは建物を解体して土地を更地にしてＡに返還しなければならないが，建物解体等にかかる費用もＢが負担することになる。

WINDOW 1-2で挙げた最判平６・２・８の事案であれば，土地所有者Ｘの請求に対して，登記名義人Ｙが建物収去土地明渡し義務を負い，それにかかった費用も負担しなければならないことになる。

しかし，いずれにせよ敷地の利用権原がない建物に対して，土地所有者からの明渡請求は認められるべきであるし，その費用も土地所有者ではなく原則として建物所有者（例外的に登記名義人）が負担することに違和感は感じないであろう。このことからわかるように，物権的請求権とは，請求の相手方に一定の作為または不作為を請求する権利，すなわち行為請求権であり，したがって，その行為に必要な費用も相手方が負担すべきであると考えられてきた（行為請求権説）。

しかし，この行為請求権説は，一定の場合に問題が生ずる。たとえばＡが所有する土地にＢ所有の自動車が放置されているが，この自動車はＣが盗み，乗り回したあげくにＡの土地に放置したものであるという場合（ケース１，→図表１－４）や，Ａが所有する甲土地に隣接する乙土地の敷地に植栽されていた大きな植木が，過去にないくらいの巨大台風による強風で甲土地に倒れ込んだという場合（ケース２，→図表１－５）である。

ケース１の場合，Ａとしては自己の土地に権原なく自動車が放置されているのであるから，その所有者Ｂに対して妨害排除請求権として自動車の撤去を請求することが考えられる。そして，その自動車の撤去にかかる費用（遠距離であればそれなりの費用になる）もＢが負担することになる。これに対して，Ｂからすれば自己の所有する自動車がＡの所有する土地に置かれているのであるか

図表１－４　自動車放置の場合　　図表１－５　倒木の場合

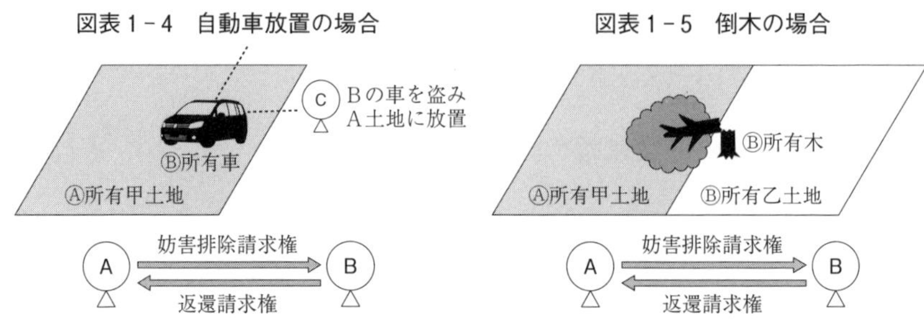

ら，ＢはＡに対して自動車の所有権に基づく返還請求権を行使することが考えられる。もちろん，この場合の費用はＡの負担となる。ケース２の場合も，Ａからの甲土地の所有権に基づく妨害排除請求権と，Ｂからの植木の所有権に基づく返還請求権がどちらも成立する可能性がある。このように，ＡとＢどちらにも物権的請求権が成立する場合は，どちらが先に訴訟を提起するかによって費用を負担する者が決まることになる。

2 判例・学説の対応

そこで，判例は，行為請求権説を原則としつつ，侵害状態ないしその危険が人為によらないものであるとき，また不可抗力によるものであるときには，相手方に積極的な行為義務はないものとしている（大判昭７・11・９民集11巻2277頁，大判昭12・11・19民集16巻1881頁。いずれも傍論で述べたもの）。

学説でも，物権的請求権は，請求権者が自ら侵害の除去をするものであり，請求権者が侵害の除去をすることを相手方に認めるよう請求できる権利であるからその費用も請求権者が負担するとするもの（忍容請求権説）や，忍容請求権説を前提としながらも，相手方に不法行為責任が認められる場合には行為請求権が認められるとするもの（責任説），などさまざまな主張がなされている。侵害の発生（あるいはその蓋然性）について相手方に故意・過失がある場合は，不法行為責任によって解決しうることからすると，問題は，当事者間に故意・過失がない場合の費用負担をどうするかということになる。この場合に行為請求権説を堅持して，つねに相手方に費用を負担させることや，忍容請求権説に立ち，つねに請求権者が費用を負担するという解決ではなく，どちらが費用を負担すべきかあるいは折半とすべきかについては，ケースバイケースで考えていくほかはないように思われる。

第2章
物権変動1（不動産）

●本章で学ぶこと

民法の中でも，物権法は，とくに不動産に関する規定を多く設けている。物権の種別でいえば，もっぱら不動産を目的とするものが4種類に及び（地上権，永小作権，地役権および抵当権），不動産のみにかかわる条文は，分量的にも他を圧倒している。民法がいかに財産中の財産として不動産を重要視しているか，その何よりの証拠である。とすれば，民法を正しく，そして深く理解するうえで，不動産に関する物権法の中核部分，すなわち本章の対象とするいわゆる不動産物権変動論が「要所」をなすことは容易にわかるであろう。ところが，その「要所」が，民法の難所中の難所とされているのはご承知だろうか。これには，不動産という民法にとっての最重要財産の帰属・変動を扱う以上，やむをえない面もあるが，膨大な判例に加え，論者の数だけ学説があるといった人為的側面も無視しがたい。

そこで，本章では，諸学説についての叙述は最低限にとどめながら，蓄積された判例の大きな流れを明確に把握できるように努めた。まずは，「物権変動」とは何か，基本的な用語を含めて解説し（→第**1**節），意思主義に関する176条を取り上げ（→第**2**節），その生みの親である母法との対比を通じて日本法独自の理解を検証し，そのあとで，177条をめぐる「不動産物権変動論」の各論的諸問題，「要所」中の「要所」と取り組み，日本法固有の「対抗要件主義」の現状を見渡してみよう（→第**3**節）。

第1節　総　　論

1 ――「物権変動」とは何か

そもそも「物権変動」とは何を意味するのだろう。動産，不動産の区別なく所有権の移転を意味する場合には，とくにその変動原因が問題となる。所有権以外の「物権変動」でいえば，不動産に関する物権の設定・移転・消滅を意味することが多い。所有権以外の物権の相当部分が不動産を目的とするものだからである。そこでは，物権変動の種別が問題となる。総じて，「物権変動」は，所有権をはじめとする物権の成立（取得）に始まり，その移転から消滅までを包括する概念である。

1 物権変動の原因

所有権移転の原因を代表するものといえば，まず，何を挙げるべきだろうか。

何より身近で最も頻繁に行われているのは，売買を原因とする所有権移転である。その例は，日常的な買物を一方の極とすれば，個人にとっては一生に一度あるかないかの不動産売買がその対極にあり，売買と一口に言ってもさまざまである。けれども，物権法では，そうした多様な売買契約の内容には立ち入らず，当該売買の有効性の有無から出発し，これとは区別された所有権移転のための独自の「物権行為」（後述）を観念する必要があるかどうか，物権変動の当事者とそれ以外の第三者の関係をどう規律すべきかといった種々の議論，物権変動論が展開される。176条が掲げる「意思主義」は，売買その他の約定による物権変動のすべてを束ねる法原理であり，この法原理との関係において，不動産の物権変動に関する177条と動産の物権変動に関する178条を理解する必要がある（→第3節以下，第3章）。

忘れてはならないのは，所有権移転の原因が売買その他の約定に尽きるわけではなく，相続というきわめて重要な法定の原因が存在することである。実際，不動産売買の経験はなくとも，不動産を相続した経験のある者は，世代交代のたびに増えてゆくはずである。この法定された所有権移転原因は，177条との関連でのちに詳しく取り上げる（→59頁）。

なお，所有権移転以外の物権変動においても，たとえば，地役権のように，地役権設定契約（280条）という約定の成立原因のほか，時効取得（283条）という法定の成立原因が問われる場合は少なくない。

2 物権変動の種別

民法は，物権変動を「物権の設定及び移転」(176条）と表現し，「不動産に関する物権の得喪及び変更」(177条)，「動産に関する物権の譲渡」(178条）とも表現している。さらに，不動産登記法は，登記を必要とする物権変動の範囲として，登記をすることができる「権利の保存等（保存，設定，移転，変更，処分の制限又は消滅)」(不登３条）と定めている。これらの物権変動をここで種別ごとに整理しておこう。

物権の成立段階では，「保存」と「設定」の区別が紛らわしいが，「保存」は，建物の新築などはじめて所有権の登記（所有権保存登記，不登74条以下）をするときや，やはり登記をして先取特権の効力を保全するとき（337条・338条１項・340条）に用いられる。これに対し，「設定」は，不動産上に制限物権（地上権，地役権，抵当権など）を創設するときによく用いられる。物権の「得喪」，すなわち「取得」および「喪失」の意味は説明するまでもないが，物権の「取得」には，その取得前の所有者（前主）の存在を前提とした**承継取得**（たとえば，売買その他の約定の原因，相続という法定の原因）と前所有者の存在を前提としない**原始取得**（たとえば，時効取得，動産の即時取得）の区別があることに注意しよう（→第**3**節7，第４章第**4**節，第３章第**2**節)。前者の承継取得は，特定財産の承継を意味する**特定承継**，相続や会社の合併のように，前所有者の財産全部の承継を意味する**包括承継**に分かれることも知っておこう。

物権の存続中に生じる「移転」，「譲渡」および「変更」も，相互に区別しづらい用語である。「移転」も「譲渡」も，所有権でいえば，その内容上の同一性を維持したままで帰属先が変わり，所有者が交代するという意味で異ならないが，「移転」は，相続，時効取得といった法定の原因による変動を包含するのに対し，「譲渡」は，有償であれ無償であれ，当事者の合意に基づく帰属の変動に限定して用いられるのが通例である。これら物権の，内容上の変更を伴わない帰属変動とは異なり，「変更」は，物権の帰属先の変動ではなく，事実的または法律的に内容上の変動が生じたことを意味する用語である。たとえば，物権の客体の一部が損傷したときは事実的変更に該当し，物権の存続期間（268条・278条・360条）や優先順位の変更（374条）があったときは法律的変更に該当する（仮差押えや仮処分，差押えがあったときは「処分の制限」）。

ただし，物権の客体の全部が滅失したときは，「変更」にはあたらず，当該物権そのものの「消滅」をもたらす。民法上に明文の規定はないものの，物権は，その客体を失えば，やはり消滅せざるをえないからである。民法は，物権一般の消滅原因として「混同」(179条）を挙げるのみだが，権利の放棄一般がそうであるように，物権の放棄もその消滅原因となり（抵当権の目的となった地上権の放棄を抵当権者に対抗できないとする398条は例外），所有権以外の物権は時効消滅もありうる（166条２項，同条との関連で396条および397条をも参照）。

なお，2021（令和３）年，「所有者不明土地」の増加を防ぐため，「相続等により取得した土地所有権の国庫への帰属に関する法律」が制定されたが，同法に基づく土地所有権の「変動」が何を意味するかは，別途（第４章）検討を要する。

２——物権変動に関する２つの立法主義

ここでは，とりわけ所有権の譲渡という意味での物権変動を生じさせるために何が必要とされるか，この問題をめぐって対立する２つの代表的な立法例，立法主義を紹介し，そこで日本の民法がどのような位置を占めているか，従来の理解を再考しつつ検討してみよう。

1 形式主義

形式主義とは，売買を原因として所有権が移転する場合を考えるならば，当事者間で売買契約が成立しただけでは足りず，さらに一定の「形式」を踏まない限り，目的物の所有権は移転しないとする立場である。ドイツ民法典では，不動産所有権の譲渡のためには，売買の合意と区別された特別の合意（Einigung）と登記（Eintragung）が必要となり，動産所有権の譲渡のためには，目的物を引き渡して合意することが必要となる。つまり，この特別の合意のほか，登記または引渡しという第三者の目から見て外観上明らかな「形式」が，所有権移転の効力発生要件とされているのである。

歴史的には，形式主義は，ローマ法以来の古い伝統に根ざしており，封建制のもとでは，とくに取引が不自由であった不動産に関し，権力による徴税の口実とされていたが，近代以降は，徴税目的であった諸形式が，取引当事者以外の第三者を保護するための公示機能を担うようになり，いわば「取引の安全」への機能転換を遂げた結果，今日まで存続しているのである。この形式主義を採用すれば，一見したところ，形式的要件が自由取引を阻害する要因になりそうだが，むしろ取引の安全確実性が確保され，実質的な権利者と形式上公示された権利者の不一致が生じるおそれはほとんどない。また，形式主義のもとでは，債権・債務を生じさせる法律行為という意味での**債権行為**と，物権変動を生じさせる法律行為という意味での**物権行為**を識別しやすいから，物権と債権を峻別する法体系に適合的な立法主義ともいえる。

現に，物権行為なる概念は，形式主義の先駆けとなったドイツの法学説から生まれた。そこでいう**物権行為の独自性**とは，債権・債務の発生のみならず，最終的には所有権の移転をもたらす売買その他の債権契約以外に，所有権移転そのものを目的とした法律行為が独自に存在することを意味する。この独自の存在が認められた物権行為の理解は，その原因をなす債権行為（債権契約）の有効・無効による影響を受けるかどうかにより，物権行為の有因性（債権行為の影響あり）または無因性（影響なし）を支持する見解に分かれる。

２ 意思主義

意思主義とは，売買を原因として所有権が移転する場合を考えるならば，当事者間で売買の合意が成立すれば十分であり，所有権移転のための一切の形式を不要とする立法主義である。1804年に制定されたフランス民法典は，あらゆる財貨の自由な流通を実現するため，自由を妨げる障害物を徹底的に排除しようとした。これが，意思主義を打ち出す最初の立法例となったのである。そこには，人間の意思を最大限に尊重し，所有権の移転も，契約の拘束力も，ひいては法的責任も，ことごとく個人意思から根拠づけようとする当時の考え方が根底にあった。日本では，当事者の合意だけで契約が成立し，その効力が生じる諾成主義は，従来，意思主義とは別の法原則のように理解されていたが，実は，意思主義の生みの親にあたるフランス法では，両者は，同一の法原則の，まさに表裏の関係にある。

それはともかく，意思主義を採用すれば，当事者の意思による取引を妨げるものは何もなくなる。しかし，第三者の目からすれば，当事者の自由とされる取引の存在は見えにくく，その取引によって生じる所有権の移転も，それ以外の物権変動も見えにくい。たしかに，当事者にとっては取引の簡易迅速性の利点は認められるが，第三者にとっては取引の安全を害するおそれがある。このため，意思主義の母法，フランス法では，不動産公示をあえて「形式」とは呼ばず，第三者への「対抗要件」として位置づけ，意思主義という法原理と取引の安全確保を調和させようとする努力が積み重ねられてきた。

3 日本法の理解

わが国の民法は，「物権の設定及び移転は，当事者の意思表示のみによって，その効力を生ずる」(176条) という明文規定により，意思主義の立場を表明している。しかしながら，同条をめぐる議論といえば，先に述べた意思主義の原義はどこかへ置き去りにされ，この立法主義では，いつ所有権が移転するのかという論点にすべてを帰着させているのが実情である。意思（諾成）主義が，契約書面を不要化したり，物権変動の原因を証拠立てる証書（原因証書）を軽視したりする理由にされているとすれば，それも日本法の理解の底の浅さを物語るものであろう。意思主義の母法においては，不動産売買の取引ならば，必ず「証拠」としての契約書面が要求され，しかも，公証人がその原因証書を作成しない限り，公示手続に進むことができない仕組みとなっている。

形式主義と意思主義の原理的対立を理解することは大切だが，まったく同じ立法主義を採用したものと思い込んできた母法と日本法の違いを理解することも，日本法固有の将来を考えるうえで欠かせない。

第2節 意思表示による物権変動

1――176条の意義

同条によれば，「当事者の意思表示」のみによって「物権の設定及び移転」の効力が生じる。その趣旨については疑問の余地はないようにみえるが，ここでいう「当事者の意思表示」とは何を意味するのだろうか。物権行為の独自性を認める立場からみれば，なお問題を残している。

1「意思表示」の意味

一般に，176条がいう「意思表示」は，物権変動の原因となる売買その他の債権契約上の意思表示であり，それ以外の何ものでもないと解されている。つまり，売買契約であれば，「当事者の一方がある財産権を相手方に移転することを約し，相手方がこれに対してその代金を支払うことを約する」(555条）という合意が成立するだけで，その売買の効力が生じるのと同時に目的物の所有権も移転すると考えるのである。この考え方に立てば，物権行為の概念を入れるまでもなく，所有権の移転時期に関する当事者間の特約等がない限り，契約が有効に成立すれば，即時に所有権も移転するという見方に傾くであろう。これが判例の立場であることは後述するとおりである。

2 物権行為独自性説の見方

しかしながら，契約成立と同時に所有権も移転するという見方は，信用を媒介としない現実取引には通用しても，不動産取引をはじめとする高額の重要取引では，当事者の意思からかけ離れ，取引実務の常識にも反しているのではないだろうか。とくに不動産取引の実際においては，契約締結後，売主と買主の間で代金の授受と引換えに登記や引渡しを済ますのが通例である。とすれば，これらの「外部的徴表」を伴う行為によって所有権が移転するのであり，明示的であれ黙示的であれ，そこに物権行為に相当する独自の「意思表示」の存在を認める見方もありえないではない。

物権行為独自性説と呼ばれる日本の学説は，現在では，ほとんど支持を失いかけているが，その見方は，決してドイツ法の抽象的概念から演繹したわけではなく，物権と債権の区別を編別構成にも貫徹させた民法のもとで，日常的に行われる種々の取引の観察から帰納的に導き出されたものであった。このことさえ見落とさなければ，物権行為概念の是非をめぐる議論に必ずしも拘泥する必要はない。

2――物権変動の時期

さて，物権行為の概念に頼らず，物権変動を生じさせるためには，当事者の債権的合意のみで足りるとすれば，どの時点で物権変動が起こるのか。ここでも所有権移転の原因となる売買を念頭に置いて考えてみよう。

1 判例の考え方

判例は，売主の所有に属する特定物を目的とした売買契約が成立すれば，原則として直ちに売買目的物の所有権も移転すると解している（最判昭33・6・20民集12巻10号1585頁）。ただし，この原則的立場には，いくつもの例外が認められている。

まず，第1の例外は，当事者間で所有権の移転時期に関する特約が設けられている場合である。たとえば，新車をローンで購入したときは，買主は，すでに引渡しを受け，現に使用している車であっても，分割払いの代金を完済するまでの間，当然にはその所有権の取得を主張することができない（最判昭49・7・18民集28巻5号743頁を参照）。このような事例では，売主の側が，分割払債権の回収を確保するため，通常，買主の債務完済に至るまで目的物の所有権を留保する特約を設けているからである。

第2の例外は，種類物を目的とする売買契約の場合である。この場合には，契約締結の時点でいまだ給付すべき目的物が特定されておらず，売主が「物の給付をするのに必要な行為」を完了し，または買主の同意を得て「給付すべき物を指定したとき」(401条2項）にはじめて目的物が特定されるから，判例は，その特定の時点で当然に売主から買主へ所有権が移転すると解している（最判昭35・6・24民集14巻8号1528頁)。先の新車（種類物）の例でいえば，仮に買主が現金で購入しても，その所有権は，給付すべき新車が特定された時点で移転することになる。

第3の例外は，特定物（たとえば，不動産）を目的とする売買契約であっても，売主が，契約締結時にその所有権を有しない他人物売買の場合（561条）である。この場合は，判例上，売主が売買目的物の所有権を取得すると同時にその所有権が買主に移転するものと解されている（最判昭40・11・19民集19巻8号2003頁)。

こうしてみると，判例の立場は，柔軟性を持たせたようにみせながら，即時移転の原則論にこだわり，所有権移転の原因となる契約の成立と所有権の移転時期を直結させたきらいがある。このため，かねてより鋭い批判があり，有力な反対論が唱えられてきた。

2 有償性の観点

物権変動をもたらす現実の取引は，売買を典型とする商品交換の一環をなしており，その有償性に着目するならば，当事者相互の対価的均衡（等価交換性）が厳しく問われるはずである。だから，対価的給付がないところでも，契約が成立すれば即時に所有権も移転するかのように述べる判例の論理は，取引社会の実情にそぐわない。端的に対価なしに物権変動が生じること（平たくいえば，お金が動かず，物だけが動くということ）はありえないとする批判である。

しかし，この有償性の観点に立った批判は，所有権の移転時期を契約締結後に後らせ，代金の支払い，登記または引渡しのいずれかとする点で不徹底さを免れないという指摘もある。なるほど，有償性の観点をどこまでも徹底させるならば，代金支払いと登記・引渡しを同列に置くことはできない。実際，多くの取引において信用の授受を伴うとすれば，その信用授受の形態に即して所有権の移転時期も考えるべきであろう。そうなると，所有権の移転時期を一義的に確定することは断念せざるをえない。

3 確定不要（不能）論

判例の考え方やその批判を含め，以上に紹介した議論は，いずれも，当事者間に特約がない限り，①契約成立，②代金支払い，あるいは③登記・引渡しといった特定の時点で所有権が移転するものと解し，所有権移転時期の確定の必要性を信じて疑わなかった。ところが，そうした議論の前提を根底から覆し，所有権の移転時期をめぐる論争にいわば冷水を浴びせたのが，「移転時期確定不要論」とでも名付けられるべき反対説である。

この有力説によれば，時間的な幅のある売買のプロセスが開始する前，売主に属していた所有権が，その終了後は買主に属するに至ることは明らかだが，プロセス進行中の所有権は「浮動状態」にあり，①ないし③の各段階を経るにつれ所有権の諸権能が「なしくずし的に移転する」と考えられる。したがって，ある一時点の前後で所有権が売主または買主のどちらにあるかを論じることは無意味で実益がなく，また，理論的にも不可能であるというのである。これは，きわめて斬新な発想の転換であり，終わりのない論争の観を呈したそれまでの議論の枠組みを打ち破る問題提起ともなった。

けれども，売買取引の過程において所有権の移転時期を確定すべき「実益」は，ほんとうにないのだろうか（→WINDOW 2-1）。「確定不要論」は，実用主義的観点からあっさり問題を切り捨てるが，そのようなわりきり方が，判例を支

□ WINDOW 2-1

所有権の移転時期を確定すべき「実益」なし？

売主Aおよび買主Bの間でA所有の甲土地を目的とする売買契約が締結されたものとする。A・B間には，所有権の移転時期に関する特段の定めはなく，代金総額800万円のうち，契約締結時にBからAに160万円の支払いがあった。しかし，甲土地のAからBへの引渡しも，所有権移転登記も未了である。この取引のあとに以下の【事例1】ないし【事例4】の問題が生じたら，どのように考えるべきか。事例ごとに所有権の移転時期を確定する必要があるか否かを検証してみよう。

【事例1】 甲土地からは定期的に地代等の収益が得られるが，A・B間の売買契約には，その収益についてとくに定めはない。この場合，Bは，すでに甲土地の所有権が移転していることを主張・立証しなければ，その収益を自分のものにすることができないのか。否。民法575条によれば，「まだ引き渡されていない売買の目的物が果実を生じたときは，その果実は，売主に帰属する」と規定されている。

【事例2】 Aの債権者Cが，自己の債権回収のために甲土地を差し押さえた場合には，Bは，Cの差押えを排除するため，自己の所有権取得を主張しなければならないが（民執38条），そこでは，所有権の移転時期が焦点となるのだろうか。当然ながら，B・C間の争いで決め手となるのは，対抗要件としての登記（177条）である。

【事例3】 AからBへの所有権移転登記を経ないままBがDに甲土地を転売した場合には，転得者Dは，自己名義の所有権移転登記を実現するため，すでに自己への所有権移転があったことを主張・立証する必要があるか。この場合，「確定不要論」によれば，Dは，自らのBに対する債権を保全するため，BのAに対する登記請求権（この概念については，→50頁）を代位行使すること（423条）により，さしあたりはB名義の登記を実現することが可能であり（債権者代位権の転用事例については，→新プリメール民法３第**4**章参照），あとは，Bとの売買契約に基づく登記請求権を行使すれば，Dは，自己名義の登記を実現することができるから（不登63条1項参照），所有権の移転時期を問題にする必要はないとされる。

【事例4】 見知らぬEが何らの権原もなく甲土地を不法占拠している場合には，Bは，すでに所有権がBに移転していることを主張・立証しなければ，Eに対し，甲土地を明け渡すように妨害排除請求権を行使することはできないか。この場合も，「確定不要論」によれば，Bは，所有権移転の有無を問うことなく，Aの物権的請求権（→第**1**章第**3**節）を代位行使する法的構成により，Eの占有を排除することができるとされる。

以上の紛争事例では，たしかに所有権の移転時期を確定すべき「実益」はないかのようにみえる。けれども，「確定不要論」に立たない限り，「実益」のいかんにかかわらず，所有権の移転時期に関する問題から解放されることはない。また，不動産売買を念頭に置けば，現実には，当事者間において危険負担とともに所有権の移転時期を明確に定める取引実務が浸透している。そうだとすれば，従来の議論は大方が“とりこし苦労”であり，仮にそうでないとしても，紛争予防のための特約条項をさらに工夫し，取引社会の隅々にまで普及させることが先決であろう。いまさら「コロンブスの卵」を気取るつもりはないが，これからの法学説は，取引実務をも先導すべき役目を担うべきである。

持する説やその批判説からの反発を招く要因になったと思われる。実際，所有権確認訴訟は，よく知られた民事訴訟の主要形態の１つであり，取引の当事者間でいつ所有権を移転するかの明示的な合意がみられない場合にも，はたしてその移転時期を確定する必要が絶無と言いきれるかどうかは疑問である。民法が予定する所有権の概念は，「なしくずし的に移転する」ことを許容するものではなく，やはりその包括的で絶対的な権利の帰属が明確に決定されるべきであると考えられる。

第3節　不動産に関する物権変動

民法の中でもとくに物権法では，不動産の占める比重が大きい。本節は，その不動産に関する物権変動を規律する177条に焦点を当てる。同条は，「対抗要件主義」と命名された基本準則（ルール）を定めており，これが不動産取引秩序の根幹をなすところでもある。それだけに，ここで取り上げるべき論点は多岐にわたるが，まずは177条の意義を明確にし（→本節 1），次いで「対抗要件」となる不動産登記の仕組みを概観したうえで（→本節 2），不動産登記の対抗力その他の効力について検討し（→本節 3），それから177条をめぐる主要な問題点に沿って従来の議論を整理しつつ同条の現実的機能を検証してみよう（→本節 4 以下）。

1 ――177条の意義

177条によれば，「不動産に関する物権の得喪及び変更は，不動産登記法……その他の登記に関する法律の定めるところに従いその登記をしなければ，第三者に対抗することができない」。つまり，不動産に関する物権変動は，前条の176条により，その当事者の間では，両者の意思表示のみによって効力を生じるものとされているが，当事者以外の第三者との関係では，当該物権変動を公示する「登記」を経なければ，その物権変動の効力を主張することができないというのである。

1 177条の適用場面

では，どのような場面で177条の適用が問題となるのだろう。一般的には，不動産の物権変動をめぐって第三者が登場し，当事者との間で利害が衝突した場合が考えられる。不動産の「二重譲渡」は，その典型事例として引き合いに出されるのがつねである。

たとえば，甲土地を所有するAが，Bとの間で売買契約を締結し，売買代金500万円の支払いと引換えに甲土地をBに引き渡したのち，第三者Cが登場し，Bよりも高値での買受けを申し出たため，Aが，重ねてCとの間でも売買契約を締結し，売買代金700万円の支払いと引換えにAからCへの所有権移転登記の手続を済ませたものとしよう。講学上は，このような事例において177条が適用され，最終的には，先に登記を済ませたCが，確定的に甲土地の所有権を取得し，Bは，Aの債務不履行を理由としてAとの契約を解除し（542条），Aに対しては，支払済みの代金の返還を求め（545条1項），また，債務不履行による損害賠償を求めることはできても（同条4項），甲土地の所有権を取得することはできないと説明される。したがって，Cから甲土地の明渡しを求められれば，Bはその請求を受け入れざるをえない。

しかしながら，少なくとも日本の取引社会では，上記のような事例が頻繁に起こっているようには見受けられない。現実には，代金決済と登記手続を連動させるなど，取引実務上，二重取引を事前に防止するための予防策が講じられている。とすれば，不動産の「二重譲渡」は，177条の適用場面をわかりやすく示した標準例（モデル・ケース）にすぎず，このケースにどこまで似ているか，同じ取り扱いをしてもよいかどうかを見きわめるうえで，一種の「試金石」のような役目を担ってきたといえよう。そして，そのような意味での「二重譲渡」の事例を活用し，177条適用の可否，登記の必要性を判断してきたのが日本の判例にほかならない。

2 177条をめぐる主要な問題点

第1に，177条の「不動産に関する物権の得喪及び変更」という文言は，そもそも何を意味するのか。売買その他の約定による不動産の物権変動が同条の適用対象となることは明らかだが，相続や時効取得といった法定の原因による物権変動についても177条の適用があるかは，古くから議論されてきた主要な問題点の１つである（→本節4）。

第２に，もう１つの主要な問題点として，登記をしなければ対抗することができない「第三者」の範囲についても，古くから議論されてきた。物権変動の当事者，正確にいえば，その包括承継人を含めた当事者以外の者は，すべて177条の適用を受ける「第三者」に該当するのか，それともここでいう「第三者」の範囲は，もっと狭く制限的に解されるべきか。今日では，判例・学説ともに後者の立場で固まっているとはいえ，制限されたその「第三者」の範囲をどう考えるかは，なお問題を残している（→本節8）。

第３に，「対抗することができない」という同条文末の意味も，主要な問題点の１つに数える必要がある。端的に「対抗不能」とは何か。「対抗不能」の裏返しとなる「対抗力」とは何か。この概念については，不動産登記の仕組みをひとわたり概観したあとで検討することにしよう（→本節3）。

2——不動産登記の仕組み

日本における不動産公示制度の歴史は，明治初年（1872年），地租改正事業を遂行するために発行された「地券」（地租負担者となる土地所有者を表示した証書であり，土地取引のたびに名義書換えなどを必要としたもの）の法制度に始まり，実のところ，民法のそれより長い。旧不動産登記法（1899年）を全面改正した現行不動産登記法（2004年，平成16年法律123号）は，初代の登記法（1886年）から数えれば，三代目にあたる。必要に応じてその立法上の変遷にも触れながら，現行法の仕組みを説明することにしよう。

① 登記の意義と種類

一般に「登記」とは，国家によって管理される公簿上に一定の事項を記載すること，あるいは公簿上のその記載のことであり，何人にも公開された情報という意味で公示されたものをいう（不登119条以下，動産債権譲渡特例11条，後見登記10条ほか。戸籍10条以下が定める戸籍の取り扱いとは著しく異なる点に注意）。公示情報という意味での「登記」は，不動産登記に限らず，次第に増加する傾向にあるが，本章で単に「登記」と呼ぶ場合は，「不動産の表示及び不動産に関する権利を公示するための登記」（不登１条）に限られる。

不動産登記という意味での登記の種類は，大別すれば，不動産に関する基本

図表２－１　仮登記の順位保存効

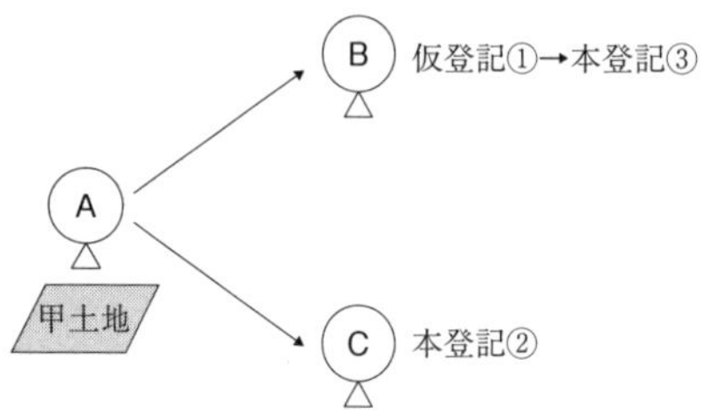

情報を網羅した**表示に関する登記**（不登２条３号）と，不動産に関する物権ほか登記の対象となる権利（所有権，地上権，永小作権，地役権，先取特権，質権，抵当権，賃借権，配偶者居住権および採石権の10種，不登３条）を公示した**権利に関する登記**（不登２条４号）に分かれる。177条がいう「登記」は，もっぱら後者の権利に関する登記を指しており，この登記を経てはじめて不動産の物権変動を第三者に対抗することができる。その意味では，表示登記は，「対抗力」という登記の最も重要な効力を有しないが（ただし，借地借家10条１項がいう借地権の「登記」は，判例上，表示登記を含むと解されている点にも注意），表示登記によって提供される基本情報（土地の所在地・地番・地目・地積，建物の所在地・家屋番号・種類・構造・床面積など，不登34条・44条）が不正確な場合には，権利登記も不正確なものとならざるをえないのだから，その存在意義を決して侮ってはならない。むしろ日本の不動産登記制度の大きな弱点が，表示登記と符合すべき登記所の備付地図（不登14条）の整備の立ち遅れにあることは周知のとおりである。

ところで，権利に関する登記の効力からみた分類として，**本登記**（**終局登記**）と**仮登記**（**予備登記**）の区別があることも知っておこう。本登記は，「推定力」，「対抗力」といった登記の効力を生じさせるものであるのに対し，仮登記は，登記申請に必要な情報のすべてをすぐに提供できないとき，または売買の予約や停止条件付代物弁済契約による請求権を保全する必要があるとき，本登記前に認められる予備的登記だが（不登105条１号・２号），実際，その仮登記後に本登記がなされた場合は，本登記の順位は「当該仮登記の順位による」こととなる（不登106条）。このいわゆる**仮登記の順位保存効**は，登記費用（登録免許税）の負担の軽さに比べればきわめて強力であり，登記実務上，仮登記が多用される要因となっている。

甲土地の所有者Ａが，Ｂとの間で停止条件付代物弁済契約を結び，Ｃとの間で重ねて売買契約を結んだ**図表２－１**の事例では，Ｂは，条件成就まで甲土地の所有権移転請求権しか有しないから，直ちに本登記をすることはできないが，請求権保全の仮登記（不登105条２号）を経ておけば，その後に現れた第三者ＣがＢより先に本登記を済ませたときでも，条件成就後の本登記により，Ｃに優先することができる。この場合，Ｃは，Ｂの本登記を承諾する義務を負うものとされる（不登109条を参照）。

なお，権利に関する登記の記載形式からみた分類として，主登記と付記登記（不登４条２項）の区別も知っておくとよいが，これらについては，登記簿と関連づけて後述しよう。

２ 登記機関

全国各地の不動産の所在地を管轄する法務局，地方法務局等が，登記事務をつかさどり，「登記所」と呼ばれる（不登６条）。そして，各登記所において登記事務を取り扱う者は，「登記官」と呼ばれ，登記所勤務の法務事務官のうちから指定された者に限られる（不登９条）。登記官は，合議制に対して「独任制の行政官庁」といわれるように，その登記所における登記事務を自己の名で処理する権限を有し，個別の登記事件について法務局長等の指揮を受けることがない。あたかも職権の独立性を保障された裁判官（憲76条３項）に似て，登記官も，独立してその職務を行うのである。

登記事務は，民事上の争いを前提としない「非訟事件」に属するが，これを取り扱う登記官が，裁判官にも匹敵する独立した権限の行使を認められている点は注目されてよい。それは，沿革的には，登記事務が，現在の法務省に移管されるまで長い間裁判所の監督下にあったことに由来するが，戦前以来，紛争予防のための登記事務が重視されてきたことの証左でもある。

３ 登記記録（登記簿）

現行の不動産登記法が制定されるまでは，登記といえば，多くが紙媒体の登記簿（加除の容易なバインダー方式）に記載されたものであった。しかも，その登記簿には，土地登記簿と建物登記簿の２種類があり，一筆の土地または一棟の建物につき一用紙を備えることとされていた（一不動産一登記用紙主義）。それでも，登記事務のコンピュータ化は，旧法下ですでに着手されており，現行法のもとでは，登記簿は，全面的に電子媒体へと移行し，電磁的に記録された登記記録と呼ばれるようになった。これに伴い，土地登記簿と建物登記簿の区別はなくなったが，土地と建物を別個の不動産とする不動産法制が続く以上，土地の登記と建物の登記は，登記記録上も明確に区別されている。

このように登記記録（登記簿）を物件ごとに編成する方式は，**物的編成主義**と呼ばれ，**人的編成主義**と対置されることがある。人的編成主義とは，登記の原因証書を綴じ込み，これを人名簿によって検索するというものであり，元来は，フランス法が採用した方式である。日本の不動産登記制度は，登記の効力についてはフランス法を継受する一方，他方では，ドイツ法がはじめて採用した物的編成主義を導入したことになる。

不動産（土地・建物）ごとに作成される登記記録は，表題部と権利部に区分される（不登12条）。表題部は，表示に関する登記が記録される部分であり，かつて固定資産税の課税台帳であった土地台帳および家屋台帳が登記簿に編入された経緯から，これが表示登記として位置づけられることになった。権利に関する登記が記録される権利部は，さらに甲区と乙区の記載欄に分かれる。甲区には，所有権に関する登記の事項が記載され，乙区には，所有権以外の権利に関する登記の事項が記載される（不登規則４条４項）。

主登記は，甲区または乙区記載欄に順位番号を付けて行われる独立の登記である。**付記登記**は，その主登記の順位番号に付記番号を加えて行われる付随的な登記であり，既存の主登記と一体化して公示する必要がある場合に認められる。たとえば，所有権に関する登記名義人の氏名・名称・住所の変更登記（不登64条１項），抵当権付債権の譲渡に伴う登記名義人の変更登記（不登90条）などがそれにあたる（所有権移転登記は，必ず主登記であることを要するが，抵当権の移転に伴う名義人変更は付記登記による）。

4 登記手続

権利に関する登記は，登記権利者と登記義務者と呼ばれる当事者の共同申請を原則としている（不登60条，当事者申請主義）。**登記権利者**とは，申請すべき当該登記によって直接に利益を受ける当事者であり，その反対当事者となる**登記義務者**とは，当該登記によって不利益を受ける申請時の登記名義人をいう（不登２条12号・13号）。たとえば，不動産売買を原因とする所有権移転登記の申請であれば，現に目的不動産を所有する売主が登記義務者となり，自己名義への所有権移転登記によって直接の利益を受ける買主が登記権利者となる。抵当権設定登記の申請では，誰が登記権利者と登記義務者になるか，抵当権設定登記の抹消登記申請の場合はどうか。これらの応用問題は，読者の検討に委ねよう。

表示に関する登記は，登記官が職権ですることもできる（不登28条）。ただ，建物の新築など，はじめて表題部に登記される場合は，その所有権を取得した者が表題登記を申請するように義務づけられている（不登47条）。

注意すべきは，権利に関する登記であっても，当事者申請主義の例外となる場合があるということである。その第１の例外として，相続を原因とする所有権移転登記が挙げられる。この場合は，登記義務者にあたる被相続人がすでに死亡しており，その協力を得ることはできないから，登記権利者の相続人のみで相続登記の単独申請が認められる（不登63条２項）。会社の合併による包括承継があった場合も同様である。第２の例外として，登記義務者の任意の協力が得られず，登記権利者が，その登記義務者を相手どって登記手続をなすべき旨の確定判決を得た場合も，確定判決による登記の単独申請が認められる（不登63条１項では，稀に登記義務者が確定判決を得て単独申請する場合もあることを想定した規定の仕方）。裁判所は，登記請求権（後述）をめぐる紛争解決を通じて登記手続に関与するほか，自ら官公署の嘱託による登記（不登16条）手続の一翼を担っている（民執48条・82条など）。

登記申請の方法は，現行法上，電子情報処理システムを用いたいわゆるオンライン申請と，必要な書類を登記所に提出する書面申請の２つが認められている（不登18条）。とくに権利に関する登記の申請においては，①登記申請情報，②登記原因証明情報，③登記義務者の登記識別情報という３つの情報提供が義務づけられる（不登61条・22条）。これらの情報のうち，登記の真実性を確保するためには，②の登記原因証明情報が決定的な重要性を帯びるが，登記実務上は，必ずしも登記原因を直接的に証明する契約書原本の提出が求められるわけではない。③の登記識別情報は，当該登記申請において登記義務者となった現登記名義人が，自らを名義人とする登記を完了した段階で通知を受けた12桁の暗証番号のことであり（不登21条），旧不動産登記法のもとでは，いわゆる権利証と呼ばれていた「登記済証（とうきずみしょう）」に代わるものである（③の提供ができないときは，不登23条により，登記申請代理人から受ける本人確認の情報など代替方法あり）。

現実には，権利に関する登記は，その多くが登記申請の代理を業とする司法書士による代理申請である（司法書士３条１項１号を参照）。旧不動産登記法まで

図表２－２　登記手続の流れ

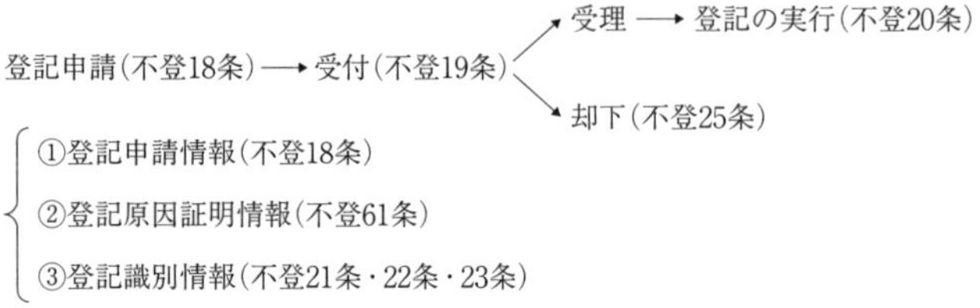

登記申請（不登18条）──→受付（不登19条）─┬→受理 ──→ 登記の実行（不登20条）
　　　　　　　　　　　　　　　　　　　　　└→却下（不登25条）

①登記申請情報（不登18条）
②登記原因証明情報（不登61条）
③登記識別情報（不登21条・22条・23条）

は，当事者またはその代理人が登記所に出頭することを義務づける当事者出頭主義が原則とされていたが，全面改正後の現行法では，オンライン申請のみならず，書面申請の場合にも同原則が廃止されるに至った。それだけに，当事者本人の確認，目的物件の調査，そして真正な登記原因証明情報の提供に努める司法書士の登記申請手続における明確な位置づけが，真正登記の確保のうえでも切実に求められている。

登記申請の受付後の手続は，**図表２－２**のような流れとなる。その過程での登記官による審査は，あくまで「形式的審査」にすぎないといわれるが，審査の方法こそ電子情報化された文書を含めて書面上の審査にとどまるとはいえ，審査の対象は，登記の原因となる実体関係に及んでいると理解するのが正確であろう。

5 登記請求権

不動産売買においては，売主が，目的不動産の所有権を移転すべき債務を負っており（555条），その債務の履行の一環として買主への所有権移転の登記手続をなすべき立場にある。これを反対当事者の側からみれば，買主は，売主に対し，両者の間で有効に成立した売買の効力として，所有権移転登記請求権を有するということになる。この場合は，目的不動産の所有権が売主から買主へ移転しているかどうかを問うまでもなく，登記請求権の法的根拠を当事者間の売買契約に求めることができる（債権的登記請求権）。

このように，通例では，登記権利者が登記請求権者となるが，場合によっては，登記義務者が登記請求権者になることもある。たとえば，不動産の贈与があった場合，贈与者が，登記名義人に課せられる税負担を免れるため，早期に受贈者への所有権移転登記を済ませたいと考えるならば，受贈者に対し，移転登記手続に応じるよう請求することができるであろう。この場合は，登記義務者が登記請求権者となる数少ない事例である。

しかし，たとえば，甲不動産の「所有者Ａ」と名乗るＢが，偽造された実印等を用いて勝手に甲不動産を譲渡処分し，第三者Ｃへの所有権移転登記を経た場合には，真の所有者Ａは，Ｃに対し，その所有権移転登記の抹消登記手続を請求することができる。この場合にＡが有する登記請求権は，Ａ・Ｃ間に何らの契約関係も認められない以上，Ａの所有権そのものに法的根拠を求める以外にない（物権的登記請求権）。登記請求権が，物権的請求権（→第１章第３節）の１つの現れ方として理解されるわけである。

これらの事例から，登記請求権は，権利に関する登記の共同申請主義（不登60条）のもとで一方当事者の任意の協力が得られない場合に，他方の当事者が確定判決を得て単独申請（不登63条１項）するために必要となる権利であることがわかる。けれども，当事者申請主義をとらない立法例（代表的なのはドイツとフランス）では，そもそも登記請求権の出番があるかどうか疑問であり，あるとしても，上記の事例でいえば，物権的登記請求権にかかわるものに限られる点は留意されてよい。

3 ―― 登記の効力

1 登記の「対抗力」

民法177条は，不動産に関する物権変動があっても，「その登記をしなければ，第三者に対抗することができない」と定めているが，講学上は，登記欠如による対抗不能という同条の規定の仕方を裏返して，「その登記をすれば，第三者に対抗することができる」と説明されるのがつねである。つまり，登記は，不動産に関する物権変動を第三者にも対抗可能にするための「対抗要件」であり，この意味で最も重要な登記の効力が「対抗力」と呼ばれるのである。

(1)　**「対抗力」をめぐる議論**　しかしながら，よくよく考えてみれば，絶対的かつ排他的な物権（→３頁）を代表する不動産所有権が，未登記のままでは第三者にその権利を主張することもできないというのは，一体，どういうことか。未登記の不動産物権は，物権と呼ぶに値しないのだろうか。このような根本的な疑念に対しては，古くから種々の説明が試みられてきたが，今日では，およそ3つの説に絞られよう。

第1説は，登記を経ない限り，不動産の物権変動は「完全な効力を生じない」と考える（「不完全物権変動説」）。意思表示だけで所有権の移転が生じることを定めた176条は，177条および178条による制約を受け，「対抗要件」を具備してはじめて排他的な所有権の帰属が認められるというのである。けれども，不動産の場合，登記という「形式」を満たさなければ完全な所有権取得が認められないと解することは，意思主義を限りなく形式主義的に解釈し直すことであり，176条との矛盾を覆いがたい。

そこで，第2説は，「二重譲渡」の場合を念頭に置き，先に登記を備えた者が優先的に物権を取得したものと法定したのが177条の制度であり，それ以上の説明を実益なしとして片付ける（「法定制度説」）。法定された制度は一応の説明で事足りるとする態度決定である（このほかにも，177条所定の「第三者」の出現を許容するのは「法定の制限」であり，登記を経由してその制限を脱すれば排他的帰属が確定すると説く見解や，176条と177条を同時に継受した日本法では，2つの条文を「あわせて一本」とみるべきであり，そう考えるならば，「二重譲渡」の可能性は否定しがたいとする見解も同様の立場）。

ところが，何ゆえその「二重譲渡」が可能なのかを分析し，「公信力」概念を用いた独自の根拠づけを試みる第3説（「公信力説」）が一定の支持を集めるようになった。同説の要点を示せば，AからBへの売買譲渡により，Aがすでに無権利者となっているにもかかわらず，Bの登記未了の間に登記名義人のAから重ねてCへの売買があり，登記を経たCが所有権を取得できるのは，A名義の登記という権利の外観を信頼したCが，登記の「公信力」によって法的に保護されるからにほかならないと説明される。

(2)「公信力」採用の是非　「公信力説」の主張する登記の「公信力」が適切な用語法でないとすれば（→WINDOW 2-2を参照），日本の不動産登記制度において登記の公信力と呼ばれる効力は認められていないと考えられる。本来，不動産取引において**公信の原則**（真の権利者をどこまでも保護する「静的安全」よりも，権利の外観を信頼して取引した者の保護を優先し，この意味での「動的安全」のため，その外観上の権利が存在しないときでも当該権利の取得を認める法原則）を採用するためには，**公示の原則**（物権変動に関する正確な情報をあまねく開示し，当事者以外

WINDOW 2-2

「二重譲渡」の不可思議

いわゆる物権変動論において初学者の誰もが首を傾(かし)げるのは，本文にも登場する「二重譲渡」の可能性をめぐる議論である。そこで，ＡからＢへ売却（第１の売買）された甲不動産が，重ねてＡからＣへ売却（第２の売買）されたという標準例を用いて問題を整理してみよう。とくに注目されるのは，「二重譲渡」の法的構成にこだわる「公信力説」の説明である。

問題は，「公信力説」が説くように，①第１の売買後はＡが無権利になったという理解を共通の前提にすることができるかどうか，②「二重譲渡」の場合に限ってＣの法的保護に資する登記の効力を「公信力」と呼ぶことが，はたして適切な用語法といえるかどうかに絞られるであろう。

①に関していえば，176条が定める意思主義を所有権の移転時期に帰着させ，これを即時移転と同一視する固定観念が災いしているように思われる。第１の売買後になお第２の売買が可能であるとすれば，それは，第１の売買によっても，いまだ所有権は移転していないと理解するのが自然であろう。「公信力説」の立場から，「二重売買」はありえても「二重譲渡」はありえないと指摘されるが，この指摘自体は的を射ている。ただ，第１の売買によってＡが無権利者になると決め込む必要はなく，この点を議論の共通の前提にすることはできないように思われる。

②に関していえば，本来，登記の「公信力」とは，不実の登記による権利の外観を信頼して取引に入った善意者は，無権利者を相手にしても当該権利の取得が認められるという登記の一般的効力であるから，「二重譲渡」にしか通用しない登記の効力を「公信力」と呼ぶのは適切でない。しかも，第１の売買後もＡ名義の登記が不実のものとは限らないとすれば，およそ「公信力」の出る幕ではないと考えるべきだろう。

最初の疑問に立ち返って「二重譲渡」の可能性を考えよう。所有権は，１個の客体に１つしか成立しないこと（一物一権主義，→９頁）を前提とするならば，一瞬であれ，第１買主，第２買主の双方に所有権が帰属することはありえない。そこで，176条のみで考えれば，「二重譲渡」が成立する余地はないけれども，177条とセットで考えれば，その成立可能性を認めるほかないと説明する学説もある。しかしながら，そのような問題の切り捨て方をせざるをえないのは，意思表示による物権変動と対抗要件となる登記の時間的なずれを宿命的なものとみているからではないか。取引・登記実務の次元において，物権変動の原因契約の締結からすぐさま登記手続へ移行する実務慣行を定着させれば，実際上，「二重譲渡」を行うことはできなくなるはずである。現に，176条および177条の母法の位置を占めるフランス法は，公示手続を当事者の任意申請に委ねたりせず，原因契約の有効な成立を見届けた公証人の手で公示手続に乗せる仕組みとなっている。この点では，形式主義を代表するドイツ法も，意思主義のフランス法も変わりがないのだ。

理論的な次元では，かつて177条が適用される「不動産に関する物権の得喪及び変更」の範囲も「第三者」の範囲も無制限とする学説があり，物権変動と登記のずれが生じないように工夫を凝らそうとしたことがある（→本節**4**・**8**）。しかし，そうした「完全無制限説」の立場は，いまや過去のものとなり，理論的レベルの解決は見込めない状況となっている。

の第三者でもその物権変動を容易に認識できるようにする法原則）を徹底させ，万が一，公信原則が適用される場面では，真の権利者の権利喪失に対する国家賠償責任を明確にしておく必要がある。したがって，実体的権利関係と登記の不一致が間々みられる日本の不動産登記制度のもとで，にわかに公信の原則を採用すべきとする立法論は現実味を欠いている。

ただ，立法論としてはともかく，判例は，通謀虚偽表示に関する94条２項の類推適用により，不実の登記を信じた第三者の保護を図ってきた。たとえば，甲不動産を所有するＡの知らない間に，Ｂが，Ａの実印等を勝手に持ち出し，ＡからＢへの所有権移転登記を済ませ，甲不動産をＣに譲渡した場合を考えてみる。この場合，Ｂ名義の移転登記は，登記原因を欠いた無効の登記となるが，仮に，Ｃへの譲渡前にその不実の登記に気づいたＡが，自己名義の登記を回復しないままに放置していた事実が認められるならば，Ａ・Ｂ間に「通謀」に該当する事実がなくとも，不実の登記という虚偽の外観をＡが黙示に承認したものとして94条２項が類推適用され，善意の第三者Ｃは甲不動産の所有権を取得することが可能となる。これは，Ｂ名義の不実の登記に公信力を付与したかのような帰結であり，学説の多くもそうした判例の立場を支持しているが（詳細は，→新プリメール民法１第５章第**3**節を参照），今後も94条２項の類推適用による「外観保護法理」の拡張が続くならば，立法論としての公信力即時採用論と同様の問題性を顕在化させることになろう。

2 その他の効力

登記には，対抗力のほかに推定力という重要な効力が認められている。**登記の推定力**とは，登記された不動産であれば，その所有権の登記の名義人が当該不動産の所有者であるとの推定が働くことである。ただし，この推定は，法律上の推定（占有者の占有物に対する適法な権利を推定する188条がその典型例）か事実上のそれにすぎないかをめぐって学説が対立していた。前者の説に立てば，登記名義人は，推定される権利の存在に関する主張・立証を負担せず，これを争う相手方が，法律上の推定を覆すためにその権利が存在しないことを証明しなければならないが，後者の説では，相手方は，当該権利の存在を疑わせる反証によって事実上の推定を覆すことができると解されたのである。しかし，現在では，後者の説（訴訟実務の理解）が支配的となり，事実上の決着をみているといわれる。

なお，対抗力を備えるための登記以外にも，民法は，効力発生（保存）要件としての登記を個別に規定しているので（374条２項・398条の４第３項・338条１項など），両者を混同しないように注意しよう。

4――177条が適用される物権変動の原因

176条・177条を条文の配列どおりに読めば，第三者への対抗要件として登記が必要となるのは，当事者の意思表示を原因とする物権変動に限られるように解されなくもない。しかし，1898（明治31）年に制定された民法の起草者たちは，あらゆる物権変動について登記を経なければ第三者に対抗することができないと解していた。そして，この変動原因無制限説は，戦前以来の判例の不動の立場ともなった。

1 176条と177条の関係

176条は，動産と不動産の区別なく「当事者の意思表示のみによって」「物権の設定及び移転」の効力が生じるという法原理を定立し，177条は，「不動産に関する物権の得喪及び変更」を第三者に対抗するためには登記が必要であることを基本準則としている。一方では，何らの形式なしに絶対的かつ排他的な不動産所有権が移転し，他方では，登記なしにはその不動産所有権の取得を第三者に対抗できないというのだから，ふたつの条文は，本来的に矛盾をはらんだ緊張関係にあると考えられる。

ところが，日本の判例・学説は，ことさらに両者の関係を分断し，176条と無関係のごとく，177条が適用される物権変動の原因を無制限に解するようになった。その決定的な画期をなすのが「相続登記連合部判決」と呼ばれる戦前の判例である。

2 変動原因無制限説

大連判明41・12・15民録14輯1301頁，通称「相続登記連合部判決」は，第二次世界大戦後に全面改正された現行相続制度のもとでは決して起こりえない事案を扱うものであった。というのも，戦前の家督相続制度のもとでは，被相続人の隠居により，その存命中に家督相続人が単独承継する生前相続が認められており，隠居した被相続人が，相続開始後に相続された不動産を第三者に譲渡し，第三者と家督相続人の間で争いとなる場合が少なくなかったからである。同判決は，家督相続によって不動産を取得した者であっても，登記を経なければ第三者に対抗できないと判断した。しかも，そこでは，177条は，意思表示による物権変動か否かを問わず，「第三者保護」のために適用されるべきものと解する変動原因無制限説の立場が表明されたため，隠居相続が廃止されてすでに久しい今日まで同判決の先例性が生き続けることとなった。

「相続登記連合部判決」が打ち出した変動原因無制限説は，文句なしに不動産の公示原則に資するものとして，それ以後，多くの学説によって支持されるようになった。ただ，現在では，その多数説は，できるだけ登記を必要とする解釈論を展開し，個別の取引ごとに第三者の保護を図る「修正無制限説」へと後退しており，物権の絶対的効力を遺憾なく発揮させるため，変動原因の区別なく登記を要求するかつての「絶対的無制限説」はみられない。反対説の中でも，取消し，契約解除，時効取得といった各法制度の趣旨に鑑み，登記の要否を論じる「対抗問題」限定説は，まことに正論ではあるが，登記不要論に傾斜し，少数説にとどまっている。注意すべきは，判例が，「相続登記連合部判決」と同日付のもう１つの大審院連合部判決（大連判明41・12・15民録14輯1276頁）により，177条の適用を受ける「第三者」の範囲に関しては，反対に制限説を採用し，今日まで第三者制限説の立場を堅持していることである。このことが何を意味するかは，のちに改めて詳しく検討しよう（→本節 8）。

さて，変動原因無制限説に立った判例による177条の解釈・適用は，実際にも公示原則に資するものとなっているのだろうか。以下では，意思表示による変動（→本節 5）とそれ以外の原因による変動（→本節 6・7）に場合分けをしたうえ，個別の問題ごとに検証してみることにしよう。

5——法律行為と登記

不動産を目的とする売買契約や，地役権設定契約，抵当権設定契約など，不動産物権の得喪変更をもたらす法律行為一般について，177条の適用があることは言うまでもない。問題は，詐欺・強迫あるいは制限能力等を理由とする法律行為取消しの意思表示や，債務不履行を理由とする契約解除の意思表示があった場合にも，177条が適用されるかどうかである。

1 法律行為の取消しと登記

たとえば，甲不動産を所有していたＡが，資産家であるかのように装ったＢの欺罔(ぎもう)行為により，まんまとだまされて甲不動産をＢに売り渡してしまったとしよう。ＡからＢへの移転登記がなされたのち，Ｂの欺罔に気づいたＡが，詐欺を理由として当該売買契約を取り消したところ，Ａ名義の登記を回復しないうちに，Ｂから甲不動産を取得した第三者Ｃが自己名義の移転登記を済ませた場合には，Ａは，その取消しの効果をＣに対抗することができないとする判例（大判昭17・9・30民集21巻911頁）がある。この場合，Ａの取消しにより，甲不動産の所有権は，はじめからＢに移転しなかったことになるはずだが（121条），判例によれば，売買取消しによるＡへの所有権の帰属も，１つの「復帰的物権変動」として扱われ，登記がなければ第三者に対抗できないと解される。

もっとも，取消後のＡの速やかな登記が要求される上記の場合とは異なり，Ａの取消前に第三者Ｃが登場した場合には，Ｃ名義の登記にかまわず，Ａが取消権を行使することができるのは当然として（Ｃの登場だけでＡから取消しの機会を奪うことはできない），この場合でも，2017年民法改正後の96条３項により，詐欺取消しの原因を知らない「善意でかつ過失がない第三者」に対しては取消しの効果を対抗できないことに留意しよう（同年改正後は，無効ではなく取消しの原因となる95条の錯誤についても，詐欺取消しと同じ第三者保護規定あり）。詐欺にかかった表意者の保護と第三者保護のバランスは微妙である。

強迫を理由とする取消しの場合には，96条３項の適用はなく，取消前の善意の第三者に対しても，取消しの効果を登記の回復なしに対抗することができる（大判昭４・2・20民集８巻59頁）。しかし，取消後の第三者に対抗するためには，詐欺取消しの場合と同様，取消権を行使した者が，第三者より先に登記を済ませる必要がある。未成年者，成年被後見人など，行為能力の制限を理由として法律行為を取り消す場合にも，強迫による取消しと同じ帰結となる。「第三者保護」への配慮は，登記の前後が決め手となる取消後に限られるが，その分，強迫を受けた表意者の保護，制限能力者の保護に法制度の重心が置かれているといえよう。

学説上は，取消しの前後で問題を区別し，取消後の第三者との関係を177条の適用がある「対抗問題」として処理することにより，少しでも公示の要請に応えようとする考え方と，遡及的に無効となる取消しの効果を直視し，「第三者保護」については，94条２項の類推適用により，別途考慮しようとする考え方の基本的対立があり，それぞれの難点を克服すべく種々の修正説が唱えられている。

2 契約解除と登記

第三者との関係で登記の要否が問われるのは，契約解除の場合も同様である。たとえば，不動産売買における売主Ａが，買主Ｂの代金不払い等の債務不履行を理由としてＢとの売買契約を解除したとしよう。この法定解除権の行使により，各当事者は，その相手方に対し，契約締結前の状態に引き戻す原状回復義務を負う（545条１項本文）。この解除の効果をめぐっては，当該契約の効力が遡及的に消滅するのか，それとも契約関係を消滅させることなく新たな債務が生じるのか，古くから法的構成に関する議論が対立してきたが，ここでは，いずれの法的構成をとるかで大きな差異は生じない。前者の法的構成に立っても，解除により「第三者の権利を害することはできない」（同条１項ただし書）と規定されているから，その限りで解除の遡及効が制限されていると考えるほかないからである。

ただし，判例は，同条がいう「第三者」として保護されるためには，解除前に利害関係に入った第三者であり，善意，悪意を問わないものの，登記を経由している必要があると解している。また，上記の例でいえば，売主Ａは，解除後に買主Ｂから目的不動産を取得した第三者Ｃに対し，登記を完了しなければ解除による「所有権の復帰」を対抗できないとされる（最判昭35・11・29民集14巻13号2869頁）。つまり，解除前の第三者との関係は，545条１項ただし書によって処理され，解除後の第三者との関係は，177条の適用によって解決されるべき「対抗問題」に帰着するわけである。結局のところ，解除の前後を問わず，第三者Ｃにとっては登記を備える必要があり，売主Ａにとっても，解除前の自己名義の登記の回復は望むべくもないが，解除後の登記回復は，できるだけ急ぐ必要がある。

これまでみてきた法律行為の取消しや契約解除の意思表示は，177条の適用領域を拡げることにより，多少とも公示の促進作用を期待することができようか。ただ，現実には，裁判上の争いのなかでそうした意思表示がなされる場合

図表２−３「相続介在二重譲渡」の２つのケース

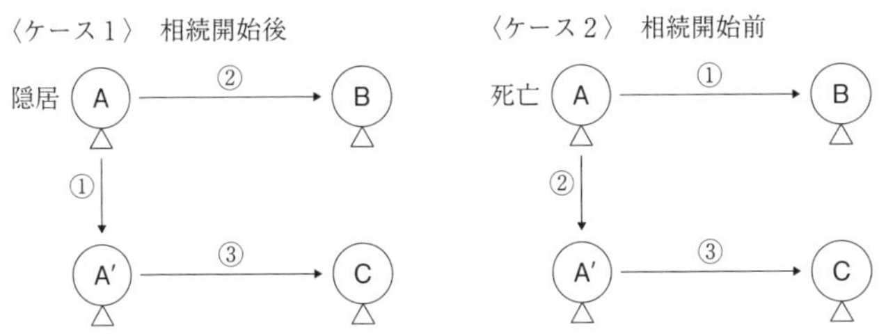

が多いとすれば，取消し・解除後の登記回復をも一方当事者による任意申請（不登63条１項）に委ねている現行制度も見直されてよい。

6――相続と登記

日本国憲法の制定に伴って全面改正された戦後の相続制度では，被相続人の隠居による生前相続が廃止され，「相続登記連合部判決」（前掲大連判明41・12・15）の事案のように，相続開始後に被相続人Ａから不動産の譲渡を受けた第三者Ｂと相続人Ａ′が争う**図表２−３**〈ケース１〉が生じる余地はなくなった。一見，〈ケース１〉とよく似た**図表２−３**〈ケース２〉では，Ａ′が，相続開始前にＡから不動産を譲り受けたＢとの間で，対抗要件という意味での登記を要求されることはありえない。相続によってＡの法的地位を包括承継したＡ′は，Ｂとの関係で当事者とみなされるからである。また，相続を介在させた〈ケース２〉の二重譲受人Ｂ・Ｃ間の優劣が，177条の適用を受け，登記の先後で決まるのはいうまでもない。ところが，被相続人の死亡による共同相続が主流となった今日においても，「相続登記連合部判決」が打ち出した変動原因無制限説は，判例の不動の立場として生き続けている。もっとも，現在の判例は，個々の問題ごとに177条の適用の可否を通じて登記の必要性を判断しており，当初の変動原因無制限説がそのまま維持されているわけではない。以下では，相続開始時から遺産分割前後にわたって時系列的に問題別の判例の立場を整理し，その実相を検証してみよう。

[1] 共同相続と登記

判例は，共同相続された不動産所有権の最終的な帰属が決まる遺産分割の前後で177条の適用を分別している。

遺産分割の成立前でも各相続人の相続分の譲渡が可能であること（相続開始後から遺産分割までの間に現れた「第三者の権利」保護を定めた909条ただし書を参照）を前提にすれば，共同相続人の1人が，自己の相続分（900条以下）を譲渡することはできるにせよ，その共有持分を超えて自己名義の単独相続の登記を経たうえ，当該不動産を第三者に譲渡した場合はどうなるのだろうか。

最判昭38・2・22民集17巻1号235頁は，事案を単純化すれば，被相続人の子A（相続分2分の1＝α）およびB（相続分2分の1＝β）が甲不動産を共同相続したが，遺産分割前，偽造文書を用いてBが単独相続した旨の所有権移転登記を済ませ，そのうえで第三者Cに甲不動産を譲渡してBからCへの所有権移転登記を経由したため，Aが，BおよびCを相手どり，各移転登記の全部抹消登記手続を求めた事件である。最高裁は，同判決により，Aは登記なくして自己の持分をBおよびCに対抗可能であると判断し，この場合には，177条を適用せず，登記不要説に立つことを明らかにした。なぜなら，B名義の登記は，Aの持分（α）に関しては無権利の登記であり，登記の公信力が認められない以上，CもAの持分（α）を取得する理由がないからである。さらに，同判決は，AのBおよびCに対する請求は，Aの持分（α）に関する「一部抹消（更正）登記手続でなければならない」と断定的に述べる。B，Cへの各移転登記は，Bの持分（β）に関する限りでは「実体関係に符合して」いるからというのである。したがって，同判決によれば，共同相続人間でも，第三者との関係でも，甲不動産の所有権移転登記の全部抹消登記請求は許されないことになる。

しかし，遺産分割が成立したのちは，判例も登記必要説に立っている。たとえば，甲不動産を共同相続したA（相続分2分の1＝α）とB（相続分2分の1＝β）の間で遺産分割の協議が成立し，Aが甲不動産の全部を取得した場合でも，その登記未了のうちに，Bの債権者Dが，Bの代わりに共同相続登記（A・B共有名義の登記，不登59条4号）を経たうえ，Bの持分（β）を差し押さえる旨の登記を備えたときは，最判昭46・1・26民集25巻1号90頁は，遺産分割による不動産物権の得喪変更については177条の適用があるから，Aは，遺産分割の結果として甲不動産（α＋β）を取得した登記を経なければ，遺産分割後に現れたDに対し，その取得を対抗することができないと判断した。

要するに，判例は，177条の適用範囲を遺産分割後に限定し，遺産分割前については，各相続人の持分に関する限り，第三者に対抗するための登記を不要と解しているのである。これに対し，かつての有力学説は，遺産分割前の第三者との関係においても，第三者保護を優先し，登記がなければ各相続人の持分を対抗することはできないと解し，判例の登記不要説を批判した。このため，複数の所有権が相互に制約し合う共有状態から脱したときの「共有一般の弾力性」（共有者の１人が自己の持分を放棄すれば，その持分は他の共有者に帰属するものと定めた255条を参照）により，共同相続人Ｂが単独相続の登記を経由すれば，他の共同相続人Ａの権利がはじき出された分だけＢの権利が拡張し，Ａは，第三者Ｃとの関係では登記なしに自己の持分を対抗することができないなど，登記必要説の立場から苦しい説明が試みられた。しかし，現在では，177条を遺産分割前にも適用しようとする登記必要説は，学説上も支持を失いつつあるように見受けられる。

2 相続放棄と登記

たとえば，甲不動産を共同相続したＡ（相続分２分の１＝α）およびＢ（相続分２分の１＝β）のうち，相続開始を知ったＢが，その時から３か月以内に家庭裁判所で相続放棄の申述（938条）をした場合には，Ｂは，「初めから相続人にならなかったもの」とみなされる（939条）。では，Ｂの相続放棄があったのちも単独で甲不動産を相続したＡ名義の登記がなされず，その間に，Ｂの債権者Ｄが，Ｂに代わって共同相続登記を経たうえ，Ｂの持分（β）を差し押さえたとしたら，Ａは，Ｄによる差押えを排除するため，登記なしに甲不動産の取得をＤに対抗することができるのだろうか。

最判昭42・１・20民集21巻１号16頁は，相続の放棄については登記がなくてもその効力を第三者に対抗することができると判断した。先ほどの遺産分割の場合とは異なり，①相続放棄の効力を定めた939条には，第三者の権利保護に配慮した遡及効の制限がみられないこと，②相続開始を知った時から３か月の期間制限が設けられた相続放棄の場合は，第三者の出現を顧慮すべき必要性も乏しいことがその理由とされる（前掲最判昭46・１・26）。

相続放棄に関して登記不要説に立つ判例は，学説上も大方の支持を得ているように思われる。しかし，家庭裁判所における要式行為として相続放棄の申述があったのちも，必ずしも速やかにその相続放棄が登記簿上に反映されるとは限らないのは，相続登記を相続人らの任意申請に委ねてきた日本法特有の事情によることを想起すべきだろう。

3 遺贈と登記

被相続人が遺言を残し，共同相続人の１人であるＡが甲不動産の特定遺贈（遺言者による特定財産の処分，964条）を受けたが，その登記が未了の間に，もう１人の共同相続人Ｂの債権者Ｄが，Ｂに代わって共同相続登記（Ａの持分２分の１＝α，Ｂの持分２分の１＝β）を経たうえ，Ｂの持分（β）を差し押さえた場合には，Ａは，Ｄによる差押えを排除するため，登記なしに甲不動産の取得をＤに対抗することができるだろうか。

この場合には，判例は，一転して登記必要説に立ち，意思表示によって物権変動を生じさせる点では遺贈も贈与も異なるところはないから，177条の適用があるとしている（最判昭39・3・6民集18巻3号437頁）。ただし，遺言執行者が選任された場合は，相続人は「遺言の執行を妨げるべき行為」をすることができず（1013条1項），これに反する行為は絶対無効とされた。たとえば，遺言執行者がいるにもかかわらず，相続人Ｂが勝手に甲不動産を処分すれば，その処分は無効となり，受遺者Ａは，その処分の相手方に対しては，登記なくして甲不動産の取得を主張することができた。この点，後述する2018（平成30）年の民法改正では，遺言執行者の存在を知らない善意の第三者に対しては当該処分の無効を対抗できないものとされている（同年改正後の1013条2項）。

4 「特定財産承継遺言」と登記

判例は，特定遺贈を原因とする不動産の取得については登記必要説に立つと述べたばかりだが，同じ遺言でも，遺言者が特定の財産を特定の相続人に承継させる旨の「特定財産承継遺言」(1014条2項，いわゆる「相続させる」旨の遺言）を残した場合には，判例は，遺贈と解すべき特段の事情がない限り，908条の遺産分割の方法を定めたものだから，遺産分割を必要とせず，当然にその特定財産の所有権が特定相続人に移転すると解している（最判平3・4・19民集45巻4号477頁)。「特定財産承継遺言」があれば，特定遺贈と同様，遺産分割が不要となるだけでなく，その所有権移転については，登記がなくても第三者に対抗可能とされるため，特定遺贈より強力な効力が認められることになった。遺言相続においても，同種の遺言が多用されればされるほど登記を不要とする領域が拡大する傾向にあったことに留意しよう。

5 直近の民法改正による新たな進展

2018（平成30）年の民法改正（相続関係）では，899条の２が新設された。同条１項により，共同相続による権利の承継は，①「遺産の分割によるものかどうかにかかわらず」，②900条および901条が法定した「相続分を超える部分については，登記，登録その他の対抗要件を備えなければ，第三者に対抗することができない」とする明文規定が置かれたのである。

この規定の狙いは，遺産分割の結果，相続人Ａが，自己の法定相続分（2分の１＝α）を超えて遺産に属する甲不動産の全部を取得したときは，その旨の登記を備えなければ第三者（たとえば，1で例示したもう１人の相続人Ｂの持分２分の１＝βを差し押さえた債権者Ｄ）に対抗できないことを当然の前提としつつ，遺産分割以外にも上掲②の意味での「対抗要件主義」の適用があることを明らかにしたところにある（①の部分）。たとえば，4で紹介した「特定財産承継遺言」により，共同相続人の１人Ａが甲不動産全部を取得したときも，同様にその旨の登記がなければ第三者に対抗できないと解される。したがって，Ｂの債権者Ｄが甲不動産のＢの持分（β）差押えの登記を先に済ませたときは，未登記のＡはもはやＤの差押えを排除することはできない。それまでの判例の立場では，甲不動産をＡに承継させる「特定財産承継遺言」があれば，Ａは登記なくして第三者に対抗できるとされていたのだから，2018年の民法改正により，判例変更を待たずに正反対の方針転換が打ち出されたことになる。それは，「特定財産承継遺言」によって利益を受ける相続人より，むしろそうした遺言の存在もその内容も知らない相続人の債権者等（相続財産に属する債務の債権者という意味での相続債権者を含む）の利益を重視した帰結といわれる。相続と登記の関係をめぐっては，登記不要説に傾く一方の判例であったが，176条と切り離された177条ではなく，新設された899条の２が「対抗要件主義」の失地回復の足場となるのだろうか。

2021（令和３）年の民法，不動産登記法等の改正は，共同相続による権利の承継，特に不動産物権変動についても当事者の任意の登記申請に委ねていた2018年改正とは異なり，相続登記を促進し，義務づけるための一連の法制度を導入するに至った。

まず，共同相続人中に特別受益者（903条・904条）や寄与分（904条の２）を有する者があるときの具体的相続分による遺産分割は，相続開始の時から10年経過するまでに行う必要があり（904条の３），10年経過後は，法定相続分または遺言による指定相続分（902条）をもって分割されることになった。しかも，10年経過後は，相続人間の協議が不調のときは，家庭裁判所での遺産分割手続ではなく，通常裁判所による共有物一般の分割方法が認められることになった（258条の２第２項・258条）。相続財産が多岐にわたり，相続人間の利害が錯綜しても，いたずらに遺産分割を先延ばしすることは許されなくなったのである。

次に，改正法（2023年４月１日施行予定）による登記手続では，相続・遺贈によって不動産所有権を取得した相続人は，相続開始を知った日から３年以内にその旨の所有権移転登記を申請しなければならないことになった。しかも，その登記後に遺産分割があったときは，当該遺産分割の日から３年以内にその旨の登記を申請しなければならないものとされている（以上，不登76条の２）。これら相続登記の申請義務に反すれば，文理上，10万円以下の過料に処せられる可能性がある（不登164条）。

最後に，相続登記の申請を義務づけられた者の労力・費用負担を少しでも軽減するため，とりあえず所有権の登記名義人について相続が開始した旨および自らがその相続人である旨を登記官に申し出れば相続登記の義務を履行したものとみなされるいわゆる申告登記の制度が設けられることになった（不登76条の３）。相続開始後すぐには遺産分割を完了するまでの見通しが立たないときは，この申告登記が便宜上活用されるのではないかと思われる。

7——時効取得と登記

判例は，177条が適用される物権変動の原因を無制限とする立場を表明し（前掲大連判明41・12・15「相続登記連合部判決」），意思表示以外の原因による物権変動にも同条を適用する基本姿勢を示しながら，実際には，本節**6**でみたように，死亡相続を原因とする不動産物権の得喪変更に関する限り，個別具体的な問題ごとに177条の適用の可否を判断し，意外にも登記を必要とする場面はごく限られたものでしかないことがわかった。

では，意思表示以外の変動原因として，相続と並んで議論される時効取得の場合には，どうなっているのだろうか。ここでも，判例の変動原因無制限説がどこまで貫徹しているかを検証してみよう。

1 時効取得登記連合部判決

時効取得を原因とする物権変動にも177条が適用されることを明らかにした大連判大14・7・8民集４巻412頁，通称「時効取得登記連合部判決」は，**図表２－３**〈ケース２〉にあたる相続介在二重譲渡の事案を扱うものであった。簡略に説明すれば，被相続人Ａが生前に自ら所有する甲不動産をＢに譲渡し，Ｂが，未登記のまま所有の意思をもって平穏かつ公然に甲不動産の占有を継続していたが，Ａの死亡により相続が開始したあと，相続人Ａ′が重ねて甲不動産をＣに譲渡し，Ｃが所有権移転登記を経由したため，Ｂが，Ｃに対し，その登記前にすでに取得時効が完成していたとして自己の所有権取得を主張し，Ｃの所有権移転登記の抹消登記手続を求めた事件である。「時効取得登記連合部判決」は，時効によって不動産所有権を取得した場合にも177条が適用され，登記がなければ第三者に対抗できないと判断し，Ｂの請求を棄却した。同判決により，「相続登記連合部判決」の延長線上で変動原因無制限説に立つ判例が確立したとみてよい。

2 判例命題

上記の事案とは異なり，仮にＢの占有継続による取得時効の完成がＣの登記後であった場合はどうだろうか。この場合を含め，判例の考え方はおよそ５つの命題に集約される。

（第１命題）　時効完成時の所有者Ⓐと時効取得者Ⓑは，あたかも承継取得における当事者の関係にあり，両者の間では，時効取得について登記を必要としない（大判大7・3・2民録24輯423頁）。

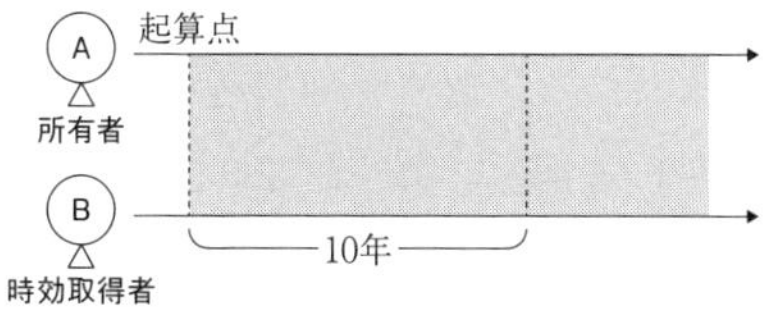

（第２命題）　時効取得者Ⓑと時効の完成前に登記を経た第三者Ⓒも，時効完成時には当事者の関係にあり，両者の間では，登記を必要としない（最判昭41・11・22民集20巻9号1901頁）。

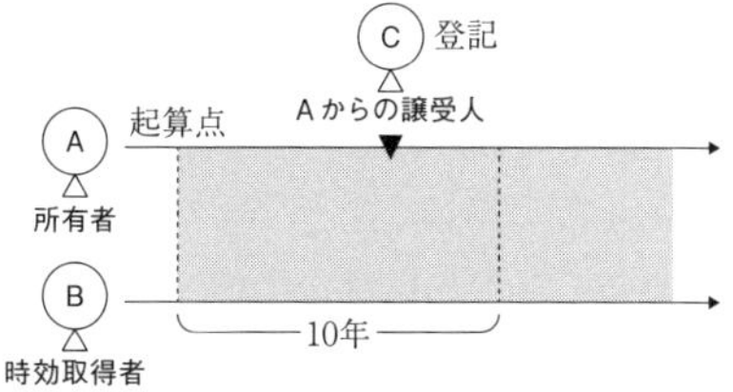

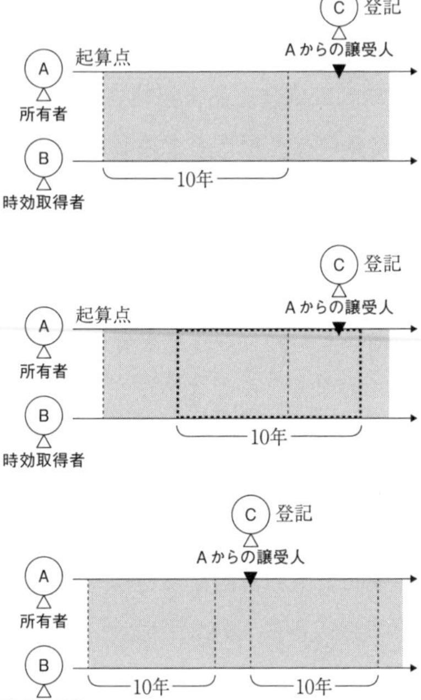

(第３命題)　「時効取得登記連合部判決」(前掲大連判大14・7・8) が定立した命題であり，時効による不動産所有権の取得は，時効完成後に登記を経た第三者に対し，登記なくしては対抗することができない (最判昭33・8・28民集12巻12号1936頁)。

(第４命題)　時効完成の時期は，必ず時効の基礎となる事実の開始した時を起算点として決定すべきであり，時効援用者がその起算点を任意に選択することはできない (最判昭35・7・27民集14巻10号1871頁)。

(第５命題)　時効が完成したものの，その登記未了のうちに第三者Ⓒが登記を経由し，Ⓒの登記後に改めて時効が完成した場合は，時効取得者Ⓑは，登記を経なくともⒸに対抗することができる (最判昭36・7・20民集15巻７号1903頁)。

これらの判例命題のうち，第２命題と第３命題の区別が決定的な意味を持つと考えられる。第２命題の場合は，登記が要求されず，177条の適用外となるが，反対に，第３命題の場合は，177条の適用下に置かれ，登記が要求されるからである。また，第２命題と第３命題を両立させるためには，第４命題が不可欠となる。仮に時効の起算点を選択可能とすれば，時効援用者は，起算点を任意に選択し，第２命題に帰着させようとするだろう。これでは，第３命題の出番がなくなる。第４命題をゆるがせにはできないのである。もっとも，そうだとすれば，時効の起算時を一時点に固定せず，再度の時効取得を認める第５命題は，起算点の任意の選択を許さない第４命題と矛盾するようにみえなくもない。この点は，判例の立場からどう説明されるのだろうか。

さしあたりは，第三者Cが登記を経た時点で時効取得者BとCの「対抗問題」は決着し，それ以後は「第三者」ではなく「当事者」となった所有者Cとの間で，再び占有者Bの時効が進行すると考えれば一応の説明はつく。この場合，安易に第４命題を当てはめれば，時効制度の趣旨をないがしろにしてしまうという。しかしながら，判例は，時効取得者Ｂと争うＣを「当事者」とみるか「第三者」とみるかにより，かろうじて第３命題の範囲で177条を適用しているにすぎない。はたしてそれで公示の要請に応えたことになるのだろうか。どこまでも時効制度の趣旨を重視するのであれば，自らを所有者と信じて平穏かつ公然と占有を継続する者に対し，時効完成後の迅速な登記手続を期待すること自体に無理がありはしないか。

学説上は，取得時効制度の趣旨が，過去の事実の証明から時効取得者を解放することにあるとすれば，本来的に時効期間は逆算すべきものとして，判例の第４命題および第３命題を批判する「占有尊重説」（登記不要説）と，時効完成前に第三者が登記を経由したときは，その登記時からさらに時効取得に必要な占有継続を要求し，判例の第２命題を批判する「登記尊重説」（第三者の登記を一種の「時効中断事由」とみる考え方，2017年改正前の147条参照）との間で，いわば両極の対立が続いていた。しかし，近年では，時効取得を承継取得として理解することから出発する説や，類型論を駆使した説，「背信的的悪意者」の法理（→本節８）を導入する説など，論者の数だけ多様な説が唱えられ，議論の収束する気配はみられない。

３ 最近の判例の動向

現に，最近の判例は，上記の諸命題に関して新たな判断を迫られることになった。

最判平24・3・16民集66巻５号2321頁は，甲不動産の取得時効の完成後もその時効取得の登記がなされないまま，原所有者Ａから抵当権の設定を受けた第三者Ｃが抵当権設定登記を済ませた場合，時効取得者となった占有者Ｂが，その抵当権設定登記後も引き続き時効取得に必要な期間にわたって占有を継続したときは，ＢがＣの抵当権の存在を容認していたなど抵当権の消滅を妨げる特段の事情がない限り，Ｂは，甲不動産を時効取得し，その結果，Ｃの抵当権は消滅すると判断した（→WINDOW 2-3）。この事件では，何より，Ｂが，二度目の取得時効が完成したのちにはじめて時効を援用した点に留意すべきだが（第４命題との関連），Ｃとの関係で登記を必要とせず（第５命題との関連），さらには，時効取得の帰結としてＣが有していた抵当権の消滅まで認められており，

□ WINDOW 2-3

時効取得者対抵当権者「サトウキビ畑事件」

原告（占有者B）は，遅くとも1970（昭和45）年3月31日から本件土地の占有を開始し，サトウキビ畑として耕作していたが，売買契約書も作成せず，原所有者（A）からの所有権移転登記も経ないでいたところ，Aの死亡後，その相続人となったA´が，1982（昭和57）年1月13日に相続登記を済ませ，1984（昭和59）年4月19日，被告（第三者C）のため，本件土地上に抵当権（本件抵当権）を設定した（本件も，前節の冒頭に掲げた相続介在二重譲渡型の〈ケース2〉に分類されるべき事例）。それから，20有余年の年月が経ち，2006（平成18）年9月29日，Cの申立てにより，本件抵当権の実行としての競売開始決定があった。そこで，Bが，その競売の不許を求めて本件訴訟を提起し（第三者異議の訴え，民執38条），2008（平成20）年8月9日には，Bが，A´に対し，本件土地の所有権の取得時効を援用するに至った（土地改良事業に伴う本件土地の換地や複数の抵当権設定があった事実関係は省略）。

先ほどの第5命題（→66頁）は，第三者Cが，甲不動産の譲渡を受けて所有権移転登記を経由した場合であったが，本件では，第三者が抵当権設定登記を経た抵当権者である点が異なる。本判決（最判平24・3・16民集66巻5号2321頁）は，時効取得者と時効完成後に抵当権設定登記を経た者との関係を「対抗問題」として位置づけながら，その抵当権設定登記時から再度の時効が進行することを認めている。抵当権者Cは，Bにとってどこまでも「第三者」であり，所有権を取得した「当事者」にはなれないはずだが，同判決によれば，抵当権の設定を受けた第三者が抵当権設定登記を経た場合と所有権の譲渡を受けて所有権移転登記を経た場合は，時効取得者の所有権喪失をもたらす処分行為として「比肩する」ことができるとされる。したがって，一度目の時効完成による時効取得者が，「本件抵当権の設定登記の日を起算点として，」二度目の時効完成により，本件土地を時効取得した結果，本件抵当権は消滅したものと理由づけられるのである。補足意見が問題とする抵当権の消滅を防止する手段は，別途考えればよいということであろうか。

多くの論者が本判決の結論部分を支持しているが，その理由づけについては，第5命題の枠内におさまる事案であったのか，少なくとも本判決が従来の判例の立場に踏みとどまっていると楽観することはできないように思われる。抵当権の消滅を導く法的構成も，今後は，補足意見が言及する397条の解釈に焦点を当てて検討する必要があろう。ここでは，時効取得と登記の関係についても，第5命題の拡張適用により，判例の変動原因無制限説による177条の適用範囲がますます縮小している現状を確認すれば足りる。

従来の判例の立場から一歩踏み出した判断となっている。

4 変動原因無制限説の現状

1908（明治41）年の「相続登記連合部判決」は，176条と177条の関係を意識的に遮断し，登記を第三者への対抗要件とする177条が，意思表示による不動産物権の得喪変更に限らず，意思表示以外の法定の原因による場合にも適用されることを明らかにした。そして，この変動原因無制限説に立つ判例は，不動産に関する物権変動を正確に登記簿上に反映させることを理想とした公示原則に資するものとして，今日まで疑われることのない先例性を保持してきた。ところが，相続，時効取得といった変動原因による場合を個別に検証すれば，177条が適用されるのはきわめて狭い範囲であり，しかも，適用除外となる判例の蓄積により，その範囲がいっそう縮小していることが明らかとなった。にもかかわらず，今のところ，その立論の出発点であった176条と177条の遮断された関係は見直されていない。この現在の問題状況については，本節の最後にもう一度取り上げることにしたい。

8――177条の「第三者」の範囲

177条をめぐる最後の問題点として，同条がいう「第三者」の範囲を考えてみよう。文理上は何らの制限もみられないから，不動産物権に関する得喪変更の当事者およびその包括承継人以外のすべての第三者は，同条の「第三者」に該当するという解釈も成り立たないわけではない。実際にも，明治民法（明治31年制定当初の民法）の起草者たちは，変動原因のみならず，第三者についても無制限説を貫くのが論理必然的であると解していたようである。ところが，判例は，早くから第三者制限説への転換を遂げた。

1 第三者制限連合部判決

大連判明41・12・15民録14輯1276頁，「第三者制限連合部判決」は，未登記であった建物の所有権確認を求める原告Xにも，相手方となった被告Yにも登記が欠けていたため，Xの請求の可否が問われたが，177条がいう「第三者」とは，当事者およびその包括承継人以外の第三者のうち，不動産物権の得喪変更について「登記欠缺ヲ主張スル正当ノ利益ヲ有スル者」に限られると判断した。この第三者制限説に立てば，未登記建物の名義上の所有者にすぎなかったYは，Xの登記欠如を主張する「正当ノ利益」を有せず，177条の「第三者」に該当しないというわけである。

すでに紹介した「相続登記連合部判決」（→55頁）は，初期の判例が採用していた変動原因制限説から無制限説へ，同日付で言い渡された「第三者制限連合部判決」は，ちょうどクロスするように，第三者無制限説から制限説へとそれぞれ判例変更した。どちらも177条の解釈を百八十度転換させた重大判決だけに，両者の関係が問題となる。同日付けの２つの連合部判決が，一方において177条が適用される変動原因を無制限としながら，もう一方で同条の適用を受ける「第三者」の範囲を制限したのは，どうみても首尾一貫しない。しかし，変動原因無制限説により，登記手続の励行を促すために公示原則の建前を尊重し，第三者制限説により，個別具体的な紛争解決の妥当性を確保しようとしたのであれば，両者は相互補完的な関係にあったと考えられる。こうして無制限説と制限説を器用に使い分ける判例は，母法とは似て非なる日本法独特の「対抗要件主義」を形成するようになった。もっとも，この「対抗要件主義」が不動産の公示原則を実現する唯一の道かどうかは再考に値する。というのも，「相続登記連合部判決」以後の変動原因無制限説は，相続，時効取得といった177条の適用場面が侵食された結果，ほとんど名ばかりとなっており，「第三者制限連合部判決」の延長上では，「背信的悪意者」の法理により，177条の適用除外となる領域が次第に拡大する傾向を示しているからである。

2 「第三者」に該当する場合

判例は，具体的には，どのような者を「登記欠缺ヲ主張スル正当ノ利益ヲ有スル者」と考えているのだろうか。「第三者制限連合部判決」が例示したのは，①同一の不動産に関して所有権，抵当権ほかの物権または賃借権を取得した者，②同一の不動産を差し押さえた債権者，さらにはその差押えに配当加入した者である。

①の具体例として，ある不動産の所有権を取得した者と同不動産上に抵当権の設定を受けた抵当権者が競合する場合を考えてみよう。甲不動産をその所有者Ａから譲り受けたＢは，甲不動産上にＡから抵当権の設定を受けた抵当権者Ｃ（Ａの債権者）と対抗関係にあり，この場合は，どちらの登記が先になされるかで相互の優劣が決まる。Ｂが先に自己への所有権移転登記を経由すれば，ＣがＡから抵当権の設定を受ける余地はなくなるが，Ｂが自己の所有権の登記を経ないうちに，Ｃが先に抵当権設定登記を経由すれば，そのあとでＢが登記を済ませても，Ｂは甲不動産上の抵当権の負担を免れられない。つまり，Ｂは，登記が遅れたために抵当権の負担付不動産を取得したことになる。

①のもう１つの具体例として，甲不動産の所有者ＡからＤが賃借権の設定

を受けたのち，Ａから甲不動産の譲渡を受けたＢが登場する場合はどうだろうか。甲不動産の賃借人Ｄが，自己の賃借権をもって甲不動産の取得者Ｂに対抗するためには，民法が定める賃借権の登記（605条，不登３条８号）か，あるいは借地借家法上の対抗力（借地借家10条・31条）を備えておく必要がある。反対に，甲不動産を譲り受けたＢの側からみれば，新所有者Ｂは，対抗力を備えた賃借人Ｄとの関係で前所有者Ａの賃貸人としての法的地位を引き継ぐことになり（2017年改正によって新設された605条の２第１項では，賃貸人の法的地位の移転を明文化），判例上，賃料請求など自ら賃貸人の権利を行使するためには，自己への所有権移転登記を必要とする（最判昭49・3・19民集28巻２号325頁）。甲不動産の所有者となったＢとそれ以前からの賃借人Ｄの関係は，決して両立困難な権利の競合（衝突）ではなく，その意味で対抗関係とはいえない。したがって，Ｂの備えるべき登記も本来の対抗要件とは言いがたいが，学説の多くは，賃貸人としてふるまうための「権利資格保護要件」という意味づけにより，登記の必要性を肯定している。

②の具体例については，ある不動産の譲渡を受けた者と同不動産の差押債権者が競合する場合を考えてみよう。甲不動産がＡからＢへ譲渡されたが，その所有権移転登記が未了の間に，譲渡人Ａの債権者Ｅが甲不動産をＡの所有財産として差し押さえれば，譲受人Ｂは，差押債権者Ｅに対し，登記を欠いた自己の所有権取得を対抗することはできない。Ｃの差押えを排除するためには，Ｂは，その前に登記を経由しておく必要がある。この事例は，これまでに幾度となく用いてきたから，もう詳しい説明は省くことにしよう。

3 「第三者」に該当しない場合

「第三者制限連合部判決」によれば，不法行為者がその典型例とされる。甲不動産を何らの占有権原もないＦが不法占拠している場合には，判例上，不法占拠者Ｆは177条の「第三者」に該当しないから，甲不動産を取得したＢは，登記を経ないでも甲不動産の明渡しを求めることができる（最判昭25・12・19民集４巻12号660頁）。別の言い方をすれば，所有権に基づく妨害排除請求をはじめとして，物権的請求権の行使は，登記の有無を問わず，対抗問題とは厳に区別されるべき問題である。ただし，甲土地上に借地権のない乙建物が存在し，乙建物によって甲土地が不法に占拠されている場合には，自らの意思で乙建物の所有権の登記を経てその登記名義を保有している者が，乙建物を他に譲渡したあとでも，物権的請求権の行使の相手方とされる場合があること（最判平6・2・8民集48巻2号373頁）はすでに取り上げたとおりである（→WINDOW 1-2）。

ところで，177条は，「第三者」が物権変動の事実を知らなかったかどうか，「第三者」の善意・悪意を区別していない。したがって，悪意者も「第三者」に含まれると解されている（善意・悪意不問説）。もっとも，悪意者を排除せず，177条の基本準則を享受させる不問説が，「自由競争」の一語で正当化できるとは思われない。仮に悪意者を177条の「第三者」から除外したとすれば，取引当事者（その包括承継人を含む）以外の第三者が出現するたび，その第三者が善意か悪意かという主観的態様を問題にしなければならなくなる。悪意の証明は，未登記の権利者の負担となるが，これが容易ではない。登記の有無または先後によって画一的に処理されるべき「対抗問題」が，たちまち行き詰まり，裁判で争わなければならないケースが急増するかもしれない。ここにこそ，不問説を原則とすべき真の理由がある。

しかし，旧不動産登記法は，例外的に177条が適用されない場合を2つに分けて規定していた（旧不登4条・5条）。1つ目は，「詐欺又は強迫によって登記の申請を妨げた第三者」が詐欺・強迫を受けた者の登記の欠如を主張する場合であり，2つ目は，「他人のために登記を申請する義務を負う第三者」がその他人の登記の欠如を主張する場合である。これは，旧民法（1890年）が悪意者除外説を採用していたのに対し，現行民法（1898年）が不問説に転換したため，旧不動産登記法（1899年）においてその不都合を補正すべく設けられたものといわれる。現行不動産登記法（2004年）も，旧不動産登記法が設けた2つの例外をそのまま継承している（5条1項・2項）。

4「背信的悪意者」の法理

第二次世界大戦後，旧不動産登記法の例外規定を足がかりとして，「背信的悪意者」と呼ばれる判例法理が大いに進展し，177条の適用除外となる場合が増えるようになった。

そのリーディング・ケースとみられるのが最判昭43・8・2民集22巻8号1571頁である。同判決は，被告Yが，訴外Aから山林を買い受けて未登記のまま20数年間占有管理を継続してきたところ，原告Xが，Yの登記未了を「奇貨」

としてＡからその山林の「権利証」を安く買い取り，高値でＹに売りつけようとしたが，これにＹが応じないので，Ｙを相手どって所有権確認の訴えを提起した事案に関し，実体上の物権変動の事実を知る者がその登記未了を主張することが信義に反するものと認められる場合には，「かかる背信的悪意者は，登記の欠缺（けんけつ）を主張するについて正当な利益を有しない」と判断した。ここでは，①悪意のＸが，Ｙの登記未了を「奇貨」としてあえて利害関係に入っていること，②ＸのＹに対する害意が認められること，③長期間にわたってＹが係争山林を占有管理してきたことが，Ｘの背信性を判断するうえで重要なポイントになっている。ともすれば，「背信的悪意者」の評価判断においては，悪意者のことばかり関心を集中しがちだが，未登記の権利者との間で信義則（1条２項）違反が問われるのだから，③の事実も見逃してはならない。

こうしてみると，「背信的悪意者」の法理は，債権法をホーム・グラウンドとする信義則の物権法領域での派生的な適用場面であることがわかる。二重売買の例でいえば，「背信的悪意者」にあたる第２買主は，信義則により，第１買主が未登記であっても，その登記欠如を主張することができない。それならば，「背信的悪意者」から不動産を取得した転得者の場合はどうか。

最判平８・10・29民集50巻９号2506頁は，まさにその問題に答えるものである。すなわち，係争不動産をその所有者（甲）から取得した第１買主（乙）が登記未了の間に，重ねて係争不動産を買い受けて登記を経た第２買主（丙）は「背信的悪意者」にあたるとしたが，丙から係争不動産を買い受けて登記を完了した転得者（丁）は，乙との関係で丁自身が「背信的悪意者」と評価されるのでない限り，自己の所有権取得をもって乙に対抗することができると判断したのである。理論的に考えれば，丙が「背信的悪意者」にあたるとしても，その登記欠缺の主張が信義に反するというだけで甲・丙間の売買自体が無効となるわけではないから，登記を済ませた丁は，無権利者から不動産を取得したことにはならず，未登記の乙との関係で別途丁自身の背信性を問われる立場にある。信義則は，そもそも債権者と債務者の間で対人的に適用されるものだが，「背信的悪意者」の法理によって177条の「第三者」から排除されるかどうかも，「その者と第一譲受人との間で相対的に判断されるべき事柄」と言ってよい。判例は，ここで明確に「相対的構成」を採用し，丙が「背信的悪意者」ならば，丁も不動産を取得する余地なしと考える「絶対的構成」を認めなかった。

上記の最高裁平成８年判決の事案では，背信性の判断において，①悪意者丙の取引が射倖性や暴利性を帯びていたこと，やはり②未登記の乙が係争不動産を長期にわたって占有管理していたことが大きなポイントになっている。とくに②の事実は，前掲最高裁昭和43年判決（③の事実）とも共通する点であり，いずれは，時効取得者との間でも「背信的悪意者」の法理の適用が問題となるのではないか，予感めいたものがあった。

最判平18・1・17民集60巻１号27頁は，係争不動産の時効取得者（甲）と，その時効完成後に係争不動産の譲渡を受けて登記を完了した第三者（乙）の間で争われた事案に関し，乙が譲渡を受けた時点で「甲が多年にわたり当該不動産を占有している事実を認識しており，甲の登記の欠缺を主張することが信義に反するものと認められる事情が存在するときは，乙は背信的悪意者に当たる」と判断した。ここで注意すべきは，同判決が，甲による時効取得の要件充足を乙が具体的に認識している必要はなく，多年にわたる占有継続の事実の認識があれば足りるとしている点である。第三者の「悪意」および「背信性」を主張・立証すべき時効取得者に配慮し，「悪意」の判断基準を緩和した同判決は，その結論の妥当性においてもほとんど異論をみないが，同判決により，時効取得と登記に関する判例の第３命題（→66頁）が適用される範囲がよりいっそう狭まり，さらにその適用のあるなしの予測可能性も不透明になっていることは留意されてよい。

なお，通行地役権（通行の「便益」を受ける要役地のため，承役地の負担となる物権，280条以下）に関する近年の判例では，通行地役権の承役地が譲渡された場合，その承役地の譲受人は，承役地の物理的状況から要役地の所有者による通路としての継続的使用が明らかであり，かつ，少なくともその事実を認識することが可能であったときは，地役権設定登記の欠如を主張することができる「第三者」にあたらないとされ（最判平10・2・13民集52巻１号65頁），やはり177条の適用例外となっている。これが「背信的悪意者」の法理とは一線を画する地役権固有の判例の流れであることは，のちに取り上げるとおりである（→第５章第３節）。

5 「対抗要件主義」の現状

もう一度繰り返せば，日本の判例は，1908（明治41）年の２つの大審院連合部判決以来，意思表示以外の変動原因にも177条を無制限に適用し，公示原則の徹底を図ろうとする建前を維持する一方，他方では，相続，時効取得といった個別の問題ごとに177条の適用の可否を判断し，同条の適用を受ける「第三者」の制限的解釈に加え，「背信的悪意者」の法理により，妥当な紛争解決のための柔軟な判断を積み重ねてきたといえる。しかし，これを日本法固有の「対抗要件主義」と呼ぶならば，その帰結として，177条の１箇条に依拠した公示原則の徹底がもはや幻想にすぎないことは明白である。不動産取引をめぐる事後的紛争解決の決め手となる判断基準を定めた177条と，不動産に関する物権変動を可能な限り正確かつ網羅的に公示すべきものとする公示原則は，決して同義ではない。意思表示以外の原因による物権変動の公示を促進する不動産登記制度のあり方については，177条の解釈論とは別の次元で考えることが必要であり，今日，この意味での不動産物権変動論の刷新が，取引実務，登記実務を巻き込んだ切実な課題として浮上しているのではないだろうか。

2018（平成30）年，2021（令和３）年と民法改正が相次ぎ，2021年には不動産登記法も改正された。これらの法改正は，停滞した相続登記の手続を推進するため，共同相続における「対抗要件主義」の適用範囲を押し拡げる一方，相続登記を義務づける法制度まで創設するに至った。しかし，盛りだくさんのその内容は，予期しがたい不安材料を残している。相続による不動産物権変動を登記簿上に反映させる取り組みが強まれば強まるほど，遺産をめぐる紛争を予防し，相続人間の公平な遺産分割を実現する配慮がなおざりにされるおそれもある。読者と共に，改正法施行後の推移を見守りたい。

第3章 物権変動2（動産）

●本章で学ぶこと

本章では，動産物権変動をめぐる諸問題を学習する。民法は，土地を中心とする不動産とそれ以外の動産を区別し（86条），両者の性質の違いに応じて，多くの異なる規律を用意している。そのうち，最も重要なのは物権変動に関する規律である。前章では，不動産物権変動をめぐる諸問題を学習した。本章を学習する際，是非，動産物権変動は不動産物権変動とはどのように異なるのか，これらの違いが生じる理由はどこにあるのかを考えてもらいたい。そうすることによって，物権変動制度をより深く理解することができる。本章ではまず，動産物権変動の対抗要件の基本的なしくみ・要件・効果を説明する。次に，即時取得の基本的なしくみ・要件・効果を説明する。最後に，立木について，判例法理によって展開された明認方法の諸問題に言及する。

第1節　動産物権変動の対抗要件

1——178条の意義

178条は「動産に関する物権の譲渡は，その動産の引渡しがなければ，第三者に対抗することができない」と規定し，動産物権変動の対抗要件が「引渡し」であることを定めている。「引渡し」とは何かについては次項で解説することとし，ここでは，まず，178条の適用場面を説明する。不動産物権変動を定める177条とは異なって，動産物権変動に178条が実際に適用される場面はそう多くない。

1 178条が適用される動産の範囲

不動産以外の有体物はすべて動産であり（86条2項），動産に関する物権の譲渡には原則として178条が適用されるが，次のような動産には178条は適用されない。

①登記・登録を対抗要件とする動産。船舶（商687条・847条），航空機（航空3条の3，航空機抵当5条），自動車（道路運送車両5条，自動車抵当5条），建設機械（建設機械抵当7条），農業用動産（農業動産信用13条）のような大型で高額の動産については，登記・登録の公示手段が設けられているため，これらの動産については，178条は適用されない。

②金銭。金銭は動産の一種である。しかし，金銭が通貨として存在する限り，その流通性を最大限に保障する必要があるため，金銭の直接占有者が所有者とみなされる（最判昭39・1・24判時365号26頁）。その結果，金銭の所有権の移転については，現実の占有取得が成立要件となり，178条が適用される余地はない（→WINDOW 序-2，新プリメール民法4第9章を参照）。

③動産譲渡登記ファイルに登記された動産。法人が譲渡人である動産譲渡について，2004（平成16）年に新たな対抗要件として，動産譲渡登記制度が創設された（詳しくは，→82頁）。動産債権譲渡特例法3条1項によると，法人が動産を譲渡する場合に，動産譲渡登記ファイルに動産譲渡登記がされたときは，178条の引渡しがあったものとみなされる。ゆえに，この場合も178条が適用さ

れない。

2 178条が適用される動産物権変動の範囲

178条が実際に適用される動産物権変動の範囲も狭い。まず，178条の適用を受ける動産物権は，所有権と質権のみであるとするのが通説である。動産物権として，ほかに先取特権・占有権・留置権があるが，これらの物権は178条の適用を受けない。なぜならば，動産先取特権は対抗要件を必要としないし（311条），占有権・留置権では占有の取得が成立要件であり，かつ，占有の継続が存続要件であるため（180条・203条・295条・302条），対抗要件としての引渡しを論じる必要がないからである。

次に，178条の適用を受ける動産物権変動は「譲渡」に限定されており，法律による権利変動（相続・時効取得・即時取得・先占・遺失物拾得・埋蔵物発見・添付による権利移転）には，178条は適用されない。このように限定されているのは次の理由による。相続では，相続によって相続財産の占有も相続人に移転すると解されるため，対抗要件としての引渡しを問題とする必要がない。時効取得等の原始取得の場合では，取得者に占有があるからこそ所有権取得が認められるため，ここでも改めて対抗要件としての引渡しを問題とする必要がない。なお，178条の「譲渡」には，取消しや解除による復帰的物権変動（→57頁）も含まれる（大判大10・5・17民録27輯929頁）。取消しや解除の場合に動産譲渡登記の抹消を引渡しとみなす動産債権譲渡特例法３条３項は，この理解を前提にしている。

3 178条から192条へ

さらに実際の紛争においては，178条に代わって，192条（→第**2**節）が大きな役割を果たしているといえる。なぜならば，178条の引渡しが現実の引渡しに限られているわけではなく，観念の引渡し（→80頁）でもよいとされているため，二重譲渡の場合，ほとんどの場合に第一譲受人は引渡しを受けていることになり，第二譲受人は178条によって所有権を取得する余地はないからである。この場合，第二譲受人は192条によって権利を取得することになる。

2――「引渡し」とは何か

178条の引渡しには現実の引渡し，簡易の引渡し，占有改定，指図による占有移転を含むと解されている。現実の引渡しを除いて，他の３種類の引渡しでは，物の占有状態が引渡しの前後で外形上変わらないため，観念の引渡しという（→図表3-1）。

1 現実の引渡し（182条１項）

現実の引渡しとは，譲渡人が目的物の物理的支配を譲受人に移転するということである。物の手渡し，物の支配を象徴する引渡証の交付，郵便物の配達はその例である。

2 簡易の引渡し（182条２項）

簡易の引渡しとは，譲受人が現に目的物を所持している場合に，譲渡人と譲受人の占有移転の合意のみにより占有を移転するということである。たとえば，賃借人が使用している賃借物を賃貸人から譲り受ける場合である。譲渡人が譲受人から一度物の返還を受け，改めて譲受人に現実の引渡しを行う無駄を省くのが，簡易の引渡しを178条の引渡しに含める趣旨である。

3 占有改定（183条）

占有改定とは，譲渡人が現に目的物を所持しており，譲渡後もその所持を続ける場合に，譲渡人は目的物を以後譲受人のために占有する意思を表明したとき，占有が移転するということである。たとえば，譲渡人が目的物を譲受人に譲渡したが，再び譲受人から借りることにした場合である。譲渡人が物を譲受人に現実の引渡しをして，譲受人が改めて譲渡人に現実の引渡しを行う無駄を省くのが，占有改定を178条の引渡しに含める趣旨である。なお，ほかの観念の引渡しとは異なって，占有改定では，現実の占有者（譲渡人）に照会しても，譲渡の事実が明らかにならないおそれがあるため，占有改定の公示性はきわめて不十分である。この場合の取引の安全は192条によって保護されている（→第**2**節）。

4 指図による占有移転（184条）

指図による占有移転とは，譲渡人の占有代理人（譲渡人に代わり占有する者）が目的物を現に占有しており，譲渡後もその者に占有を継続させる場合に，譲渡人が占有代理人に，譲渡人と譲受人の占有移転の合意を通知したとき，占有が移転するということである。たとえば，譲渡人が倉庫業者に保管させている商品を譲受人に譲渡し，譲受人もしばらくの間，引き続き当該商品を倉庫業者に保管させる場合である。譲渡人が占有代理人である倉庫業者から一度物の返還を受けて，譲受人に現実の引渡しを行い，譲受人がさらに物を倉庫業者に現実の引渡しを行う無駄を省くのが，指図による占有移転を178条の引渡しに含める理由である。なお，指図による占有移転では，現実の占有者（占有代理人）に照会した場合，譲渡の事実が明らかになるため，占有改定と比べると，指図による占有移転の公示性は高いといえる。

図表３－１　引渡しの種類

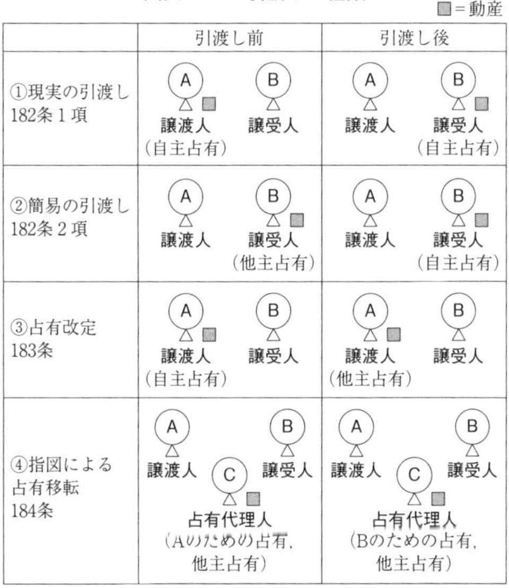

■＝動産

	引渡し前	引渡し後
①現実の引渡し 182条１項	Ⓐ■ 譲渡人（自主占有） Ⓑ 譲受人	Ⓐ 譲渡人 Ⓑ■ 譲受人（自主占有）
②簡易の引渡し 182条２項	Ⓐ 譲渡人 Ⓑ■ 譲受人（他主占有）	Ⓐ 譲渡人 Ⓑ■ 譲受人（自主占有）
③占有改定 183条	Ⓐ■ 譲渡人（自主占有） Ⓑ 譲受人	Ⓐ■ 譲渡人（他主占有） Ⓑ 譲受人
④指図による占有移転 184条	Ⓐ 譲渡人 Ⓑ 譲受人 Ⓒ■ 占有代理人（Aのための占有，他主占有）	Ⓐ 譲渡人 Ⓑ 譲受人 Ⓒ■ 占有代理人（Bのための占有，他主占有）

※自主占有・他主占有（→143頁）

3――178条の「第三者」の範囲

178条の第三者とは，当事者およびその包括承継人以外の者であって，引渡しの欠缺を主張する正当な利益を有する者である（大判大８・10・16民録25輯1824頁）。具体的な第三者の範囲は，おおむね177条の第三者と同様である（→69頁）が，178条特有の問題として，賃借人と受寄（じゅき）者は178条の第三者に該当するかどうかというのがある。判例は，賃借人は178条の第三者にあたるとし，賃貸中の動産の譲受人が賃借人に所有権取得を主張するには，指図による占有移転を受ける必要があるとする（大判大４・２・２民録21輯61頁）。すなわち，ＸがＸ所有の動産甲をＹに賃貸したままＺに譲渡した場合，Ｚが指図による占有移転（譲渡と占有移転に関するＸからＹへの通知）を受けていなければ，Ｚの所有権に基づく明渡請求に対して，賃借人Ｙはこれを拒むことができる。これに対して，受寄者は178条の第三者にあたらないとし，寄託中の動産の譲受人が受寄者に所有権取得を主張するには，指図による占有移転を受ける必要がないとする（最判昭29・8・31民集8巻8号1567頁）。すなわち，XがX所有の動産甲をYに寄託したままZに譲渡した場合，Zが指図による占有移転（譲渡と占有移転に関するXからYへの通知）を受けていなくても，Zの所有権に基づく明渡請求に対して，受寄者Yはこれを拒むことができない。学説では，受寄者は，寄託者から請求があればいつでも目的物を返還しなければならない立場にあるという理由から（662条），判例の立場を支持する見解がある。これに対して，賃借人や受寄者は，動産所有権の所在について重大な利害関係を持っているため，どちらも178条の第三者に該当すると解する見解もある。また，賃借人も受寄者も，譲受人と物の支配を争う関係に立たないので，どちらも178条の第三者に該当しないと解する見解もある。

4——動産債権譲渡特例法による動産譲渡登記

法人が動産を譲渡する場合には，動産債権譲渡特例法による動産譲渡登記をする方法で対抗要件を具備することもできる。

1 立法目的

動産譲渡登記制度の創設前は，企業が在庫商品や機械設備等の動産を譲渡担保（→255頁）に供して資金調達をする際に，占有改定（183条。→80頁）という外形的には判然としない公示方法によって対抗要件を具備するしかなく，後日，占有改定の有無・先後をめぐって紛争が生じるおそれがあった。このような懸念を極力解消し，動産を活用した企業の資金調達の円滑化を図るため，2004（平成16）年に「動産及び債権譲渡の対抗要件に関する民法の特例等に関する法律」（動産債権譲渡特例法）が成立し，動産譲渡登記制度が新設された。動産譲渡登記を利用して対抗要件を具備すれば，紛争を未然に防止することができるほか，紛争になった場合でも，対抗要件を具備していることの立証が容易になると考えられる。動産譲渡登記のイメージを図で示すと，**図表3－2**のようになる。

2 利用できる譲渡人・譲受人

特例法による動産譲渡登記を利用できる譲渡人は，法人に限定されている（動産債権譲渡特例1条・3条1項）。法人に限定した理由は，動産の譲渡登記が必要とされるのは，ほとんどが譲渡担保であり，この種の譲渡担保を利用するのは法人がほとんどであるからである。また，一般個人にまで拡大すると，登記所の負担が過重になるからである。これに対して，動産譲渡登記を利用できる譲受人は法人でなくともよい。つまり，個人でも，法人でも，権利能力なき社団でもよい。

図表３－２　動産譲渡登記のイメージ

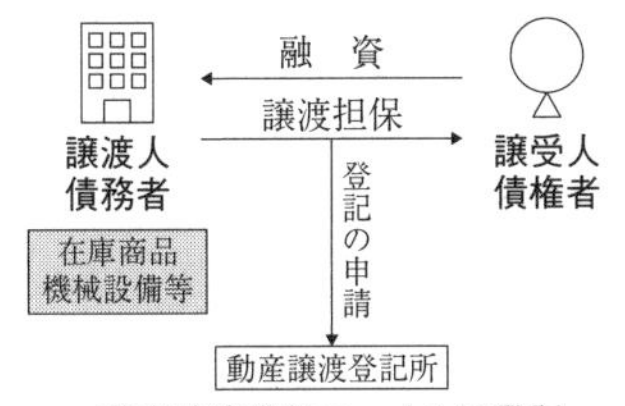

3 対象となる動産

動産譲渡登記の対象は，特定動産（たとえば，高額の機械・機器）でも，集合動産（たとえば，倉庫で保管されたすべての商品）でもよいとされている。しかし，倉荷証券，船荷証券または複合運送証券（商605条・761条・769条２項）が作成されている動産の場合は，動産の処分はこれらの証券によらなければならないため，動産譲渡登記の対象ではない（動産債権譲渡特例３条１項括弧書）。また，登記・登録を対抗要件とする動産（→78頁）の場合は，登記・登録がなされると，その後も登記・登録を備えなければ第三者に対抗できないため，各特別法により登記・登録された動産は，動産譲渡登記の対象とはならない。

4 効　力

動産譲渡登記がされると，当該動産の譲渡について，引渡しがあったものとみなされ，対抗要件が具備される（同３条１項）。同一動産について二重譲渡がされた場合の譲受人相互間の優劣は，①動産譲渡登記が競合した場合は，登記の先後によって決定されるが，②動産譲渡登記と178条の引渡しが競合した場合は，登記がされた時と引渡しがされた時の先後によって決定される。

5 存続期間

動産の譲渡担保契約は５年から10年までの範囲内で見直しが行われることが一般的であるため，動産譲渡登記の存続期間は原則として10年を超えることができない（同７条３項）。しかし，譲渡担保契約にかかる被担保債権の償還期間について10年を超える定めがある場合は，「特別の事由」があるものとして，10年を超えて存続期間を設定することができる（同項ただし書）。

第2節 即時取得

192条から194条までは,「即時取得」あるいは「善意取得」と呼ばれる制度である。民法は,不動産取引には公信の原則（→52頁）を採用していないが,動産取引には公信の原則を採用した。この公信の原則を体現するのが即時取得制度である。

1——即時取得の意義

高度な流通性と迅速性が要求される動産取引において,占有者が真の権利者であるかどうかを調査することは,手間がかかりまた実際上も期待できない。そこで,動産の占有を有している者を信頼して取引関係に入った者を保護する必要があり,即時取得制度がそのために設けられているのである。この制度は,沿革上,取得者の占有取得の効果として把握されることもあったが,今日においては,取引の安全を保護する公信の原則を採用したものとして理解されている（→WINDOW 3-1）。

2——要　　件

即時取得が成立するためには,①目的物が動産であること,②前主が無権利者であること,③有効な取引行為によること,④前主から平穏・公然に占有を取得したこと,⑤取得者が善意無過失であることが必要である。これらの要件を図で示すと,**図表3-3**のようになる。

[1] 目的物は動産であること

即時取得の対象は動産に限られる。また,即時取得は占有という権利の外観に対する信頼を保護するものであるから,即時取得の適用は,占有を公示方法とする動産に限られる。具体的にいうと,次のとおりである。

(1)　**登記・登録しうる動産**　船舶・飛行機・自動車については,原則として登記・登録が行われていれば,即時取得は適用されない（最判昭62・4・24判時1243号24頁など）が,登記・登録が行われていなければ,即時取得が適用される（最判昭45・12・4民集24巻13号1987頁,最判昭41・6・9民集20巻5号1011頁）。なぜな

□ WINDOW 3-1

即時取得の沿革

フランス民法では，即時取得は「時効」の一種として位置づけられている。旧民法はフランス民法の影響を受け，証拠編第6章「動産の取得時効」で即時取得を規定した。しかし，「時効」に時の経過を要しない「即時」というのは自己矛盾であると指摘され，現行民法では結局，即時取得は占有の効力だと解され，第2章「占有権」第2節「占有権の効力」のもとに規定されたのである。そのような経緯から，192条の規定の仕方は162条2項と非常によく似ている。なお，立法論では，即時取得は物権変動の一環として178条の後に設けることが望ましいと主張されている。

らば，登記・登録がある場合，誰が権利者かを知る手がかりがある以上，前主の占有のみを信じたとしても保護に値しないからである。しかし，この一般論に対して，次の2つの例外がある。1つは農業動産信用法によって抵当権の登記が行われた場合である。この場合，抵当権が登記によって公示されるが，所有者名は抵当権設定に付随して記載されるだけであるため，引渡しが依然として所有権移転の公示方法とされている。ゆえに，農業動産信用法は明文で抵当権登記があっても，その動産が即時取得の対象となると定めている（農業動産信用13条2項）。もう1つは動産譲渡登記を受けた動産の場合である（→82頁）。この場合，引渡しと登記が動産の所有権移転の公示方法として併存的に認められており（動産債権譲渡特例3条1項），前主の占有を信じた者の信頼を保護する必要が依然としてあるため，即時取得の適用可能性があると解される。ただ，登記がある場合は，取得者が登記を調査しなかったことが過失にあたるとして，即時取得が否定される可能性もある。

(2) **立木(りゅうぼく)や稲立毛(いなたちげ)**　立木は，伐採されれば動産となるため，即時取得の適用がある（立木4条5項を参照）。しかし，伐採前の立木については，判例はそれを土地の一部として扱い，即時取得の適用を認めない（大判昭7・5・18民集11巻1963頁）。一方，稲立毛に関しては，判例は成熟期に達した稲立毛は一種の動産であるとして，刈入れ前であっても，即時取得の適用を認めている（大判昭3・8・8新聞2907号9頁）。それに対して，学説では刈入れ前の稲立毛は伐採前の立木と同様に土地の一部であるとして，判例に反対する見解が有力である。

(3) **金　銭**　金銭は，占有の移転とともに所有権も移転するのが原則であ

図表３－３　即時取得の要件

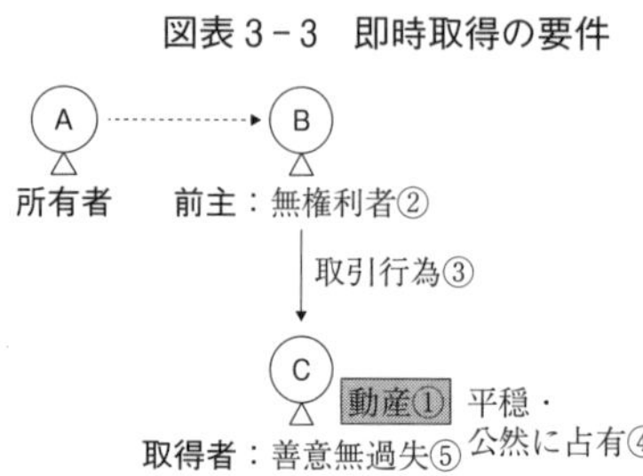

るから，192条が原則として適用されない（最判昭39・1・24判時365号26頁）。なお，通貨としての金銭ではなく，物としての金銭，すなわち古銭や記念硬貨などの場合には，192条の適用がある。

(4) **有価証券**　有価証券は，流通の安全をいっそう保護する必要があることから，証券所持人の保護は善意・無重過失の要件だけで足り（520条の５・520条の15・520条の20），即時取得は適用されない。

２ 前主が無権利者であること

前主が動産の賃借人・使用借人・受寄者・不法占有者など，目的動産について処分権限を有しない者であり，かつこれらの者が，目的動産を占有していることが要件となる。前主が所有者であれば，有効に所有権の移転等ができるため，即時取得を持ち出す必要はない。また，即時取得は動産の占有を有する者を信頼して取引関係に入った者を保護する制度であるから，前主の目的動産の占有は必要である。なお，前主の占有は，直接占有が一般的であるが，間接占有であっても，単なる占有補助者（→144頁）として目的動産を所持している場合であっても差し支えない。

３ 有効な取引行為によること

即時取得制度は取引の安全を保護する制度であるから，取引行為（売買，贈与，譲渡担保，代物弁済，競売など）によって動産を取得したことが要件となり，しかも，その取引行為は有効でなければならない。取引行為によらない権利取得の場合や，行為能力の制限・詐欺・強迫などによって，取引行為が無効になったり，取り消された場合は，即時取得は成立しない。なぜなら，即時取得制度は，占有という権利の外観を信じて取引に入った者を，前主が権利者であった場合と同様の地位に置くものであるが，取引行為がないことを取引行為があることとする制度や，無効な取引行為を有効とする制度ではないからである。

４ 前主から平穏・公然に占有を取得したこと

取得者が前主から占有を取得することが必要である。占有の取得方法としては，現実の引渡しのほかに，簡易の引渡し・占有改定・指図による占有移転があるが（→80頁），ここでいう占有取得にはすべての引渡方法が含まれるかが問題となる。現実の引渡しと簡易の引渡しの場合に，即時取得が成立することについては異論がない。なぜなら，これらの場合には，取得者が現実に物を所持し，取得者にはこれ以上になすべきことがないからである。これに対して，占有改定や指図による占有移転の場合には，取得者の占有は観念的なものにすぎないため，占有取得の要件が満たされるかどうかについては，議論が分かれている。

判例は，占有改定の場合には，即時取得が成立しないが（最判昭32・12・27民集11巻14号2485頁，最判昭35・2・11民集14巻２号168頁など），指図による占有移転の場合には，即時取得が成立すると解している（最判昭57・9・7民集36巻８号1527頁）。すなわち，所有者Ｘが動産甲をＹに賃貸したところ，賃借人Ｙが善意無過失のＺに甲を譲渡した場合，Ｚは占有改定の方法でＹから占有を取得したとき，ＺはＸに対して甲の所有権の即時取得を主張しえないが，指図による占有移転の方法でＹから占有を取得したとき，ＺはＸに対して甲の所有権の即時取得を主張しうる。このように結論が分かれる理由は，指図による占有移転の場合，Ｚの占有取得が譲渡当事者以外の第三者（譲渡人の占有代理人。→80頁）を巻き込んで行われているため，従来の占有状態に変更が生じているといえる。しかし，占有改定の場合，Ｙが以後Ｚのために物を占有するという意思を表示すればよく，Ｚの占有取得は譲渡当事者間で行われているだけであるため，従来の占有状態に変更が生じたとはいえないからである。

学説は指図による占有移転と即時取得について判例を支持し，肯定説が圧倒的多数であるが，占有改定と即時取得については，肯定説・否定説・折衷説に分かれている。①肯定説は，即時取得制度は前主の占有を信頼した者を保護する制度であるから，占有取得という要件は即時取得の本質的な要件ではなく，譲受人に対して対抗要件としての引渡しを要求しているにすぎない。占有改定は対抗要件としての引渡しに含まれる以上，占有改定によっても即時取得は成立すると解する。

②否定説は，占有改定による即時取得の成立を否定し，占有者が現実の引渡しを受ける時に即時取得が成立すると解する。その理由は，占有改定の場合で

は，原所有者も譲受人もともに無権利者を信頼して物を所持させている関係にあるから，物が無権利者のもとにある限り，原所有者の無権利者に対する信頼は裏切られておらず，原所有者の権利は存続しているからと説明されている。

③折衷説は，占有改定によって一応即時取得は成立するが，権利の取得はまだ不確定であり，後に現実の引渡しを受けることによって権利の取得が確定すると解する。この説は，占有改定でも即時取得を認める点で肯定説の立場に立つが，物が原所有者に返還された場合は，譲受人が権利を取得することができないとする点では否定説に歩み寄せている。なお，3つの学説の違いを表で示すと，**図表3-4**のようになる。

また，取得者は平穏・公然に占有を取得したことが必要である。この要件は推定されるので（186条1項），即時取得の成立を否定する原所有者が即時取得者の占有取得は平穏・公然でないこと（強暴・隠匿であること）を立証しなければならない。なお，取引によって動産の占有を取得した場合は，通常要件が満たされていると解されるので，平穏・公然で問題になることは実際上きわめて少ない。

5 取得者が善意無過失であること

取得者は，占有取得時に，前主に処分権限がないことについて善意・無過失であることが必要である。善意・無過失とは，前主がその動産について処分権限を持たないことを取得者が知らず，かつ，そのことに過失がないことをいう（最判昭26・11・27民集5巻13号775頁）。取得者の善意は186条1項により推定される。また，占有者が占有物の上に行使する権利は適法に有するものと推定されるから（188条），取得者が前主の占有を適法だと考えたことは，過失のないものと推定される（最判昭41・6・9民集20巻5号1011頁，最判昭45・12・4民集24巻13号1987頁）。したがって，即時取得の成立を否定する原所有者が即時取得者の悪意・有過失を立証しなければならない。なお，前述のように，動産譲渡特例法によって登記を受けた動産も即時取得の対象となるが，登記の有無を調べなかったことは，無過失の判断に影響を与える可能性がある。

3——効　果

192条が適用されると，動産の占有者が「即時にその動産について行使する権利を取得する」。ここで取得される権利は所有権と質権に限られる。なぜならば，占有権は物の支配を基礎とする権利であるため，ここで問題にならないからである。また，留置権・先取特権は法定担保物権であり，取引行為で取得される権利ではないからである。即時取得による権利取得は原始取得(→105頁)である。すなわち，即時取得者は新たに権利を取得し，原所有者は債務不履行，不法行為または不当利得に基づいて無権利者の責任を追及するしかない。

図表３-４　占有改定による即時取得成立の有無

	物の直接占有者		
学　説	譲受人(Z)	無権利者(Y)	原所有者(X)
肯定説	○	○	○
折衷説	○	○	×
否定説	○	×	×

４——即時取得の例外(盗品・遺失物)

即時取得は，前主の権利を過失なく信頼して取引した者を保護し，取引の安全を図る制度である。しかし，即時取得の成立により，原所有者は権利を失うことになるから，民法は，目的物が原所有者の意思に基づかずにその占有を離れた場合(盗品・遺失物)について例外を設けており，原所有者の利益保護に一定の配慮をしている。

1 民法193条

まず，目的物が盗品または遺失物である場合は，占有者が192条の要件を備えていても，被害者または遺失者は，盗難または遺失の時から２年間，占有者に対して物の回復を請求することができる(193条)。

盗品とは，窃盗または強盗によって占有者の意思に反して占有を剥奪された物をいう。遺失物とは，占有者の意思によらずに窃盗・強盗以外の方法でその占有を離れた物をいう。なお，遺失物の拾得者は，遺失物を警察署長に提出し，公告がなされた後３か月以内に遺失者が現れなければ，拾得者はその物の所有権を取得できるが(240条。→106頁)，拾得者がこのような手続をしないで遺失物を処分した場合は，無権利者による処分となり，譲受人が善意無過失であるときは，193条が適用される。

判例によると，回復請求をすることができるのは所有者に限らず，占有権原に基づいて占有した賃借人・受寄者も回復請求権を有すると解されている（大判大10・7・8民録27輯1373頁，大判昭4・12・11民集8巻923頁）。2年間の起算点は，盗難・遺失の時である。この2年の期間は，除斥期間である。すなわち，権利を行使しないまま2年間が経過すると，回復請求権が消滅する。

以上のように，193条によって2年間は回復請求が認められているわけであるが，この2年間に目的物の所有権がだれに帰属するだろうか。判例は，目的物の所有権は原所有者にとどまり，2年間に回復請求を受けない場合に，はじめて即時取得が成立し，占有者が権利を取得すると解する（原所有者帰属説）（前掲大判大10・7・8，最判平12・6・27民集54巻4号1737頁）。学説ではこれに賛成する見解があるが，多数説は192条の即時取得により，占有者が直ちに目的物の所有権を取得し，盗品・遺失物の場合は，原所有者は2年間の間に目的物の回復を請求できるにすぎないとする（占有者帰属説）。原所有者帰属説によれば，被害者等は回復請求権の行使により目的物の占有を回復するということになるが，占有者帰属説によれば，被害者等は回復請求権の行使により目的物の所有権およびそれに伴う占有を回復するということになる。

2 民法194条

民法193条によって物の回復が認められると，占有者が物の取得のために対価を支払っていた場合には，その利益が害されることになる。そこで，民法は，回復者の利益と占有者の利益の調整を図るため，194条を設けている。すなわち，盗品・遺失物であっても，占有者が目的物を競売あるいは公の市場において，またはその物と同種の物を販売する商人から，善意で買い受けたときは，回復者は占有者が支払った代価を弁償しなければ，その物を回復することができない（194条）。占有者の取得方法が競売などに限定されている理由は，これらの場合には取引安全の保護の要請が高く，占有者を厚く保護する必要があるからである。判例によると，占有者が代価の弁償を受けないまま占有物を返還しても，代価弁償請求権は失われない（前掲最判平12・6・27）。

一方，原所有者は占有者に物の使用利益の不当利得返還を求めることができるだろうか。これについて，判例は，占有者は，代価弁償の提供があるまで盗品・遺失物の使用・収益を行う権限を有するとして，訴えの提起後も使用利益の返還責任を否定した（前掲最判平12・6・27）。原所有者が回復を諦めた場合に

図表３－５　民法と特別法の規定の違い

	民法 193条	民法 194条		古物商・質屋に関する特別規定 古物営業法20条，質屋営業法22条
要件	①占有者が192条の要件を備えること ②占有物が盗品・遺失物であること	①占有者が192条の要件を備えること ②占有物が盗品・遺失物であること ③占有者が競売・公の市場・同種の物を販売する商人から買い受けたこと	特別法による修正 ⇒	①占有者が古物商・質屋であること ②占有物が盗品・遺失物であること
効果	被害者・遺失者は，2年間，**無償**で物を回復請求できる	被害者・遺失者は，2年間，**有償**で物を回復請求できる		被害者・遺失者は，1年間，**無償**で物を回復請求できる

占有者が使用利益を享受できるのに，原所有者が代価を弁償して目的物を回復する場合に占有者が使用利益を享受できないのでは不均衡であり，弁償される代価には利息は含まれないため，占有者の使用利益を認めることは両者（原所有者と占有者）の衡平にかなうというのがその理由である。これに対して，学説は，回復者に目的物の使用利益が帰属し，回復者が占有者に対して不当利得の返還を請求できるとする。なぜなら，占有者に目的物の使用権限を認めると，回復者は代価を弁償したにもかかわらず，占有者が使用収益することにより損耗した目的物の返還しか受けられなくなるからである。また，占有者は代価の弁償を受けることができる以上，その上に目的物の使用収益権限を認めると，無償で目的物を使用収益をすることになるからである。

3 古物商・質屋に関する特別規定

193条・194条に対して，占有者が古物商，質屋である場合には，193条・194条ではなく，特別法の規定が適用される。すなわち，被害者・遺失主は，盗難または遺失の時から１年間無償で回復請求をすることができる（古物営業20条，質屋営業22条）。このように規定しているのは，古物商や質屋には専門家として特別の注意を要求しているからである。193条・194条と古物商・質屋に関する特別規定の要件・効果の違いを図で示すと，**図表３－５**のようになる。

第3節　明認方法

1 ——明認方法の意義

立木や未分離の果実（収穫期に達したみかん，桑の葉など）は土地の定着物であり，定着物は原則として土地の構成部分であるため，本来，立木や未分離の果実は土地とその法的運命をともにするはずである。ところが，日本では古くから，立木や未分離の果実は土地に付着したまま土地とは別に取引されてきた。この取引社会の需要を満たし，立木・未分離の果実を土地と独立に取引の対象とすることが認められ，その取引による物権変動については，次の２つの公示方法が認められてきた。

1 立木法による登記

立木とは「一筆ノ土地又ハ一筆ノ土地ノ一部ニ生立スル樹木ノ集団」である（立木１条１項）。立木は，立木法（立木ニ関スル法律）に従い所有権保存登記をすると，土地から独立した不動産とみなされ，譲渡や抵当権設定の客体になることができ，土地所有権または地上権の処分は立木に及ばないことになる（立木１条･２条）。また，登記は，所有権保存登記をした立木の対抗要件であり，所有権保存登記をした立木を譲渡し，あるいはそれに抵当権を設定する場合は，登記により公示しなければならない（立木12条以下）。しかし，実際には，抵当権設定を行う予定のない立木や比較的早期に伐採する予定の立木については，費用と手間をかけて登記を行うことがないため，立木登記はほとんど行われていない。立木を独立して取引する場合は，主に次の明認方法によって公示されている。

2 明認方法

明認方法は慣習により発達してきた公示方法である。判例に認められた明認方法の具体例としては，次のものがある。すなわち，①木を削って所有者名を墨書する場合（大判大９･２･19民録26輯142頁），②所有者名を書いた表札を立てる場合（大判昭３･８･１新聞2904号12頁），③山林内に炭焼小屋を建てて伐採に着手する場合（大判大４･12･８民録21輯2028頁）である。なお，明認方法には公示方法

> **WINDOW 3-2**
>
> **明認方法の現代的な使い方**
>
> 近年，ゴルフ場建設や新幹線などの公共工事に対して，主として環境などの観点から反対し，これを阻止するための手段としていわれる「立ち木トラスト」と呼ばれる運動が全国各地で展開されている。「立ち木トラスト」運動とは，建設予定の山林の立ち木を，反対運動団体を通じて運動参加者が購入し，各樹木に住所・氏名などを書いた札をかけ，明認方法による立ち木所有権の主張によって，開発を阻止しようとするものである。

としての技術的制約があるため，明認方法によって公示される権利変動は，所有権の譲渡，それに同視される解除や取消し等による所有権の復帰または所有権の留保のみである。また，明認方法は経年により消失する可能性があるため，明認方法に対抗力が認められるためには，利害関係人の登場まで明認方法が存在する必要がある（大判昭６・７・22民集10巻593頁）。

２――明認方法の対抗力

立木法の適用のない立木や，稲立毛・未分離の果実などが土地と別個に譲渡された場合には，その譲渡は明認方法を施さなければ第三者に対抗することができない（前掲大判大９・２・19）。具体的にいうと，次のとおりである。

1 立木所有権の二重譲渡の場合

山林所有者Ｘが立木のみをＹとＺに二重譲渡した場合には，先に明認方法を備えた者が立木所有権を相手方に対抗できる。ＹもＺも明認方法を備えていない場合は，互いに対抗できない（最判昭33・７・29民集12巻12号1879頁，最判昭37・６・22民集16巻７号1374頁）。

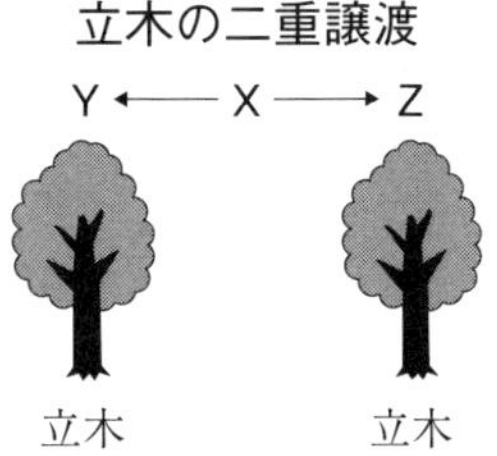

2 立木所有権と土地所有権の場合

(1)　**立木の譲渡と土地の譲渡**　山林所有者ＸがＹに立木のみを譲渡したが，Ｚには立木をも含めて土地を譲渡した場合には，立木については二重譲渡の関係が生じる。この場合は，Ｙが明認方法を施していれば，立木所有権をＺに対抗できるが，Ｚが先に土地所有権の移転登記

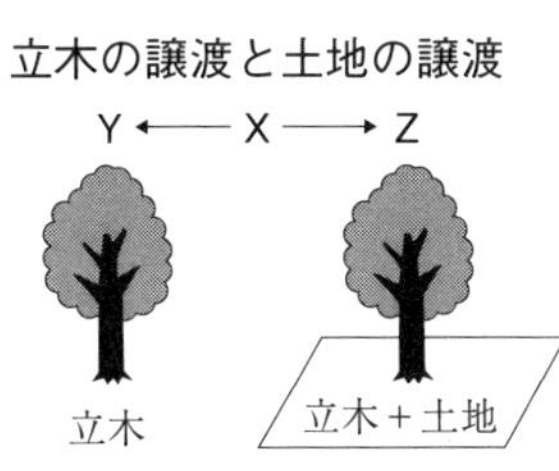

または立木の明認方法を備えれば，Ｚが立木所有権をＹに対抗できる（大判大10・4・14民録27輯732頁）。なお，この場合は，土地所有権の移転登記でもよいとされる理由は，立木は土地の構成部分として扱われるのが原則であるため，土地所有権の移転登記が，立木所有権の取得を明認させる公示方法として認めることができるからである（大判大9・7・20民録26輯1077頁）。

⑵　**立木の留保と土地の譲渡**　山林所有者Ｘは立木の所有権を留保して土地所有権のみをＹに譲渡したが，Ｙがこのことを隠して，立木を含めて土地所有権をＺに転売した場合には，立木所有権を留保したＸが立木につき明認方法を施していなければ，Ｚに立木の所有権を対抗できない（最判昭34・8・7民集13巻10号1223頁）。Ｘの立木所有権の留保が，Ｙにいったん譲渡した立木所有権がＸへ復帰的に物権変動したと類比することができるため，判例はこの問題を立木の二重譲渡とみて，処理をしているからである。

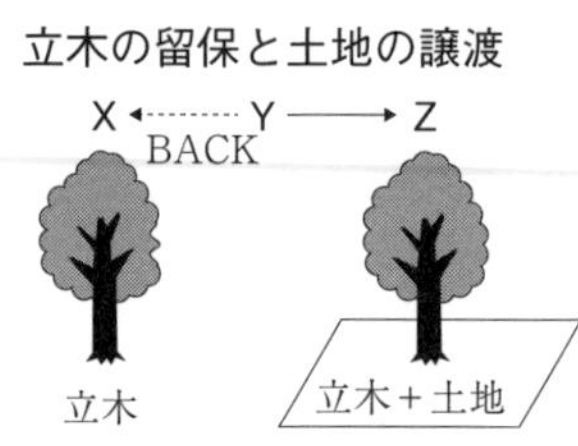

第4章 所有権

●本章で学ぶこと

本章では物権の基本となる権利である所有権について学ぶ。物を所有する権利である所有権が，どのような内容であり，どのような性質を有しているのかといった所有権についての総論に続いて，土地所有権の内容と制限，とくに相隣関係について取り上げる。次に，契約や相続など前所有者から所有権を承継する（承継取得）ことなく，所有権を取得する（原始取得の）原因として民法上規定されている無主物先占，遺失物拾得，埋蔵物発見および添付（付合・混和・加工）について取り上げる。ここではとくに２つ以上の所有権が添付により１つになった場合に生じる問題について説明する。そして，１つの所有権が２人以上の者に帰属する場合（これを共有という）の特別の規律について取り上げ，最後に建物所有に関する特別法である区分所有法に基づく建物区分所有について説明する。

第1節　序——所有権の意義

1 所有権の社会的性格

所有権は，人の物に対する権利である物権の典型とされる権利であり，物に対する全面的支配権と説明される。ここでは，物に対する全面的支配権である所有権の具体的内容や性質について取り上げる前に，まず人が物に対して所有権を有するということの意味について考えてみよう。

われわれは日常生活において無数の物を所有している。つまり，それらの物に対して直接的かつ排他的に支配する権利を有している。この所有者の所有物に対する権利は，しかし，所有者以外の他者が現れてはじめて成立する権利である。所有権とは人の物に対する権利と説明されるが，それはあくまでも人と人との関係を前提としているのである。

具体的に考えてみよう。あなたが無人島でただ1人生活していることを想定する。無人島には無数の物があり，それらを用いて生活しているが，ただ1人生活している者（=あなた）にとっては，その物に対して直接的かつ排他的に支配する権利など想定する必要はない。その無人島にあなた以外の他人が現れてはじめてこの物は自分の物であるということを相手に認めさせる必要が生じるのである。つまり物に対する権利というものは自分以外の他人に認めさせてはじめて意味を有することになる。

では，自分と他人という2人だけで（当事者間のみで）物についての権利を認め合えば，それでよいのかというとそれでも不十分である。当事者以外にも人が当然存在するのであるから，当事者以外の第三者にも認めてもらう必要がある。とすると結局のところ，社会全体が所有権というもの（当然，その権利の内容も含めて）を認めることが必要となり，したがって，所有権というものは，社会関係において認められる人の物に対する権利ということになる。これは当事者間の合意のみによって成立し，その内容も自由に決定しうる債権との大きな違いである。

以上，所有権が人の物に対する権利であると説明されるが，実は所有権というものが社会関係を前提として成立することは理解してもらえただろうか。そうすると，その前提となる社会が異なれば，当然所有権の内容も異なったものになることもわかるであろう。

2 所有権の歴史的性格

封建制社会において土地所有権は，現在の土地所有権のように自由に使用・収益・処分することが認められていなかった。また，一筆の土地に対して単一の所有権が成立するのではなく，複数の重層的な所有権が成立していた。封建制社会において土地の支配構造は重層的であり，それに伴い土地所有権も領主の上級所有権と農民の下級所有権とが重層的に併存していた。さらに，この土地所有関係は単なる土地の権利にとどまらず，身分制による政治的支配秩序と不可分に結びついており，さまざまな政治的・身分的・共同体的拘束を伴うものであった。

封建制社会を打破して成立した近代資本主義社会では，一切の政治的・身分的・共同体的拘束を破棄し，土地を含めたすべての所有権の客体が商品として捉えられるようになる。そして，すべての人が商品交換の主体として捉えられ，商品交換の主体である商品所有者は，自由に自らの意思で商品を支配することができ，さまざまな拘束から自由であることが重要視される。つまり，資本主義社会においては，所有権も商品交換の論理に適合した内容と特質を与えられ，商品としての物に対する全面的支配権として成立するのである。

以上のような，所有権の自由を強調する考え方は，資本主義経済の発展に伴い，富の偏在をもたらしさまざまな社会問題を生じさせるようになる。そこで，19世紀末頃には，所有権が絶対的に自由であるという考え方は批判され，所有権には内在的な義務を伴うという考え方が現れる。ワイマール憲法がその端緒であり，わが国の憲法（29条）や民法（1条1項）においてもこのことが規定されている。

以上，所有権の内容は普遍のものではなく，社会関係において変化することがみてとれたであろう。封建制社会から資本主義社会への移行という大転換によってだけでなく，資本主義社会においても時代の経過に伴う社会関係の変化によって所有権の内容は変化するのである。

3 所有者不明土地の解消に向けた民事基本法制の見直し

社会関係の変化による所有権内容の変化の実例として，2021年民法・不動産登記法改正等が挙げられよう。

2021（令和３）年４月21日，第204国会において，「民法等の一部を改正する法律」および「相続等により取得した土地所有権の国庫への帰属に関する法律」（「相続土地国庫帰属法」とする）が成立し，同月28日に公布された。これにより，所有権に関する諸規定も改正された。この改正は，2000年以降に社会問題とされた所有者不明土地問題へ対応するために行なわれたものである。

1920（大正９）年に国勢調査が開始されて以降，日本の人口は増加の一途をたどっていた。しかし，2008（平成20）年頃から人口減少時代に突入したといわれている。人口増加が継続している時代は，土地に対する需要も継続的に高かったため，利用に対する需要がなく放置された土地が問題となることは少なかったが，人口減少時代においては，需要の高い土地と需要の低い土地の二極化が進み，需要の低いあるいは需要がない土地が放置され，問題となるケースが増えている。このような問題となる土地の多くが，不動産登記簿等を調べても所有者が直ちに判明しない，あるいは，所有者は判明するがその所在が明らかにならない，いわゆる所有者不明土地である傾向にある。所有者不明土地は，仮にその土地を利用しようとする者が現れたとしても，所有者不明のためにその土地の取得あるいは利用権の設定ができずに，有効な利用が妨げられるという問題が生じる。また，長年にわたり管理されずに放置されている土地で，それが所有者不明土地の場合には，隣地所有者等は，適切な利用管理を請求しようとしてもその相手方が不明のために請求することができないという問題も生じる（所有者不明土地問題の詳細について→WINDOW 4-1を参照）。

このような問題に対応するために，民法上は，相続に関する規定，相隣関係に関する規定，共有に関する規定が改正され，さらに，「所有者不明土地管理命令及び所有者不明建物管理命令」および「管理不全土地管理命令及び管理不全建物管理命令」の２つの節が新設された。民法以外でも，不動産登記法の改正や相続土地国庫帰属法の制定，その他関係法令の改正などが行われた。なお，改正された民法の諸規定は，2023（令和５）年４月１日に施行される。

□ WINDOW 4-1

所有者不明土地問題とその解消に向けた対応

所有者不明土地とは，不動産登記簿等を調べても所有者が直ちに判明しない，あるいは，所有者は判明するがその所在が明らかでない土地のことをいう。所有者不明土地は，多くの場合相続を介して生じる。具体的に考えてみよう。土地所有者（第1世代）が死亡した場合には，その土地は相続されるため，相続人が土地所有者となる。ところが，当該土地につき利用価値も資産的価値もないような場合，相続人（第2世代）はあえて相続によって取得したことの登記をせずにそのまま放置することが多い（この場合に，相続人が単独であればよいが，たいていの場合は複数人である)。そしてさらに，その第2世代の相続人たちも死亡し，さらに第3世代の相続人に相続がされると，当該土地の相続人つまり共有者の数は膨大になる。ところが，登記名義は第1世代の所有者名義のままであるので，この土地を取得しようとする者は，自ら調査して第2世代および第3世代の相続人全員の所在を調べ，その全員から同意を得なければ当該土地を取得することができない。このような膨大なコストをかけてまで取得したい土地であればよいが，そうではない場合，その土地は利用されずに放置されたままとなる。このようにして，所有者不明土地が発生してしまうのである。

この問題に対応するために，①所有者不明土地が生じることを予防することと，②すでに存在している所有者不明土地を利用しやすくすることの2つの目的から，今回の法改正が行われた。まず，予防のための取り組みとして，相続登記や住所等の変更登記の義務化およびそれに伴う負担の軽減策の導入のために不動産登記法が改正された。また，不要な土地を相続した場合にその土地を手放すことができる制度が創設された（相続土地国庫帰属法)。次に，所有者不明土地を利用しやすくする取り組みとして，民法における相隣関係，共有，財産管理制度，相続に関する諸規定が改正された。

第2節　所有権の性質・客体

1 所有権の性質

所有権の性質については，他の物権との対比において，次のような性質を有する。まず，他の物権が物の利用や担保価値の把握など，限られた一面において物を支配するのに対して，所有権は所有物を全面的に支配する権利である（**全面性**)。また，所有権は使用・収益・処分という個別の権能の集合ではなく，それらの権能が渾然一体となった1つの抽象的な全面的支配権と捉えられる（**渾一性**)。そして，用益物権などの制限物権の設定により利用権能などが制約されたとしても，その設定された制限物権が消滅すればまたもとの全面性を回復する（**弾力性**）。さらに，所有権は消滅時効にかかることがない（**恒久性**）。ただし，他人の取得時効（162条）によって所有者が所有権を失うことがあるが，これは取得時効の反射的効果であり，所有権自体が時効により消滅するのではない。

次に，封建制社会における分割所有権との対比において，資本主義社会における近代的所有権の性質として**私的性質・観念性・絶対性**が挙げられる。まず，近代的所有権は，一切の政治的・身分的・共同体的拘束から解放された，物の経済的価値に対する純粋に私的な権利であり，所有者の自由な意思のみに服する（**私的性質**）。さらに，近代的所有権は，実際に物を支配しているかどうかを問題とせず，つまり，物に対する現実的な支配の有無にかかわらず成立する観念的な支配権として捉えられる（**観念性**）。

最後に**絶対性**であるが，これには複数の意味がある。物権的請求権に現れているように近代的所有権の保護の在り方として誰に対してでも主張できるという意味で（債権の相対性との対比における）絶対性が説明される（これは物権全般の性質といえる）。また，封建制における分割所有権のように複数人に分割して所有権が帰属することとの対比において，個人に絶対的に帰属するという意味での絶対性が説明されることもある。最後に，近代革命期の権利宣言の中で強調されたように，所有権は国家によっても絶対的に尊重されるべきという不可侵性という意味での絶対性も語られる。

2 所有権の客体

所有権の客体は有体物（85条）である。有体物以外の財産に対して所有権は成立しない。民法は，債権に対する所有権も認めていないし，債権以外の財産権についても所有権の成立を認めていない。たとえば発明された技術，考案されたデザイン，文学・芸術作品などは，特許権，意匠権，著作権などの客体であるが所有権の客体となりえない。

第3節 土地所有権の内容と制限

1 土地所有権の特質

所有権の客体が有体物であることは上述した。有体物とはすべての動産と不動産である。したがって，土地についても他の物と同様の所有権が成立し，法令の制限内で自由に使用，収益および処分が可能である。ただし，土地は，他の物と異なり物理的に有限であり，かつ，他の土地と連続しているという特質を有する。また，人間の社会生活にとって土地は生活・営業の基盤として不可欠なものであり，しかも，個々の土地の広がりが地域空間，都市空間さらには国土になるという特質も有している。したがって，このような特質上，土地所有権については，法令による多種多様な制限が存在する。とくに，今日では，まちづくりや自然環境・都市環境保全，産業開発等を目的とする制約が重要視されている。

これらの制限のほか，民法上も土地所有権についての特別の規律を設けている。まず，207条は，土地所有権の範囲について，法令の制限内においてその土地の上下に及ぶことを定めている。したがって，土地所有権の及ぶ範囲は，その土地の地面だけでなく，その土地の上空および地下をも含む。ただし，法令の制限として，地中の鉱物には土地所有権が及ばないとする鉱業法や，三大都市圏の40メートルより深い地下部分（大深度地下という）について所有権が及ばないとする「大深度地下の公共的使用に関する特別措置法」などがある。

2 相隣関係

⑴　**意　義**　　すでに説明したように，土地は他の土地と連続しているという特質があるため，ある土地の利用（不利用も含む）が周囲の土地の利用に影響を及ぼすことは避けることができない。そこで，民法は，隣接する土地所有権相互の利用を調整するために相隣関係という規定を設けている。これらの規定により，ある土地の所有者の所有権は制限されることになるが，他方で，隣地の所有者の所有権が拡張されることになる。つまり，相隣関係の規定は，土地所有権の範囲を調整するという性質を有する。

相隣関係の規定は，大別すると，**図表4－1**にあるように隣地使用に関する規定（209条～213条の3），水流に関する規定（214条～222条），境界に関する規定（223条～232条），境界付近の工作物に関する規定（233条～238条）の4つに分類される。

ただし，これらの規定のほとんどは民法制定当時（明治中期）の社会関係を前提とした規定であり，それから100年以上経った今日において生じる問題に十

図表４－１　相隣関係規定の分類

隣地使用に関する規定	隣地使用権（209条） 隣地通行権（210条～213条） 隣地に対する設備設置権・設備使用権（213条の２・213条の３）
水流に関する規定	排水に関するもの（214条～218条・220条～221条） 流水に関するもの（219条・222条）
境界に関する規定	境界標設置権（223条・224条） 囲障設置権（225条～228条） 境界線上の工作物の所有関係（229条～232条）
境界付近の工作物に関する規定	越境竹木に関するもの（233条） 境界からの一定の距離保持義務（234条・237条・238条） 隣地の観望制限（235条・236条）

分に対応できていない規定も多い。近年，問題視されているゴミ屋敷問題や空き家問題も一種の相隣関係の問題であるが，民法上の規定では対応できず，その他の法律条例による対応にとどまっていた。しかし，2021（令和３）年に所有者不明土地問題への対応として民法の相隣関係規定の一部が改正された。この改正により，209条の隣地の利用に関する権利の法的性質につき，隣地の使用の承諾を求めることができる権利ではなく，隣地を使用することができるという使用権構成であることが明確となり，その隣地使用権行使の要件および相手方についての規定が設けられた。さらに，電気，ガス，水道といったライフラインの導管等の設備を隣地に設置するための規定（213条の２）およびすでに隣地に設置されている設備の使用に関する規定（213条の３）が新設された。また，従来は枝が越境した場合には隣地所有者に切除を請求しなければならないよう規定されていたが，今回の改正により隣地所有者が不明の場合には自ら切除することができるよう改正された（233条３項）。以上の改正点以外については，今日においても重要な役割を果たすものに限って取り上げよう。

⑵　**隣地通行権（囲繞地通行権）**　　民法210条は，他の土地に囲まれて公道に通じない土地（これを「**袋地**」と呼ぶ）の所有者は，公道に至るため，その土地を囲んでいる他の土地（これを「**囲繞地**（いにょうち）」と呼ぶ）を通行することができると規定する。その土地に接して取り囲んでいる他の土地を通る権利ということで**隣地通行権**または**囲繞地通行権**と呼ばれる。

具体例で説明しよう。Ａが所有する甲土地が，Ｂ所有の乙土地とＣ所有の丙土地に囲まれ，公道に通じていないとしよう（→図表４－２）。この場合，甲土地

図表4－2　袋地と囲繞地

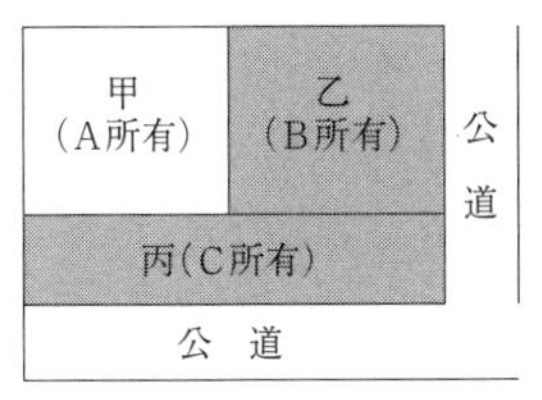

図表4－3　213条通行権と特定承継

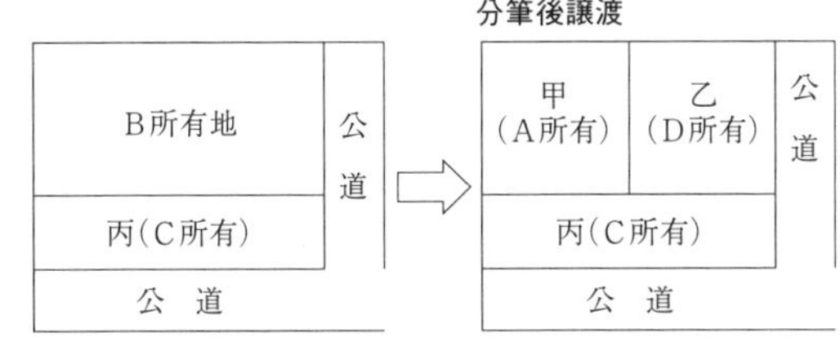

の所有者Aは，乙土地の通行についてBと合意が得られれば（丙土地についてCとの合意でもよい），通行地役権が設定され合意の内容に沿った通行が認められる。しかし，BもCも地役権設定を承諾してくれない場合，Aは甲土地を所有していても公道へのアクセスが遮られて実質的には利用できないことになる。こういった場合に，認められるのが210条の通行権である。つまり，袋地であるという210条所定の要件を満たせば隣地所有者の同意がなくても法律上当然に通行する権利が認められる。なお，ある土地が袋地であるかどうかは相対的に判断される。池沼，河川，海を通らなければ公道に至ることができないときや，崖があって土地と公道とに著しい高低差があるとき（210条2項）も袋地として隣地通行権が認められる。

では，先ほどの具体例でAは，乙土地と丙土地のどちらの土地に対する通行権が認められるか。この点につき，211条は，通行の場所および方法について，210条の通行権を有する者のために必要であり，かつ，他の土地のために損害が最も少ないものを選ばなければならないと規定する。したがって，袋地所有者であるAが自分の好きに決めることはできず，袋地・囲繞地の地理的状況などの事情を考慮して囲繞地にとって最も損害の少ない場所・方法がとられることになる。この方法として，徒歩では公道に出入り可能な土地であっても，自動車通行ができない袋地として自動車で通行する隣地通行権が認められる場合がある（最判平18・3・16民集60巻3号735頁）。そして，通行権が設定された囲繞地所有者は，ただ受忍しなければならないというわけではなく，その通行権により生じた土地の損害について償金（しょうきん）を袋地所有者に請求しうる（212条）。

(3)　**分割によって袋地が生じた場合の例外**　210条の通行権には例外がある。先ほどの具体例（→**図表4－2**）と同様に，A所有の甲土地はB所有の乙土地とC所有の丙土地に囲まれており袋地として公道に通じていないとする。ただし，もともとは甲土地と乙土地はBが所有する1つ（土地の場合**一筆**という）の土地であったところ，これを甲土地と乙土地に分割（**分筆**という）し，甲土地をAに譲渡したという事情があったとしよう。このように，土地の分割（あるいは一部譲渡）によって公道に通じない袋地が生じた場合は，甲土地所有者Aは，乙土地（分割・譲渡した後に残った土地ということで**残余地**という）についてのみ通行権を有し，丙土地には通行権は認められない。Bが自ら土地を分割・一部譲渡して袋地を生じさせたのであれば，分割・一部譲渡に伴い袋地には通行権が必要であることは予測できる。これに対して，C所有の丙土地に通行権が成立すると，Cは自らの土地所有権に対して予期せぬ制限を被ることになる。よって，分割・一部譲渡の場合には，残余地についてのみ通行権が成立する。そして，この場合には，AはBに償金を支払う必要もない（213条）。

では，同じ具体例で，もともと甲土地と乙土地を一筆の土地として所有していたBが，これを分筆し甲土地をAに譲渡し，乙土地をDに譲渡した場合，Aの通行権は，残余地である乙土地に成立するのか，それとも原則に戻って，210条の通行権が丙土地に成立するのか。これは，残余地である乙土地がBからDへ譲渡されたこと（特定承継）によって，分割・一部譲渡の場合の213条通行権ではなく，210条通行権が残余地以外の囲繞地に認められるかという問題である（→図表4－3）。

判例は，残余地の所有者交代という人的な関係によって通行権が認められたり認められなかったりするのではなく，民法上の相隣関係規定は，土地の利用の調整を目的とするものであって，213条に基づく囲繞地通行権も袋地に付着した物権的権利で，残余地自体に課せられた物権的負担であるとして，丙土地に対する210条の通行権を認めず，213条に基づく乙土地に対する通行権のみが成立するとした（最判平2・11・20民集44巻8号1037頁）。すでに上述したように，この場合に丙土地に210条の通行権が認められるとすると，Cは自ら関与しない土地の分割・一部譲渡により突然不測の損害を被ることになることを考えると，結論は妥当であろう。

WINDOW 4-2

民法上の相隣関係規定と建築基準法の関係

民法234条1項は，建物を建築するには，境界線から50㎝以上の距離を保たなければならないと規定している。ただし，それと異なる慣習があるときはその慣習に従うということも236条にて定められている。ところで，建築基準法65条は，防火地域または準防火地域にある建築物で，外壁が耐火構造のものについては，その外壁を隣地境界線に接して設けることができると規定する。この234条1項と建築基準法65条の関係について，どちらが優先されるのかが問題となる。この問題について，建築基準法65条は234条1項の特則であり，したがって，建築基準法65条が優先し，防火地域または準防火地域においては，外壁が耐火構造であれば，234条1項にかかわらず，隣地境界線に接して外壁を設けることができるとする特則説と，建築基準法65条は234条1項の特則ではなく，防火地域または準防火地域においてもあくまでも234条1項が適用され50㎝以上の距離が必要と考える非特則説が，学説・下級審裁判例において対立していた。

最高裁は，建築基準法65条の趣旨が防火地域または準防火地域における土地の合理的ないし効率的な利用を図ることにあること，そして，建築基準法65条を，234条1項の特則として解しなければ，この規定の意味を見いだしえないという理由から，特則説に立つことを明らかにした（最判平元・9・19民集43巻8号955頁）。しかし，合理的・効率的土地利用よりも良好な住環境を重視し，あくまでも234条1項が優先するとする非特則説もなお有力である。

第4節　所有権の取得

われわれが所有権を取得するには，承継取得と原始取得のどちらかによって取得することになる。われわれの日常生活において，物の所有権を取得する場合はほとんどが売買契約によってであろう。その他に贈与や相続によっても取得するが，これら契約や相続によって所有権を取得することを承継取得という。このほかに，時効取得（162条），即時取得（192条）などや，無主物先占，家畜外動物の取得，遺失物拾得，埋蔵物発見，添付などにより所有権を取得することができるが，これらの方法によって所有権を取得することを原始取得という。時効取得や即時取得はそれぞれ別の項目として扱われるので，ここでは無主物先占，家畜外動物の取得，遺失物拾得，埋蔵物発見，添付について扱う。なお，添付とは不動産の付合，動産の付合，混和および加工の総称である。

1 ――無主物先占・家畜外動物の取得・遺失物拾得・埋蔵物発見

1 無主物先占

民法239条は，所有者のない物（**無主物**という）について動産と不動産とに分けて規定している。所有者のない動産は，所有の意思をもって占有することによって，その所有権を取得する（239条１項）。動産の無主物とは，野生の動物などのようにはじめから誰の所有にも属していない物や，誰かが所有していたが，その所有権を放棄した場合の物などである。

不動産の場合，はじめから誰の所有にも属していない不動産というものはほぼありえない。したがって，ほとんどの場合が所有権の放棄された不動産ということになるが，これら無主の不動産は，先占により所有権が取得されることはなく，**国庫**に帰属する（同条２項）。

2 家畜外動物の取得

家畜以外の動物で他人が飼育していたものを占有する者は，その占有の開始時に善意であり，かつ，その動物が飼主の占有を離れた時から１か月以内に飼主から回復の請求を受けなかったときに，その動物の所有権を取得する（195条）。

これに対して，他人が飼育していた家畜動物は遺失物に準じて扱われ（遺失２条），野生の動物についてはすでに説明したように無主物先占の規定が適用される。つまり，195条は，家畜以外の動物であるためにその動物を無主物と考えた占有者を保護するという側面と，逃げ出した家畜外動物の飼主の利益という側面との双方の側面を考慮する必要があり，遺失物と無主物との中間的な取り扱いとなっている。

3 遺失物拾得

遺失物とは，占有者の意思によらずにその所持を離れた物で，盗品以外のものをいう。そして，遺失物は，遺失物法の定めるところに従い公告をした後３か月以内にその所有者が判明しないとき，その遺失物を拾得した者がその所有権を取得する（240条）。

遺失物には該当しないが，誤って占有した他人の物や，他人の置き去った物，逸走した家畜などは準遺失物として扱われ，これらの準遺失物にも240条が準用される（遺失３条）。

4 埋蔵物発見

まず，埋蔵物とは，「土地その他の物の中に外部からは容易に目撃できないような状態に置かれ，しかも現在何人の所有であるか判りにくい物」(最判昭37・6・1訟月8巻6号1005頁) をいう。そして，埋蔵物は，遺失物法の定めるところに従い公告をした後6か月以内にその所有者が判明しないときは，これを発見した者がその所有権を取得する (241条本文)。ただし，他人の所有する物 (これを包蔵物という) の中から発見された埋蔵物については，これを発見した者と包蔵物の所有者が等しい割合でその所有権を取得する (同条ただし書)。

2――添　付

1 添付とは

所有者の異なる複数の物が合わさって1つの物となる場合や，物に他人の工作が加えられて新たな物が作り出される場合，民法は，これらの場合を付合，混和，加工の3種類に分類し，これらを総称して添付と呼んでいる。付合とは，所有者の異なる複数の物が結合して1つの物と認められることをいい，不動産の付合 (242条)，動産の付合 (243条) が規定されている。混和とは，所有者の異なる物が混ざり合って識別できなくなることをいい，民法上，動産の付合に関する規定を準用することで，同じ扱いとしている (245条)。加工とは，物に他人の工作が加えられて新たな物が作り出されることをいう。以下，それぞれ説明しよう。

2 付　合

(1) **不動産の付合**　(a) 意　義　不動産の所有者は，その不動産に従として付合した物の所有権を取得する (242条本文)。たとえば，Aが所有する建物の増築の際に，B所有の材木が用いられた場合，材木に対するBの所有権は消滅し，Aが所有する建物の一部となり，したがって，材木に対してもAの所有権が及ぶことになる。その結果，Bは，材木に対して所有権に基づく返還請求は認められず，その損失についての償金の請求のみが可能となる (248条)。このように，所有者が異なる2つ以上の物が結合し，分離することが社会通念上の損失となる場合には，分離を認めず，結合した物に1つの所有権を成立させる制度が付合である。なお，分離をすることが社会通念上の損失となる場合とは，分離するとその物を壊すことになる，または壊れなくとも分離すると経済的価値を著しく損なうことになる場合，あるいは，分離に過分の費用がかかる場合をいう。

では，土地の上に建物を建築した場合，建物は土地に付合して土地の所有権が及ぶことになるか。欧米では，「地上物は土地に従う」というローマ法以来の原則により建物は土地に付合し，土地の一部となるが，わが国では，土地と建物は別個の不動産として扱われるので，付合はしない。では，不動産の付合はどういった場面で問題となるのか。ひとつは，借りた山に自分の苗木を植林した場合や，土地を借りて稲などの作物を植栽した場合に付合するかという問題であり，もうひとつは，建物の賃借人が建物に自らの動産などを付合させた場合である。

(b)　付合が生じない場合　　どのような場合においてもつねに付合が生じるとすると，上記のように樹木や農作物はつねに土地所有者の所有物となってしまうし，賃借人が増改築した場合もすべて賃貸人の所有物となってしまい，不都合が生じる。そこで，242条ただし書は，権原によってその物を附属させた他人の権利を妨げないと規定し，一定の場合は付合が生じないとしている。ここでいう権原には，地上権，永小作権，使用借権，賃借権などがある。賃借人が建物賃借権に基づいて増改築をすることをここでの権原に含めるかは争いがある（→WINDOW 4-3）。なお，242条ただし書の「他人の権利を妨げない」とは，権原によって附属させた者がその物の所有権を保有することを意味する。

(2)　**動産の付合**　　所有者を異にする複数の動産が結合し，損傷しなければ分離することができないか，あるいは，分離するのに過分の費用を要するような場合，その合成物は１個の物となり，所有権は主たる動産の所有者に帰属する（243条）。付合した動産につき主従の区別ができないときには，各動産の所有者は，その付合の時における価格の割合に応じてその合成物を共有することになる（244条）。

3 混　　和

混和とは，所有者を異にする物が混ざり合って識別できなくなることをいい，穀物や金銭などの個体の混合と酒や油などの液体の混和の２種類がある。混和は動産の付合と同じ扱いを受け，動産の付合に関する243条・244条が準用

WINDOW 4-3

借家人による建物増築と付合

Bが所有する平屋の家をAが賃借していたが，手狭になったため賃貸人Bの承諾を得て2階部分を増改築した場合，増改築部分は賃借建物へ付合するかが問題となる。判例は，建物賃借権は242条ただし書にいう権原に該当するとしたうえで，増改築部分が構造上・取引上の独立性を有しない限り付合が生じ，242条ただし書の適用はないとする（たとえば，最判昭44・7・25民集23巻8号1627頁）。学説では，判例の見解を支持するものもあるが，建物賃借権はそれ自体増改築の権能を含まず，したがって，賃借人による建物の増改築については242条ただし書はつねに適用されないとする見解も有力である。確認すべき点は，賃貸人Bの承諾なく賃借人Aが増改築を行った場合，建物賃借権には建物利用の権限はあっても増改築する権限は含まれていないために，242条ただし書の権原の問題とはならないということである。したがって，この問題は，賃貸人BがAの増改築について承諾したという点をどのように解するかが説の分かれるところとなる。考えなければならないのは，242条ただし書の適用が認められ，増改築部分が建物に付合せず，賃借人Aの所有権が成立するとして，それによって誰がどのような利益を受けるのかである。賃借人Aの所有権となることにより，その部分は賃貸人の承諾を得ずに自由に使用・収益・処分できることにはなるが，賃貸借契約終了後には，賃貸人Bから増改築部分の撤去を求められた場合にはこれに従わなければならなくなる。また，区分所有権が認められた場合でも敷地の利用権が設定されていない以上，敷地の所有者からの建物収去請求に応じなければならなくなる。以上のことを考慮すると，この問題については，有力説が主張するように，原則として賃借人による建物の増改築について242条ただし書は適用されないとし，例外的に，A・B間で増築部分につきBの所有にするという合意が含まれている場合にのみ，242条ただし書が適用されるとすればよいのではないか。

される（245条）。

4 加　工

加工とは，他人の動産に工作を加えて新たな物（加工物）を作り出すことをいう。このような場合に，その加工物の所有権は原則として材料の所有者に帰属するが，工作によって生じた価格が材料価格を著しく超えるときは，加工者がその加工物の所有権を取得する（246条1項）。加工者が材料の一部を提供しているときには，加工者が提供した材料の価格に加工により生じた価格の上昇分を加え，それが他人の材料の価格を超えていれば，加工者がその所有権を取得する（同条2項）。

他人が所有する動産に工作を加えるということは，通常は，当事者間で何らかの合意があったうえで工作を加えるはずである。つまり，請負契約や委任契

WINDOW 4-4

土地所有権の放棄と相続土地国庫帰属法

2021（令和3）年の民法および不動産登記法等の改正に際して，相続土地国庫帰属法が制定された。この法律は，相続等（相続または相続人に対する遺贈）によって土地所有権を取得した者が，法務大臣の承認を受けてその土地の所有権を国庫に帰属させることができる制度を創設したものである。この法律の制定過程においては，土地所有権の放棄が可能かが問題とされた。きっかけは，とある事件である。原告Xは，父親が所有する山林につき贈与を受け，自らが所有者となったうえで，所有権を放棄する意思表示をし，さらに，民法239条2項を理由として，国に対して所有権移転登記手続請求の訴えを提起した。ここで，法的構成について簡単に説明しておこう。まず，所有権を放棄することが可能かについては，明文の規定はない。だが，たとえば，客体が動産の場合は，その目的物自体を滅失させればその目的物に付着していた権利も消滅する。したがって，動産および不動産でも建物の場合は目的物を滅失させることでその所有権を消滅させることが可能である。問題は，本件のような土地である。土地を滅失させることはできないため，その土地についての所有権は，これを放棄しようとすると純粋に権利のみを放棄しなければならない。そして，この所有権の放棄を可能とした場合には，所有権が放棄された土地は無主物となり，民法239条2項によって国庫に帰属する，つまり国が所有することになる。さらに，所有者が土地所有権を放棄したことを第三者に対抗するためには177条により登記が必要となる。そこで，Xは，国に対して登記名義を引き受けることを請求する訴訟を提起したのである。これに対して，裁判所は，土地所有権の放棄は可能であり，その結果無主物となり国庫に帰属するということは認めつつも，本件のような経済的価値がなく管理の負担のみが課せられるような土地をあえて放棄することは権利濫用に該当するとしてXの請求を認めなかった（広島高松江支判平28・12・21訟月64巻6号863頁）。

この判決を契機として，土地所有権の放棄の可否および当否が議論となった。人口減少時代において需要のない土地を相続した者は，その土地を売りたいと思っても買い手が見つからず，自らも利用せず放置し，結果として所有者不明土地となる可能性が高い。したがって，所有者不明土地を予防するためにも積極的に土地所有権の放棄を認めるべきという議論もあったが，他方で，国に負担を押し付けることへの妥当性，国庫に帰属するということは国民の税金によって管理することになることから土地所有権の放棄に対して慎重であるべき（判例の立場）という議論もあった。結果として，土地所有権の放棄を認めるという方向ではなく，相続等によって取得した土地に限定する形で，かつ，行政機関が審査をし，最終的には国（法務大臣）の承諾を得たうえで国に引き受けてもらうという制度に落ち着いた。日本において土地を所有することがどのような意味をもつのかを考えさせられる問題であり，とくに土地所有権について私人と国家との関係について考えなければならない問題である。

約など契約によって加工内容，加工物の所有権は決まることになる。したがって，この246条が問題となるのは非常にまれなケースといえる（動産の付合と加工が争われたケースとして最判昭54・1・25民集33巻1号26頁を参照）。

5 添付の効果

添付により物の所有権が消滅したとき，その物に存していた第三者の権利（留置権・先取特権・質権など）も消滅する（247条1項）。しかし，添付により消滅した物の所有者がその添付によって成立した合成物などの単独所有者となった場合，消滅した物について存在していた第三者の権利は消滅せずに，新たに成立した合成物などのうえに存続し，合成物が共有になったときは，共有持分のうえに存続する（同条2項）。

さらに，添付によって権利を失うなど損失を受けた者は，不当利得の規定に従い償金を請求でき（248条），物を失っても価値の補償を請求しうる。

第5節 共　　有

1――共同所有とは

複数の者が1つの物を共同で所有することを，共同所有という。たとえば，夫婦で共同して1軒の家を購入し居住する場合や，友人数人で1台の車を購入し，共同で利用する場合などである。このように1つの物に対して，複数の者が共同して所有する場合，民法は原則として1つの物に対して複数の所有権の成立を認めない（一物一権主義）。なぜなら，1つの物に対して複数の所有権が成立すると，本章第**1**節「所有権の意義」のところで述べたように封建制社会の所有権制度の復活を認めることになり，かつ，権利関係が錯綜して取引の安全を阻害する要因ともなりかねないからである。

そこで，民法では，1つの物に対してはあくまでも1つの所有権しか成立しないとしつつ，その1つの所有権が複数人に帰属すると構成する。その帰属形態につき，わが国では伝統的に，**共有**，**合有**，**総有**という3つの形態に分類している（→図表4－4）。ただし，民法上の文言としては共有のみであり，合有・

図表４－４　共有・合有・総有の違い

	共　有	合　有	総　有
持分権	あ　り	あ　り	な　し
持分権の譲渡	できる	できるが，対抗できない	できない
分割請求	原則として いつでも可能	原則としてできない （組合については脱退による清算が可能）	できない

総有という概念は学説上導入されたものである。というのも，たとえば民法668条は，組合財産は総組合員の共有に属すると規定するが，249条以下で規定する共有と同じ性質ではない。676条により，組合員の持分の処分・組合財産の分割請求が禁じられているからである。そこで，668条は「共有」という文言を用いているが，これは249条以下の「共有」ではなく，合有という概念で説明するのである。同じように，権利能力なき社団の有する財産の所有形態を総有という概念で説明する。そもそも権利能力なき社団とは，法人格は有しないが，できる限り法人と同じ扱いとする団体であり，その団体の有する財産については，構成員個人個人に帰属するのではなく団体に帰属すると考えられる。したがって，権利能力なき社団の有する財産については，その構成員は，財産についての持分権または分割請求権も持たないということになり，このような所有形態を総有として説明するのである（最判昭32・11・14民集11巻12号1943頁）。なお，総有は，伝統的には，村落共同体が有する入会地についての村落共同体の構成員の共同所有形態を説明する際の概念として用いられてきた（入会権については，→136頁以下）。

2――共　　有

1 共有の法的性質

すでに説明したように，民法は一物一権主義の原則から，１つの物に対しては１つの所有権のみが成立する。そして，249条以下の共有の場合，共有者はその１つの所有権を共有し，それぞれは持分という権利（持分権）を持つことになる。なお，民法の規定上，持分という言葉は，持分権を意味する場合と，単に持分の割合を意味する場合とがあるので注意が必要である。

具体例で考えてみよう。Ａ･Ｂ･Ｃ３人で１台の自動車を共有しているとする。この場合，Ａは自動車に対して持分権を有しており，このＡの持分権は，他の共有者B･Cの承諾なく共有者以外の第三者Dに譲渡したり，担保を設定したりすることができる。では，この持分権は，自動車全体についての所有権とどのような関係にあるのだろうか。この点について，持分権の性質をどのように解するかによって考え方が分かれている。1つの考え方は，持分権を所有権と同じものとして捉え，共有者の数だけ所有権が成立し，それが同一の物を対象としているためにお互いに制約し合っていると考える見解である（複数説）。もう1つは，ある物について所有権は1つしか存在しえないのであり，したがって，本来ならば1人に帰属する所有権が，共有者に分属し，それぞれの持分権の総和が1つの所有権となるという考え方である（単一説）。判例は単一説の立場であるといわれているが，近年では，複数説と同様の説明も行っており，明確にどちらの立場を採用しているとはいえない状況にある。

なお，所有者不明土地の多くは，数次の相続によって共有者の全部または一部が特定不能または所在不明となっている（このような共有者を以下では「所在等不明共有者」という）ことを原因とするため，共有の規定の大部分が2021（令和3）年に改正された。ただし，この改正は，共有物の使用・管理・変更・分割に関する改正であるため，所有者不明土地のような不動産だけでなく動産についても適用されることには注意が必要である。

2 共有の内部関係

⑴　**使　用**　249条は，各所有者は，共有物の全部について，その持分に応じた使用をすることができると定める。先ほどの例でいえば，A･B･Cが1台の自動車を共有しており，しかも，各持分は3分の1ずつとする場合，Aは，自動車の3分の1の部分しか使用できないということではなく，当然に自動車の全部を使用できる。ただし，当然BやCも同じく自動車を使用する権利を有するので，実際には時間や期限，回数など使用方法をA･B･Cで定めたうえで，それぞれが自動車全部をその方法で利用することになる。このようにA・B・Cで使用方法を決めるといった合意（249条2項の「別段の合意」）がないにもかかわらず，共有者の1人が自己の持分を超えて共有物を使用した場合には，その使用の対価を他の共有者に対して償還する義務を負う（249条2項）。また，共有者は，共有物の使用に際して，善管注意義務を負う（同条3項）。なお，各共有者の持分の割合は，当事者の合意や法律の規定（241条ただし書･244条･245

条など）によって決まるが，これらによって決まらない場合には持分の割合は等しいものと推定される（250条）。

持分については，共有者の1人がそれを放棄した場合，あるいはその共有者が死亡し，かつ相続人がいなかった場合，その持分は他の共有者に帰属する（255条）。ただし，共有者の1人が死亡し相続人がなかった場合でも，特別縁故者が存在する場合は，他の共有者には帰属せず，特別縁故者に帰属する（958条の3）。

⑵ **変　更**　共有物を変更する場合には，他の共有者全員の同意が必要である（251条1項）。共有物につきどのようなことが変更に該当し，どのようなことが管理に該当するかを明確にするため，251条1項括弧書として，共有物の「形状又は効用の著しい変更を伴わないもの」を含まないものが変更である（つまり，「形状又は効用の著しい変更を伴わないもの」が管理行為となる）ことが明記された。変更の具体例としては，農地を宅地にすることや山林の伐採など共有物の現状を変化させることのほかに，共有物の売却や地上権・抵当権の設定などのような法律上の処分も挙げられる。共有物の性質を大きく変化させることは，他の共有者の持分権を侵害することにつながるのであるから，共有者全員の同意が必要であるというのは当然である。ここで，共有者は，他の共有者が不明の場合またはその所在が不明の場合に，不明となっている共有者以外の他の共有者の合意を得たうえで裁判所に対して，変更の請求をすることができ，請求を受けた裁判所は，変更を加えることができる旨の裁判をすることができる（同条2項）。

⑶ **管理・保存行為**　共有物の管理に関する事項については，各共有者の持分の価格に従い，その過半数で決定する（252条1項本文）。**管理**とは，251条の変更を除くものであり，また，252条の2に規定される共有物の管理者についての選任および解任を含むものである。251条の変更が「形状又は効用の著しい変更を伴わないもの」を除くと規定し，252条1項本文が管理に関する事項につき251条1項に規定する変更を加えるものを除くと規定しているため，わかりづらいが，結局のところ「形状又は効用の著しい変更を伴わないもの」が管理行為であると理解してよいだろう。具体的には，共有物の利用方法を決めること（共有者の一部を管理者とする，あるいは共有者以外の者を管理者とすることや，そうして選任された管理者を解任することも含まれる。252条1項本文）や建物の

リフォームなどがこれにあたる。共有物について賃貸借契約を締結することについては，252条４項により，同項１号から４号に定める期間を超えないものに限って設定することができる。なお，249条２項により，別段の合意がないにもかかわらず，自己の持分を超えて共有物を使用している者については，その使用の対価を償還する義務が課されるが，それだけでなく，他の共有者の持分価格の過半数による決定によってこのような別段の合意なく使用する共有者の使用を排除することができる（252条１項後段）。ただし，252条１項後段は，使用方法についての合意に基づいて使用している共有者に対しても適用されることに注意が必要である。具体例で説明しよう。Ａ・Ｂ・Ｃがそれぞれ持分３分の１である物を共有しているとしよう。当初は，使用方法としてＡが占有することがＡ・Ｂ・Ｃで取り決められ（これも252条１項前段の管理に関する事項である），Ａが占有していたが，後になってＢとＣでＡの占有を排除する決定がされた。このＢとＣとの決定も252条１項前段の管理に該当する事項であるので持分の過半数によって決定している。したがって，Ａは252条１項後段の共有者に該当し，Ａの占有は排除されることになってしまう。Ａとしては249条１項に基づく使用ができなくなってしまい不都合である。そこで，252条３項において，Ｂ・Ｃの決定が，Ａに対して特別の影響を及ぼすときには，Ａの承諾を必要とすることで，Ａのような共有者（少数持分権者という）の使用の利益に配慮している。なお，共有者の一部に所在等不明共有者がいる場合，または共有者の一部に管理に関する賛否を明らかにしない共有者がいる場合については，252条２項により裁判によって管理事項を決定することができる。また，共有物の管理者がいる場合には，252条の２により管理者の権限等が定められている。

共有物の**保存行為**に関しては，各共有者が単独でできる（252条５項）。共有物の修理などが保存行為にあたるが，後述するように，共有物への妨害に対する妨害排除請求などもこの保存行為に該当するとされる。

⑷　**共有物に関する費用の負担**　　共有物について生じた管理の費用や負担は，各共有者がその持分に応じて負担する（253条１項）。共有物の保存行為や管理行為のために必要な費用が管理の費用であり，負担とは不動産に課される租税などである。これら費用は各共有者がそれぞれの持分に応じて負担しなけ

ればならないが，この負担義務を１年以内に履行しなかったときは，他の共有者は，相当の償金を支払ってその者の持分を取得し，義務を負担しない共有者を排除することができる（同条２項）。

⑸　**共有者間での請求**　たとえば，Ａ･Ｂ･Ｃで共有している農地をＡがＢ･Ｃの同意なしに宅地に変更した場合や，Ａ･Ｂ･Ｃで共有する土地をＡが独占使用し，Ｂ･Ｃに使用させないといった場合，または，Ａ･Ｂ･Ｃで共有する建物をＡがＢ･Ｃの同意なしでこれを第三者Ｄに賃貸に出した場合，Ｂ･ＣはＡに対してどのような請求が可能か。とくにＢ･Ｃがそれぞれ単独でＡに対して何を請求することができるのか考えてみよう。

まず，共有者の１人であるＡが共有物の管理・変更に関する規律に反した利用をしている場合には，他の共有者ＢまたはＣは，Ａに対して**単独で**その行為の禁止や妨害の排除を請求することができる。この場合の根拠として，従来から252条５項（旧252条ただし書）の保存行為とする見解と249条１項に基づき共有物の全部について使用する権利を有するためとする見解がある。前者は共有の性質につき単一説の立場からの帰結であり，後者は複数説の立場からの帰結である。

次に，共有者の１人であるＡが共有する土地全部を無断で独占使用している場合に，ＢまたはＣはＡに対し土地の返還を請求しえない。Ａも自己の持分に応じて土地を利用する権限を有するため，その権限を奪うことはできないからである。この場合には，ＢまたはＣは，自己の持分に応じた使用を妨げてはならないという不作為の請求をすることができる。同じように，共有者の１人であるＡが共有建物をＤに賃貸しＤが独占使用している場合も，ＢまたはＣは，自己の持分に応じた建物の使用はＤに請求しうるが，Ｄに対して建物の明渡しを請求できない。Ａの有する持分に関しては，Ａ･Ｄ間の賃貸借契約は有効であるから，Ａの持分に応じたＤの利用を妨げることはできないからである。

3 共有の対外関係

⑴　**持分権の確認と共有関係の確認**　Ａ･Ｂ･Ｃで共有する土地について，Ａの持分権についてＡ･Ｂ間で争いがあった場合，あるいは第三者ＤがＡの持分権は自己のものであると主張した場合に，Ａは単独でＢあるいはＤに対して自己の**持分権の確認**を求めることができる。持分権の確認は，各共有者が自己

□ WINDOW 4-5

共有と登記

共有不動産と登記請求権の問題についてはまとめてここで整理しておこう。Dが死亡しA・B・Cが相続人としてD所有の甲不動産を持分3分の1ずつで相続したとしよう。まず，①登記名義がDから甲不動産についてまったく権限を有しないEの名義に変更されていた場合（無権利者の不実登記事例，たとえばDの生前にD・E間で通謀虚偽表示によりE名義にした場合など），Aは，自己の持分権に基づいて単独でDからEへの移転登記の抹消を請求しうる。判例は登記の抹消請求は保存行為として妨害排除請求が可能であるとしている（最判昭31・5・10民集10巻5号487頁）。次に，②共同相続人BがDから甲不動産を単独相続したとしてBの単独所有登記となっている場合，Aは，DからBへの所有権移転登記の抹消は請求できない。少なくともBの持分に関しては正当な権利関係を反映しているからである。したがって，Aが請求しうるのは，自己の持分についての移転登記部分を抹消する更正登記（一部抹消登記）請求のみである（大判大10・10・27民録27輯2040頁）。同じように，Bの単独所有登記としたうえで，甲不動産を第三者Fに売却しBからFへの所有権移転登記がなされても，Aが請求しうるのは自己の持分についての登記の抹消のみである（最判昭38・2・22民集17巻1号235頁）。自己の持分について真実の権利関係が登記されておらず，その部分についてのみ持分権の侵害があるという考え方である。では，事例は②と同じだが，③BがDから単独で相続したとしてBの単独所有名義となっている場合に，AがBに対してA・B・Cへの共有登記への更正登記請求が可能か。これを保存行為として構成し，真実の権利関係に合致するよう求めることができるとする下級審判決もあったが，最高裁はこれを否定する。Aが請求しうるのはあくまでも自己の持分についての一部抹消請求のみとする（最判昭59・4・24判時1120号38頁）。最後に，④D死亡後に共同相続人Cによって甲不動産についてA・B・Cの共有とする登記がなされ，Cの持分がG名義へと変更された場合（CからGへの持分の移転は真実の権利関係を反映しておらず，したがって，G名義の不実登記がある場合），Aは，CからGへの移転登記の抹消を請求しうるか。これまでの①②③の考え方からすると，Aの持分についてはA名義となっており持分権の侵害はないといえる。しかし，判例は，CからGへの移転登記により共有不動産の妨害が生じているとしてAの持分権に基づく抹消登記請求を認めた（最判平15・7・11民集57巻7号787頁）。ただし，この判決の事案は特殊なケースであり，かつ，根拠を明記していない（少なくとも252条5項〔旧252条ただし書〕の保存行為構成は採らなかった）ことからその評価には争いがある。平成15年判決では，昭和59年判決とは事案を異にすると言及されていることからも，平成15年判決の射程はかなり限定されたものと考える。

の権利の確認を求めるだけであり，他の共有者の権利に影響を及ぼさないからである。これに対して，ある物について，A・B・Cの共有であることをDに主張する場合（**共有関係の確認**），A・B・C全員が原告となって共有関係の確認を求めなければならないとされる。

⑵　**妨害排除・返還請求**　A・B・Cで共有する建物をDが無断で使用している場合，あるいは，A・B・Cが共有する自動車をDが盗んで使用している場合，共有者A・B・Cはそれぞれ単独で持分権に基づいてDに対して物権的請求権（妨害排除請求権・妨害予防請求権・返還請求権）を行使することが可能である。判例は，この場合の根拠として252条5項（旧252条ただし書）の保存行為とするものがある（大判大10・6・13民録27輯1155頁，大判大10・7・18民録27輯1392頁など）が，学説上，複数説の立場から持分権は所有権の本質を有するため，持分権それ自体の効力として（つまり249条1項を根拠として）各共有者は単独で行使できるとする説が有力である。

4 共有物の分割

⑴　**意　義**　各共有者はいつでも単独で共有物の分割をすることができる（256条1項本文）。これは，共有物の利用に関して共有者間で意見が食い違い，変更も管理行為もできず，共有物の利用・改良行為が行われなくなった場合にいつでも共有物の分割請求を可能とすることで，共有関係を解消させるという趣旨である。ただし，共有者間で分割をしないという旨の不分割契約も認められる。不分割契約は5年を超えることができない（同項ただし書）が，更新は認められており，この場合も更新期間は5年を超えることができない（256条2項）。なお，境界線上に設けた境界標等は229条により相隣者間の共有物と推定されるが，この共有物には分割の自由は認められない（257条）。

⑵　**分割方法**　各共有者間で協議が調えば，分割方法は自由である。共有物の現物分割，共有者以外の者へ売却したうえで代金を分割する，あるいは，一部の共有者が共有物を取得し，他の共有者にはその持分の代価を支払う（価格賠償）などの方法が考えられる。問題は，各共有者間で協議が調わない場合である。258条1項は，各共有者で協議が調わないときは，その分割を裁判所に請求することができると規定する。そして，改正前の同条2項は，裁判所に請求した場合で，共有物の現物分割が不可能な場合，もしくは現物分割をするとその共有物の価格が著しく減少するおそれがある場合には，裁判所は競売を命ずることができると規定していた。したがって，民法の条文上，分割協議が調わずに裁判所に分割請求した場合には，現物分割が原則であり，それが無理な場合には競売によって共有物を換価し，その代金を分割するという方法のみ

が定められていることになっていた。このため，分割協議が調わずに裁判所に分割請求をした場合には競売以外の分割方法が認められないのかが争われた。この点につき，判例は裁判による分割について柔軟かつ多様な分割方法を認めていた（最大判昭62・4・22民集41巻3号408頁，最判平8・10・31民集50巻9号2563頁）。これを受けて，改正258条は，2項において①共有物の現物を分割する方法と②共有者に債務を負担させて，他の共有者の持分の全部または一部を取得させる方法のいずれかを命ずることができると規定し，さらに258条2項の方法で共有物を分割することができないとき，または分割によってその価格を著しく減少させるおそれがあるときにのみ競売を命ずることができる（同条3項）として，競売を第二次的な分割方法として位置づけている。ただし，共有物の全部またはその持分が相続財産に属する場合には，この258条によって分割することはできず，遺産分割に関する諸規定（906条～914条）が適用される。相続開始時から10年を経過したときは，258条による分割が可能となる（258条の2参照）。

⑶　**分割の効果**　分割により共有関係は解消される。ただし，分割後も，各共有者は，他の共有者が分割によって取得した物について，売主と同じ担保責任を持分に応じた範囲で負うことになる（261条）。また，258条2項2号に規定する価格賠償による分割がされた場合の共有者間の賠償金の支払いや物の引渡し，登記義務の履行等の根拠について258条4項が規定している。

⑷　**不動産共有者の一部が所在等不明共有者である場合の特則**

所有者不明土地の解消方法として，不動産共有者の一部が所在等不明共有者である場合には，所在等不明共有者の持分を他の共有者が取得するための規定（262条の2）および，所在等不明共有者の持分の譲渡権限を他の共有者が取得するための規定（262条の3）が新設された。

3――準共有

所有権以外の財産権を複数人で有する場合，所有権の共同所有ではないので共有とは呼ばずに準共有と呼ぶ。そしてこの準共有にも共有の規定が準用される（264条）。準共有の客体としての財産権とは，各種用益物権や担保物権，無体財産権などである。債権については，原則として多数当事者の債権関係に関する規定が優先的に適用されるが，賃借権や使用借権については準共有が成立するとするのが通説である。

第6節　所有者不明土地・建物管理制度および管理不全土地・建物管理制度

所有者不明土地問題への対応として2021（令和3）年の改正により，第2編物権第3章所有権の章に，第4節「所有者不明土地管理命令及び所有者不明建物管理命令」が追加され，さらに所有者不明とはいえない土地・建物であっても管理不全の状態にある場合に対応するために第5節「管理不全土地管理命令及び管理不全建物管理命令」が追加された。

これらの制度は，所有者が特定不能または所在不能となった土地および建物，あるいは，所有者不明とはいえないが管理不全の状態にある土地および建物につき，利害関係人の請求によって管理人を置き，所有者不明土地・建物の解消あるいは管理不全土地・建物の解消を目的とする制度である。

第7節　建物区分所有

1 建物区分所有とは

一物一権主義の要請により，1棟の建物についても1つの所有権のみが成立するのが原則であるが，分譲マンションなどでは，1棟の建物に複数の独立した所有権が認められる。この建物について複数の独立した所有権を区分所有権という。もともとは民法208条が区分所有について規定していたが，マンションや団地などの集合住宅が飛躍的に増加した1962（昭和37）年に，「建物の区分所有等に関する法律」（区分所有法）が制定され，208条は削除された。その後，1983（昭和58）年と2002（平成14）年の2度の大幅な改正を経て，現在に至っている。

2 建物の所有関係

区分所有とは，1棟の建物に構造上区分された数個の部分が独立して住居，店舗，事務所または倉庫その他建物としての用途に供することができるものに対して成立する所有関係である（区分所有1条参照）。建物のうち，区分所有権の目的となっている部分を**専有部分**と呼び，それ以外の部分で専有部分に属しない部分を**共用部分**と呼ぶ。この共用部分は区分所有者全員の共有に属する（同11条1項）。また，建物は当然敷地の利用を伴うため，敷地利用権も区分所有のために必要となるが，敷地利用権としては所有権のほか地上権や借地権が設定されることもある。

したがって，区分所有権は，①建物の専有部分に対する所有権に加えて，②共用部分に対する共有持分権および，③敷地につき所有権がある場合には敷地に対する共有持分権，地上権や賃借権の場合には敷地に対する準共有持分権の3つの権利が含まれることになる。なお，区分所有者が有する敷地利用権や共用部分の共有持分権は専有部分と分離して処分することは原則としてできない（同15条2項・22条）

3 建物の管理関係

区分所有者は，全員で，建物ならびにその敷地および附属施設の管理を行うための団体を構成しなければならない（同3条）。これは管理組合と呼ばれ，区分所有者は管理組合から脱退することができない。建物・敷地などの管理は，管理組合が，集会を開き，規約を定め，および管理者を置くことで行う。そして，共用部分の変更（同17条）や規約の設定・変更・廃止（同31条），管理組合の法人化（同47条），建物の一部が滅失した場合の復旧（61条5項）などは専有部分の床面積の割合で算出される議決権の4分の3以上の決議，建替えの場合（62条1項）は5分の4以上の決議により決定されるなど，管理組合による自治によって管理運営がなされる。

また，区分所有者は，建物の保存に有害な行為その他建物の管理または使用に関し区分所有者の共同の利益に反する行為が禁じられている（同6条1項）。このように，建物区分所有者は，通常の共有関係よりも自由にできる範囲が制限され，いわば強い団体的拘束が課されているといえる。

第5章 用益物権

●本章で学ぶこと

本章では，用益物権をめぐる諸問題を学習する。用益物権とは，土地が持つ価値のうち，利用価値のみを支配する権利である。民法典で認められた用益物権としては，地上権，永小作権，地役権および入会権（共有の性質を有しない入会権）の4種類がある。本章を学ぶ際には，地上権と土地賃借権との違いを押さえることや，地役権の特質・対抗要件をめぐる議論を理解することはとくに重要である。なお，借地借家法は，建物所有を目的とする地上権に対して重要な変更を加えており，本章と新プリメール民法4第5章とを併せて読むとよい。

第1節　地上権

1 地上権とは

(1) **意　義**　地上権とは，他人の土地において工作物または竹木を所有するため，その土地を使用する物権である（265条）。同条にいう工作物とは，建物，橋，トンネル，地下鉄，水路，池など，地上・地下の一切の建造物をいう。同条にいう竹木とは，植林の目的で植えられた立木である。果樹，稲，桑などの所有を目的とする場合は，耕作を伴うので，永小作権の設定となる。地上権は現在広く用いられているとは言い難いが，区分地上権（→本節5）は以前から一定の需要があり，法定地上権（→192頁以下）も実際において重要である。

(2) **法的性質**　他人の土地を使用したい場合は，賃借権を設定することもできる。土地賃借権と地上権とを比較すると，以下の点で両者は異なる。①土地賃借権は債権であるが，地上権は物権である。②土地賃借権は登記をすれば第三者に対抗することができる（605条）が，賃貸人が賃借権設定登記に応じない場合，賃借人は賃貸人に対して登記請求権を有しないため（大判大10・7・11民録27輯1378頁），登記の具備は実際上難しい。それに対して，地上権者は地上権設定者に対して登記請求権を有するため，地上権設定者が地上権設定登記に応じない場合，地上権者は登記請求権を行使して確定判決を得れば単独で地上権設定登記の申請ができる（不登63条）。③土地賃借権は50年を超えることができない（604条）が，地上権には存続期間に制限がなく，期間の定めがない場合は，当事者の請求によって裁判所が20年～50年の範囲で地上権の存続期間を定めることができる。④土地賃借権は債権であるため，賃貸人の承諾がない限り，賃借人が賃借権を譲渡・転貸することはできない。一方，地上権は物権であるため，地上権者は自由に地上権を譲渡し，地上権の目的である土地を第三者に賃貸することができる。また，地上権を目的とする抵当権を設定することもできる（369条2項）。

以上のように，他人の土地を長期的に安定して利用するには，地上権のほうがふさわしい。しかし，地上権の負担は賃借権に比べて相当重く，地主が地上権を嫌うため，現実に多く利用されたのは土地賃借権であった。そこで，賃借

図表５－１　賃借権・地上権・借地権の比較

	賃借権	地上権	借地借家法による修正	借地権
性　質	債　権	物　権		物権（地上権）または債権（賃借権）
対抗要件	賃借権の登記 （登記請求権なし）	地上権の登記 （登記請求権あり）	⇒　⇒	登記された建物の所有
存続期間	50年以下	制限なし		30年以上（法定更新がある）
譲渡・転貸	地主の承諾が必要	自　由		地主の承諾に代わる裁判所の許可でも可能

人の地位を保護・強化するため，借地借家法という特別法が制定されるに至った。借地借家法では，建物所有を目的とする地上権と土地賃借権を合わせて「借地権」と呼び，統一的な規律が与えられている。具体的にいうと，①借地権自体の登記がなくても，借地権者が登記された建物を所有していれば，借地権の対抗力が認められる（借地借家10条１項）。②借地権の存続期間は30年以上とされ，また，一定の場合に法定更新の制度が設けられている（借地借家３条・５条）。③借地権設定者が借地権の譲渡・転貸を承諾しないときは，裁判所が借地権設定者の承諾に代わる許可を与えることができるとする制度が設けられている（借地借家19条）。**図表５－１**は，賃借権，地上権，借地権の主要な内容上の違いを表している。

⑶　**対抗要件**　　地上権の設定・移転は，原則として登記をしなければ第三者に対抗することができない（177条）。ただし，前述したように，建物所有を目的とする地上権の場合は，地上権者がその土地の上に登記された建物を所有することによって，対抗要件を満たすこととなる（借地借家10条１項）。また，この場合は，土地上の建物が滅失しても，所定の事項を土地に掲示しておけば，建物の滅失から２年間は対抗力が存続する（同条２項）。

2 地上権の取得

⑴　**取得原因**　　地上権設定契約または法律の規定によって，地上権を取得することができる。法律の規定による地上権取得の例としては，取得時効（163条）・法定地上権（388条）・相続（896条）・遺言（964条）がある。

取得時効によって地上権を取得する場合は，土地の継続的使用に加えて，その使用が地上権行使の意思に基づくことが客観的に表現されていることが必要である（最判昭46・11・26判時654号53頁。→WINDOW5-1）。それに対して，法定地

□ WINDOW 5-1

地上権の時効取得（最判昭46・11・26判時654号53頁）

Xの高祖父Aが甲部落の税金を代納し，その代償として，甲部落民が使用収益権を有していた本件各山林を，立木所有の目的で占有することを，甲部落民に許された旨が代々伝えられてきた。Xはその事実に基づいて，本件各山林を立木所有の目的で継続的に使用し，かつ，その使用が立木所有のための地上権を行使する意思に基づくことが客観的に表現されているため，Xの地上権の取得時効が認められた。なお，現在では，物権の取得は登記により公示することが普及しているので，取得時効が問題となるのは，このように昔からの慣習的な利用権が放置されている場合に限定されるだろう。

上権とは，土地とその上に存在する建物が同一の所有者に属する場合において，土地または建物につき抵当権が設定され，その実行により所有者を異にするに至ったときに，法律の規定によって，建物の存続のために地上権が設定されたものとみなされる（388条）。法定地上権は，土地と建物とを別個独立の不動産とする法制に起因する日本特有の制度であり，詳細は第７章第**5**節に譲る。

⑵　**存続期間**　　地上権の存続期間については，民法は永小作権や賃借権のように規定を設けていないので，存続期間は当事者の設定行為によって任意に定めることができる。存続期間について定めがある場合は，原則として当事者の定めた期間に従うが（登記事項である。不登78条３号），建物所有を目的とする地上権の場合は，当事者が30年未満の期間を定めても原則として30年以上となる（借地借家３条）。なお，地上権の存続期間を「永久」と定めることも許されているが（大判明36・11・16民録９輯1244頁），所有権の全面的支配権としての性格を害するため，永久の地上権設定の効力を否定するのが通説である。また，存続期間「無制限」と登記されたものについては，判例は，反証のない限り，永久ではなく，「存続期間の定めなき地上権」と解している（大判昭15・6・26民集19巻1033頁）。

地上権の存続期間について定めがない場合は，慣習があればそれに従う。慣習がないときは，裁判所は，当事者の請求により，20年以上50年以下の範囲内において，その存続期間を定める（268条２項）。20年以上50年以下の期間は，裁判の時からではなく，地上権の設定行為または成立の時から起算される。

3 地上権の内容

(1)　**地上権者の権利**　　地上権者は次の権利を有する。

(a)　土地使用権　　地上権者は，設定契約で定められた目的の範囲内で，その土地を使用することができる。その代わりに，土地所有者は地上権が設定されている範囲内で土地の使用が制限される。なお，土地所有者は，地上権者の利用を妨げないという消極的な義務を負うにとどまるため，地上権者は，土地所有者に対して修繕などを求める権利を有しない（賃借人には，この権利がある。606条参照）。

(b)　地上権に基づく物権的請求権　　地上権は物権であるため，地上権者は，地上権の侵害者に対して直接に物権的請求権を行使することができる。物権的請求権の内容としては，妨害排除請求権，妨害排除予防請求権，返還請求権のすべてが認められる。

(c)　地上権の自由処分　　地上権は財産権であるため，地上権者は，地主の承諾なしに地上権を譲渡し，地上権に抵当権を設定し，地上権の目的である土地を第三者に賃貸することができる。

(d)　相隣関係の規定の準用　　地上権に基づいて土地を利用する場合は，隣接する土地の利用との調整を図る必要があるため，相隣関係の規定（209条～238条）は，地上権者間または地上権者と土地所有者との間にも準用される（267条）。

(2)　**地上権者の義務**　　賃借権や永小作権とは異なり，地代は地上権の不可欠の要素ではない。当事者間に地代の約定があるときにのみ地代支払義務が生じる。定期の地代を支払う約定があるときは，永小作権の274条～276条が準用され，不可抗力によって，収益に損失を受けたとしても，地上権者は地代の減免を請求できない（266条１項・274条。→130頁）また，地上権者は，目的不動産につき善管注意義務を負う。目的に定められた用法に違反した場合には，賃貸借の法理を転用して，信頼関係が破壊されたとして，土地所有者に地上権消滅請求権を認めるべきである。

4 地上権の消滅

地上権は，土地の滅失・存続期間の満了・合意解除等により消滅するが，そのほか，次の特有の消滅原因によって消滅する。

(1)　**地上権者による地上権の放棄**　　存続期間の定めがある場合は，土地所有者の地代への期待があるため，地上権者は，期間満了前に原則として地上権を放棄することはできない。一方，存続期間の定めがない場合は，地上権者は，原則としていつでも地上権を放棄することができるが，有償の場合には，土地所有者の利益への配慮から，1年前に予告するか，将来の1年分の地代を支払う必要がある（268条1項）。もっとも，不可抗力により，引き続き3年以上まったく収益できない場合や，5年以上地代より少ない収益しか得ることができなかった場合は，期間の定めの有無にかかわらず，地上権者が予告や将来の地代の支払いをしなくても，地上権を放棄することができる（266条1項・275条）。

(2) **土地所有者からの消滅請求**　地上権者が定期の地代を支払う旨の合意がある場合に，地上権者が引き続き2年以上，地代の支払いを怠ったとき，土地の所有者が地上権の消滅請求をすることができる（266条1項・276条）。この場合は，一方的意思表示により地上権を消滅させることができるので，地上権者の承諾は不要である。

(3) **地上物の収去と買取り**　地上権が消滅した場合は，地上権者は，土地に付属させた工作物および竹木の所有権を失うものではないので（242条），その工作物および竹木を収去する権利を有する（269条1項）。ただし，土地所有者が時価相当額を提供してこれを買い取る旨を通知したときは，地上権者は正当な理由がなければ，これを拒むことができない（同項ただし書）。なお，この買取権は土地所有者の権利であり，義務ではないため，地上権者は土地所有者に対し買取請求権を有しない。ただし，建物所有を目的とする地上権については，借地借家法は建物の収去による損失を防ぐため，地上権者の土地所有者に対する建物買取請求権を認めている（借地借家13条）。

5 区分地上権

区分地上権とは，他人の土地において工作物を所有するため，地下または空間の上下の範囲を定めて，その部分を目的とする地上権である（269条の2）。1966（昭和41）年に新設された制度である。**写真5-1**は，大阪市福島区にあるTKPガーデンシティ大阪梅田という名前の地上16階建てのオフィスビルである。このビルの5階から7階には，阪神高速道路11号池田線梅田出口を貫通させるために区分地上権が設定されている。

通常の地上権と比較して，区分地上権には次のような特徴がある。①区分地上権は，工作物の所有を目的とする場合にのみ設定することができ，竹木所有のための区分地上権は認められない。②区分地上権は地下または空間の上下の一定の範囲に限られている。そのため，区分地上権を設定した土地所有者もほかの者もその土地を利用することができる。③その土地を使用収益する権利（地上権・賃借権など）を有する第三者がいても，これらの者の承諾を得れば，区分地上権を設定することができる（269条の２第２項前段）。

写真 5-1　区分地上権設定の実例
（TKP ガーテンシティ大阪梅田）

区分地上権は登記することができる（不登78条５号）。登記がなければ第三者に対抗できない。建物を所有するために区分地上権を設定した場合は，借地借家法10条による対抗力も認められる。

第２節　永小作権

1 永小作権とは

(1)　**意　義**　　永小作権とは，農作物を栽培するという目的のために他人の土地を使用する権利である。永小作の慣習は古くから存在していたが，今日では永小作権は実際上の存在意義をほとんど失っている。その理由は２つある。１つは，立法時から永小作権を広く認めない方向が採られており（民施47条），戦後の農地改革で小作農が自作農に転換したため，多くの永小作権が消滅したからである。もう１つは，賃貸小作の方が地主に有利であるため，小作契約の大部分は賃貸借契約となり，永小作権設定契約はきわめてまれだからである。

(2)　**対抗要件**　　永小作権の対抗要件は登記であり，永小作権は登記をすることによって第三者に対抗できる（177条，不登79条）。

2 永小作権の取得

(1)　**取得原因**　　永小作権は，設定契約・遺言・取得時効などにより取得される。農地・採草放牧地についての永小作権の設定・移転には，農業委員会または都道府県知事の許可を要するため（農地3条），この許可を受けない設定・移転は無効である（最判昭30・9・9民集9巻10号1228頁）。

⑵　**存続期間**　永小作権の存続期間には法定の制限があり，20年以上50年以下でなければならない（278条1項）。20年以下の特約をした場合は，賃貸借契約をしたと解され，50年を超える永小作権を設定した場合は，50年に短縮される。永小作権は土地所有者と永小作人の合意によって更新することができるが，合意による更新には農業委員会または都道府県知事の許可が必要である。更新期間もやはり50年を超えることができない（同条2項）。なお，設定行為で存続期間を定めなかった場合は，慣習に従うが，慣習もなければ一律に30年となる（同条3項）。

3 永小作権の内容

⑴　**永小作人の権利**　永小作人は設定行為で定められた目的に従い，他人の土地を使用することができる（273条・616条・594条），ただ，土地に回復不能の損害が生じるような変更を加えることはできない（271条）。永小作人は，永小作権を譲渡し，永小作権の存続期間内において土地を耕作・牧畜のために第三者に賃貸することができ（272条），永小作権に抵当権を設定することもできる（369条2項）。これに対して，特約で譲渡や賃貸を禁止することも可能であり（272条），この特約を登記すれば第三者にも対抗できるが，こうした処分制限は立法時の地主層の利益を反映した規定であり，現在ではその合理性が疑われている。

⑵　**永小作人の義務**　地上権と異なり，永小作権は小作料を支払うことを要素としている（270条）。そのため，永小作人は小作料支払いの義務を負う。また，民法は次の理由で小作料の減免請求を認めていない（274条）。つまり，永小作権は期間が長く，小作料も賃借小作料より低い場合が多いので，豊年のときの余裕で凶年の備えをすべきだからである。永小作人のほかの義務については，性質に反しない限り，賃貸借に関する規定が準用される（273条）。

4 永小作権の消滅

⑴　**消滅原因**　永小作権は，土地の滅失・存続期間の満了・合意解除等により消滅するほか，次の特有の消滅原因によって消滅する。①永小作権の放棄

(275条)。永小作人は，不可抗力により，3年以上無収益であるか5年以上小作料よりも少ない収益しか得られなかったときは，永小作権を放棄することができる(同条)。②土地所有者の消滅請求(276条)。土地所有者は，永小作人が引き続き2年以上小作料の支払いを怠ったときは，永小作権の消滅を請求することができる(同条)。

(2)　**地上物の収去**　　永小作権が消滅した場合の地上工作物の収去については，地上権の場合と同様に処理される(279条・269条。→128頁)。

第3節　地 役 権

1 地役権とは

(1)　**意　義**　　地役権とは，設定行為で定めた目的に従い，他人の土地を自己の土地の便益に供する権利である(280条)。たとえば，土地甲を有するXは，土地乙の所有者Yと交渉して，幅員2メートルの通路を開設し，月額1万円で使用する旨の地役権を設定したとする。この場合，X・Y間で通行地役権の設定により，Xは他人Yの乙地を自己の甲地の便益に供する。便益を受ける土地(甲)を要役地といい，便益に供される土地(乙)は承役地という(281条1項。→**図表5-2**)。地役権の便益の種類については制限がない。通行地役権，用水地役権，引水地役権，観望地役権，日照地役権などが存在する。

(2)　**相隣関係との違い**　　民法は，隣接地相互間の利用を調整するため，相隣関係の規定も設けている(209条〜238条。→101頁)。しかし，相隣関係における隣地通行権は，袋地の所有者に最低限の保護を与えるものであり，通行のために必要で，囲繞地に損害が最も少ないものに限定されている。一方，通行地役権は当事者間の契約によって，実際の必要に応じた利用を可能にする。両者の違いは**図表5-3**で示したとおりである。

(3)　**地役権の特質**　　地役権は，要役地のために設定された権利であるため，ほかの用益物権とは異なり，土地から独立した権利ではなく，要役地の従たる権利である。その特質は次の3つの側面に現れている。

(a)　随伴性　　当事者間で別段の定めがなければ，要役地の所有権が移転す

図表5－2　地役権のイメージ図

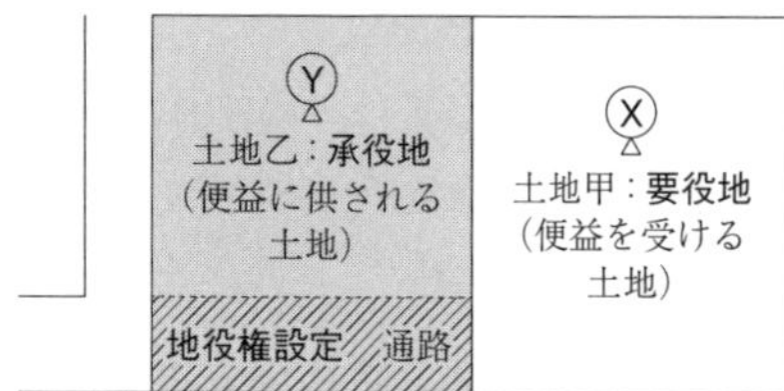

図表5－3　隣地通行権と通行地役権との違い

	隣地通行権	通行地役権
取得原因	法律の規定（209条以下）	契約・時効・遺言等
性　質	所有権の内容の制限・拡張	用益物権
種　類	法律で限定されている	制限なし
隣接地である必要	あ　り	な　し

れば地役権も移転し，要役地に地上権や抵当権が設定されれば，地役権もそれらの権利の対象となる（281条1項）。この場合は，地役権を処分する意思表示は不要である（大判大10・3・23民録27輯586頁）。また，承役地および要役地の地役権登記には地役権者の氏名・住所は登記されないので（不登80条2項），地役権の移転登記や変更登記も不要である（→図表5－4）。

(b)　分離不可能性　　地役権は，要役地と切り離して独立に処分することはできない（281条2項）。

(c)　不可分性　　要役地や承役地が共有地である場合は，地役権の取得・消滅はその一部の者についてのみ生ずるのではなく，共有者全員について一体的に認められる。具体的にいうと，①土地の共有者の1人は，その持分につき，その土地のために（要役地の場合），またはその土地について（承役地の場合）存する地役権を消滅させることができない（282条1項）。②要役地または承役地が分割ないし一部の譲渡により数人の者に分属するようになったときも，地役権は各部分のため（要役地の場合），または各部分の上に（承役地の場合），従来どおりに存続する（同条2項）。③土地の共有者の1人が時効によって地役権を取得したときは，他の共有者もこれを取得する（284条1項）。④共有者の1人のために時効の更新・完成猶予の事由があれば，共有者全員についてもその更新・完成猶予の効力が生じる（292条）。

(4)　**対抗要件**　　登記が地役権の対抗要件であり，登記を経由すれば，地役権者は第三者に対抗することができる（177条。→図表5－4）。しかし，地役権は黙示で設定されていることが少なくなく，黙示で設定されている場合には登記を経由していないため，地役権者が未登記の通行地役権を承役地の譲受人に対抗することができるかが問題となる。判例は，承役地の譲渡の時に，承役地

図表5－4　地役権の登記例

承役地の登記記録	要役地の登記記録
地役権設定 平成○年○月○日受付 第○号 原因　平成○年○月○日設定 目的　通行 範囲　西側12平方メートル 要役地　○市○町○丁目○番 地役権図面第○号	地役権 承役地　○市○町○丁目○番 目的　通行 範囲　西側12平方メートル 平成○年○月○日登記

が地役権者によって通路として使用されていることが客観的に明らかであり，かつ，承役地の譲受人がそのことを認識可能であった場合には，承役地の譲受人は，地役権設定登記の欠缺を主張する正当な理由を有する第三者にあたらないとして，地役権者は，登記なくして通行地役権を承役地の譲受人に対抗でき，さらに地役権設定登記手続を請求しうることを認めている（最判平10・2・13民集52巻1号65頁，最判平10・12・18民集52巻9号1975頁。→74頁も参照）。

2 地役権の取得

地役権は，設定契約によって取得されるのが通常であるが，取得時効・遺言・相続によって取得される場合もある。

(1)　**設定契約による取得**　　明示の設定契約によって地役権を取得できるが，承役地の所有者に地役権という負担を課すことが合理的であると考えられるような特別な理由がある場合は，黙示の設定契約によっても地役権を取得できる。たとえば，土地を分割して分譲する際に私道が開設されたが，私道部分を分譲業者が留保した場合は，分譲業者と分譲地取得者の間で，私道の上に通行地役権を設定する旨の黙示の契約が認められた（東京地判昭41・6・25判タ194号155頁等）。

(2)　**取得時効による取得**　　地役権は，継続的に行使され，かつ，外形上認識することができるものに限り，時効によって取得することができる（283条）。①外形上認識できる地役権に限定される理由は，地役権が外形上認識できないと，承役地の所有者が地役権の行使に気づかず，時効の完成猶予・更新（147条）の可能性がないままに地役権を負担させられることになるからである。②継続的に行使される地役権に限定される理由は，地役権は承役地の所有者の厚意で黙認することが少なくないが，不継続的な地役権の時効取得まで認めると，親切な者が損害を受けることになってしまうからである。なお，継続の要件は争われることが比較的に多かったが，判例は，要役地の所有者が承役地において通路を開設していれば，この要件が満たされるとしている（最判昭30・12・26民集9巻14号2097頁，最判平6・12・16判時1521号37頁）。

⑶　**存続期間**　地役権の存続期間は，民法上に規定がなく，不動産登記法上も，登記事項とされていない。永久と定める地役権も，所有権に及ぼす影響が少ないことから，有効とされている。

3 地役権の内容

⑴　**地役権者の権利**　地役権者は次の権利を有する。

ⓐ　承役地利用権　地役権者は契約で定まった目的（契約によって取得した場合），または長期間事実上行われてきた使用形態（取得時効によって取得した場合）に従って，承役地を使用できる。地役権は，他人の土地を占有して排他的に使用・収益するものではないため，地役権者と承役地の所有者とが共同で承役地を使用することが可能であるし，同一承役地上に複数の地役権を設定することも可能である。そのため，承役地の利用に関する調整規定が置かれている（285条・288条）。この点では，地上権や永小作権とは異なるため，注意を要する。

ⓑ　物権的請求権　地役権は物権であるから，地役権者は地役権の侵害者に対して物権的請求権を行使することができる。ただし，上述したように，地役権は他人の土地を占有して排他的に使用・収益するものではないため，返還請求権が認められないのが原則である。また，地役権はその目的の範囲内で承役地を使用しうる権利であるから，妨害排除請求権も妨害予防請求権もその範囲内で行使しうるにとどまる（最判平17・3・29判時1895号56頁）。

⑵　**地役権者の義務**　地代は地役権の要素ではないため，当事者間の間に合意がある場合にのみ地代支払義務が認められる。また，地代の特約は地役権を設定した当事者間においてのみ効力があり，第三者を拘束することができない（大判昭12・3・10民集16巻255頁）。なぜなら，地代支払いの特約は地役権の内容を構成するものでないからである。

⑶　**承役地所有者の義務**　承役地所有者は，地役権の行使を妨げないという消極的義務を負うにすぎない。契約により，承役地の所有者が地役権の行使のために工作物を設け，またはその修繕をする積極的義務を負担することも可能であるが，地役権者が承役地の承継人に対して積極的義務を主張するには，その特約事項の登記を必要とする（不登80条1項3号）。もっとも，承役地の承

継人は，みずから特約したわけではないのに，過大な不利益を被る可能性があるから，承役地の所有者は，いつでも，地役権に必要な土地の部分の所有権を放棄して地役権者に移転し，これによって積極的義務を免れることができる（287条）。

4 地役権の消滅

地役権の消滅原因は基本的には地上権と同様であるが，いくつかの特別の規定がある。

(1)　**承役地の時効取得による地役権の消滅**　承役地の占有者が取得時効に必要な要件を具備する占有をしたときは，承役地の所有権を時効取得し，地役権はこれによって消滅する（289条）。なぜならば，この場合の所有権取得は原始取得であるため，承役地の原所有者の所有権について存した地役権の制限は，当然に承役地の占有者が取得した新しい所有権に影響を及ぼすものではないからである。ただし，承役地の占有者が地役権の行使を容認しているか（大判大９・７・16民録26輯1108頁），地役権者が地役権を行使して，地役権の消滅時効を中断すれば，承役地が時効取得されても地役権は消滅しない（290条）。

(2)　**地役権の消滅時効**　所有権以外の財産権は20年間の不行使により消滅するが（167条２項），地役権の消滅時効については，特別の規定がある。まず，その起算点は，継続的でなく行使される地役権（通路の開設を伴わない通行地役権）については最後の行使の時であるが，継続的に行使される地役権（通路の開設を伴う通行地役権）については，その行使を妨げる事実が生じた時であるとされる（291条）。次に，地役権者がその権利の一部を行使しないときは，不行使の部分だけが消滅するとされる（293条）。たとえば，幅員３メートルの通路を設ける内容の通行地役権であるのに，地役権者が幅員２メートルの通路を設置し，その通路のみを使用し続けていた場合には，残りの幅員１メートルについての通行地役権は時効によって消滅する。

第4節 入会権

1 入会権とは

(1) **意　義**　入会(いりあい)権とは一定の村落の住民が山林原野などにおいて，雑草・雑木・石材を採取するなど，入会地（農地・湖沼・ため池等を含む）を共同で使用・収益をしうる慣習上の物権である。

(2) **法的性質**　民法は，共有の性質を有する入会権（263条）と，共有の性質を有しない入会権（294条）を認めている。前者は入会権者が入会地を共有する場合であり，共有の規定が適用される。後者は，第三者が入会地を所有し，入会権者は用益物権である入会権を準共有する場合であり（複数の者が１つの物の所有権を有する場合を共有，所有権以外の財産権を有する場合を準共有という。264条参照），地役権の規定が準用される。しかし，現実には，入会権の具体的な権利内容は，入会団体の規約や慣習で定まるため，これらの規定が適用・準用される余地はほとんどない。

(3) **対抗要件**　入会権は，登記することができず，登記がなくても第三者に対抗可能な権利として認められている（不登３条，大判大６・11・28民録23輯2018頁等）。入会権を登記することができない理由は，各地方の慣習によって入会権の内容が定められ，その権利の性質が必ずしも明らかでないため，これを登記によって公示することは適当ではないからと説明されている。これに対して，公示を備えない入会権は，その証明に多大の困難を伴い，入会地の地盤所有権の取得者によってその存在が否認されることもあるとして，疑問も提起されている。

2 入会権の取得・変更

入会権は慣習に基づく権利であるから，新たに設定されることはないと一般的に解されている。入会権者たる地位は，慣習と入会団体の規約等に従ってその取得が認められるが，当該地域の住民であることを要件とすることが多い。

3 入会権の内容

入会権者は原則として，入会地に対して持分権を有さず，持分処分の自由も分割請求権も認められない。入会権者は，慣習と入会団体の規約に従い，入会地を共同で使用・収益することしかできない。その利用形態には，個別的利用形態と団体的利用形態がある。

個別的利用形態は，入会地が個別的に割り当てられているかどうかによって，さらに２つに分けることができる。１つは個人分割利用形態である。入会地を区分して，各構成員に割り当て，各構成員の自主的な利用を認める形態である。もう１つは，共同利用形態である。入会地を区分せず，入会権者が入会団体の規約のもとで共同して入会地に立ち入り，個別に利用するという形態である。団体的利用形態にも２つの類型がある。１つは，入会団体が一括して入会権を利用し，個々の構成員に使用・収益権能を認めない団体直轄利用形態である。もう１つは，入会団体が一括して入会地を第三者に利用させ，その対価を受け取る契約利用形態である。

4 入会権の対外的主張

入会権者が入会にかかる権利を対外的に主張する場合に，どのようにすればよいかについて，判例は，次のように区別して処理している。

⑴　**入会権の存否それ自体に関する主張**　入会権それ自体の存否を争う訴えは，入会団体の全員が原告または被告となるべき固有必要的共同訴訟であるとされたが（最判昭41・11・25民集20巻９号1921頁），当事者が多数であり，つねにそれを固有必要的共同訴訟とすると，さまざまな不都合が生じるため，判例は次のように入会権確認訴訟の訴訟要件を緩和してきた。まず，権利能力のない入会団体が形成されている場合に入会団体に原告適格が認められた（最判平６・５・31民集48巻４号1065頁）。次に，最近の判例では，入会権確認請求への非同調者を被告に加えて提訴する方法が認められた（最判平20・７・17民集62巻７号1994頁）。

⑵　**各入会権者の使用収益権に関する主張**　入会権者が第三者または他の入会権者により入会地の使用収益を害されたとき，入会権者は各自単独で，それらの者に対して，入会権に基づく使用収益権の確認・妨害排除を請求できる（大判大７・３・９民録24輯434頁，最判昭57・７・１民集36巻６号891頁）。ただし，違法な登記の抹消請求については，違法な登記は入会財産の管理・処分にかかわる事柄であるため，判例は，各入会権者による単独での登記抹消請求を否定した（前掲最判昭57・７・１）。

5 消　滅

⑴　**入会林野の整備による入会権の消滅**　入会権のような団体的所有権あるいは団体的用益物権は，個人的所有の阻害要因ともなることから，1966（昭和41）年に「入会林野等に係る権利関係の近代化の助長に関する法律」が制定された。同法は，入会権者の合意により，入会権を個人の所有権や地上権・賃借権などの使用収益権に転換することを認め，それによって入会権の解体が促進された。

⑵　**全構成員の同意による消滅**　その要件は慣習および入会団体の規約等によるが，原則としては入会権者全員の同意が必要である。

第6章 占　有

●本章で学ぶこと

本章では占有について学習する。はじめて物権を学ぶ者にとっては，所有権との違いやそもそも占有とは何かということがすぐには理解できないかもしれない。簡単にいえば，占有とは物を事実上支配することであって，その占有そのものからさまざまな法律上の効果が生じる。たとえば，他人から借りている物にも占有は成立し，その物を誰かに取られた場合には返還を請求することができる（占有の訴え・本章第**3**節）。

もっとも占有は，他の法制度と密接に結びついて機能していることが少なくない。動産物権変動では占有（引渡し）が公示手段や対抗要件となるし（→第３章第**1**節），即時取得に限って占有に公信力が認められる（→第３章第**2**節）。また無主物先占，家畜外動物の取得では占有が所有権取得の前提となる（→第４章第**4**節）。他にも留置権の成立（→第９章第**1**節）にも占有は必要である。

このように占有は統一的に説明するのが難しい。したがって，学習の際には，占有とは何かにこだわるよりも，占有がどんな場面でどのように機能するかに注目して欲しい。

本章で取り上げる内容は，占有の意義と種類，占有の取得，占有の効果，占有の消滅，準占有である。

第1節 占有の意義と種類

1——占有の意義

1 占有とは

占有は「自己のためにする意思をもって物を所持すること」で取得することができる（180条）。占有とは事実上，**物を支配**していることである。たとえば，皆さんが身に着けている衣服などは，自身が占有している。もちろん，身に着けている衣服にはほとんどの場合，所有権（→第4章）も成立しているだろう。このように，占有は，所有権や賃借権などの本権（一般に，占有を正当化する権原を意味する用語）に基づいていることが多い。しかし，たとえば，泥棒のような適法な権利を持たない者にも占有の取得は認められる（もっとも，もとの占有者は占有を回復することはできる。→第3節1）。

2 占有か占有権か

ところで，180条以下を読むと，「占有」と「占有権」が明確には区別されていないことがわかる。また学説でも占有権が物権といえるかどうかについては争いがある。肯定説は，占有権を，占有という事実，つまり自己のためにする意思をもって物を所持するという事実を法律要件として生じる物権だと考える。これに対して，否定説（近時の有力説）は，近代法の物権は物の現実的支配をすることができる観念的な権利であるが，「占有権」は事実上の支配がなくなれば消滅するので，物権とはいえず，「占有」という事実それ自体に種々の法律効果が認められると構成すれば十分であると考える。

たしかに民法典には，「占有権」という見出しが存在するが，占有権の章には占有に関する雑多な規定が便宜的に集められているにすぎず（→WINDOW 6-1），また「占有権」という概念を用いなくても説明できる規定が少なくない（占有という事実から法律効果が生じると考えれば足りる）。したがって，本章では，基本的に「占有」という言葉を用いて説明する。

3 占有の機能

占有が成立するとさまざまな法律効果が生じる。おおよそ以下のようにまと

WINDOW 6-1

占有の沿革

わが国の占有制度は，ローマ法のポッセシオーとゲルマン法のゲヴェーレの混合された性格を持つといわれる。ポッセシオーとは占有という意味であり，権利ではなく事実として把握されていた。これを継受した19世紀のドイツ法では，ポッセシオーの機能は，主に社会の平和の維持にあると考えられた。つまり「あるべき状態」ではなく「あるがままの状態」を保護し，それを乱す者に対して妨害除去の請求などが可能であった。わが国の占有の訴え（→150頁）はこの考え方を受け継いだものだといわれている。

他方で，ゲヴェーレとは，元々は服を着せるという意味で物の外部的支配のことである。ゲルマン法では，物に対する支配権がローマ法のように権利と事実には分かれておらず，ゲヴェーレの態様に応じて整理されていた。ゲヴェーレが真の権利状態と一致しないときは，もちろんゲヴェーレは破られるが，それまでは保護を受けることができた。たとえば，権利防衛（ゲヴェーレを伴う支配は裁判上の証拠によって破られるまで正当なものとして扱われる）や権利移転（ゲヴェーレを信頼して物的支配権の移転を受けた者は，その支配権を取得する）の機能があった。一般に，本権の推定（→155頁），即時取得（→84頁）などが，このゲヴェーレの考え方を継承したものだと理解されている。

めることができる（→図表6-1も参照）。

⑴　**占有保護機能**　　たとえば，CがAの所有する土地甲を買い受けたところ，Bが甲を占有していたため，Cが実力でBを追い出した場合，BはCに対して占有を回復する手段をとることができる（占有の訴え）。このように占有には**占有それ自体を保護する機能**がある。

⑵　**本権に準じる機能**　　Bが，Aの土地を自己のものと誤信して，リンゴを採取し消費した場合，後日Aからリンゴの返還を請求されても，Bは応じる必要はない（果実収取権）。本来，所有者であるAにリンゴを返還すべきであるが，果実は消費するのが普通であることなどを考慮して，Bに果実収取権が認められている（189条）。このように占有には，**本権に準じる機能**がある。

⑶　**本権取得機能**　　BがAの所有する土地甲を善意無過失で10年間占有した場合，Bは甲の所有権を取得する（162条）（取得時効。→新プリメール民法1）。このように占有には，**本権取得機能**がある。

⑷　**本権表象・公示機能**　　BはAから指輪を売買により取得したが，実はそれがCの所有物であった場合でも，BはAの指輪に対する占有を信頼するなど一定の要件を満たすと，この指輪の所有権を取得できる（192条。→84頁）。占

図表６－１　占有の機能

占有保護機能	**占有の訴え**（197条～202条）
本権に準ずる機能	**果実収取権**（189条），**損害賠償義務軽減**（191条），**費用償還請求権**（196条），占有者の不法行為責任（717条・718条）
本権取得機能	取得時効（162条），無主物先占（239条），家畜以外の動物取得（195条），留置権発生（295条）
本権表象・公示機能	即時取得（192条），**権利推定**（188条），動産対抗要件（178条）

※太字は本章で扱う項目

有は真実の権利状態と多くの場合に一致しているもの（本権の目印となっているもの）として扱われ，これに対する信頼が保護されるのである。また第三者への対抗要件にもなる（→78頁）。このように占有には**本権表象・公示機能**がある。

２――占有の分類

占有にはいくつかの分類法（種類，態様）がある（→図表６－４）。とくに取得時効や動産物権変動の対抗要件（→78頁），即時取得（→84頁）において問題となるが，本章で占有の分類を整理して説明する。

1 自己占有・代理占有

(1)　**自己占有（直接占有）**　直接，自己が目的物を所持していることによる占有を自己占有という。所持とは，客観的にみて，その物についてある人が事実的支配関係を有していると認められる状況だといわれる（通説）。

(2)　**代理占有（間接占有）**　占有は，目的物についての他人の所持または占有を通じて成立することもある（181条・204条）。たとえば，ＡがＢに自己の所有物甲を賃貸する場合，賃借人Ｂは甲を自己占有しているが，ＡもＢを通じて甲を占有している。つまりＢに代わりに占有させている（この場合のＢを**占有代理人**と呼ぶ）。このＡの占有を**代理占有**という。代理占有でも，本人は占有を取得できる（→図表６－２）。

他人の所持を介する占有によっても本人が占有者としての保護を受ける必要があるし，また動産物権変動の公示方法として必要な占有の移転（引渡し）を観念の引渡し（→80頁）に拡張する前提として代理占有制度は必須である。

代理占有は，法律行為の代理関係とは無関係に成立し，また顕名なども問題にならないが，（民法総則の）「代理人としての占有」と誤解されかねないため，ドイツ民法に倣って，**間接占有**と呼ばれることが多い。これに対応して自己占有も**直接占有**と呼ばれる（最判昭31・12・18民集10巻12号1559頁など）。本章では適宜使い分ける。

図表６－２　代理占有（間接占有）

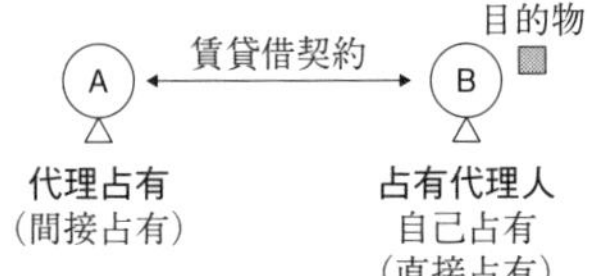

代理占有が成立するには，通説によれば，①占有代理人の直接かつ独立の物の所持，②本人のためにする意思，③占有代理関係，が必要である（204条）。204条との関係で，本人が占有代理人に占有させる意思も要件に加える学説もある。

2 自主占有・他主占有

この区別はとくに取得時効（→新プリメール民法１）で重要であるが，無主物先占（→106頁），占有者の賠償義務の軽減（→第**3**節**4**）でも問題となる。

⑴　**自主占有**　　所有者と同じような支配，すなわち，**所有の意思**を持った占有を**自主占有**という。実際に所有者であるかどうかは問われない。

所有の意思は，通説によれば，純粋な内心によってではなく，占有するに至った原因（権原）によって外形的客観的に決定される（最判昭45・6・18判時600号83頁など）。たとえば，ＢがＡから本を借りる場合（使用貸借）に，Ｂに返却の意思がなく自分のものにするつもりだったとしても自主占有にはならない。

なお，権原とは通常はある行為を法的に正当化する法律上の原因を意味するが，占有は事実状態が問題になるため，事実行為（窃盗など）も占有取得の原因になると考えられている。ちなみに，権限は，法的関係を変動させることができる能力のことをいう（99条参照）。

自主占有は，間接占有でもよい。つまり，他人に物を預けたり貸したりしてもその者を通じて自主占有しており，受託者や借主はその物を他主占有している（→図表６－３）。

⑵　**他主占有**　　これに対して，賃借人や受寄者（他人の物を預かっている人）は，他人の物を占有しているが，所有の意思を伴った占有ではない（他主占有）。他主占有かどうかも，占有権原によって客観的に判断される。

所有の意思（自主占有）は法律により推定されるため（186条１項），たとえば取得時効の完成を争う相手方が立証責任を負う（最判昭54・7・31判時942号39頁）。ＡがＢの土地の時効取得を主張する場合，Ａは自らが占有していることを主張立

□ WINDOW 6-2

占有補助者（占有機関）

占有補助者（占有機関）には独立の占有は成立しない（最判昭35・4・7民集14巻5号751頁ほか）。営業主との関係での店員や使用人，所有者との関係での配偶者や子，法人との関係での理事などが占有補助者だといわれる。たとえば，Bから家屋を賃借していたAが，賃貸借契約を解除された後も住み続けていた場合において，Bは，同居するAの使用人A′に対して家屋明渡請求や不法行為による損害賠償請求をすることはできない。A′は，通常は，占有補助者でしかなく（比ゆ的にいえば，本人Aの手足でしかない），独立の占有を取得していないためである。

しかし，一定の場合に，占有補助者にも独立の占有が認められることがある（最判昭32・2・15民集11巻2号270頁）。法人との関係での理事は，原則として占有補助者であるが，理事が「個人のためにも所持するものと認めるべき特段の事情があれば」，直接占有者である地位も有するとされる。また宗教法人に僧籍をはく奪された住職（代表役員）が宗教法人の建物を自己のためにも所持していたが，それを侵奪されたという場合に占有の訴え（→150頁）による回復請求をする前提として，独立の占有が認められている（最判平10・3・10判時1683号95頁）。

学説でも，たとえば，アルバイト店員が万引き犯を追いかけて捕まえても盗品の返還を求めることができないというのは不合理であり，占有補助者にも独立の占有を認めるべきだという見解がある。

証すればよく，Bにおいて①Aの占有が他主占有を基礎づける権原（たとえば賃貸借）に基づくものであること，または②**他主占有事情**を証明する必要がある（最判昭58・3・24民集37巻2号131頁）。他主占有事情とは，**外形的・客観的**にみて他人の所有権を排斥して占有する意思を持っていなかったと解釈される事情，つまり占有者が，①真の所有者だとしたら通常はとらない態度を示す場合（登記手続を怠ることなど），または②所有者であれば当然とるべき行動をとらない場合（固定資産税の未納付など）をいう（最判平7・12・15民集49巻10号3088頁）。

(3) **他主占有から自主占有への転換**　他主占有は，「自己に占有をさせた者に対して所有の意思があることを表示」するか，「新たな権原により更に所有の意思をもって占有を始める」場合に，自主占有に転換する（185条）。所有の意思の表示とは，たとえば，AがBから本を借りた場合に，「この本は自分のものだ」とBに対して伝える場合である。この表示は黙示でもよい（最判平6・9・13判時1513号99頁）。また，新たな権原（**新権原**）による占有開始とは，たとえば，建物の賃借人Aが賃貸人（所有者）Bから，目的物の所有権を売買により譲り受けるような場合である。ここでは売買契約が新たな権原となる。

図表6－3　直接・間接占有との関係

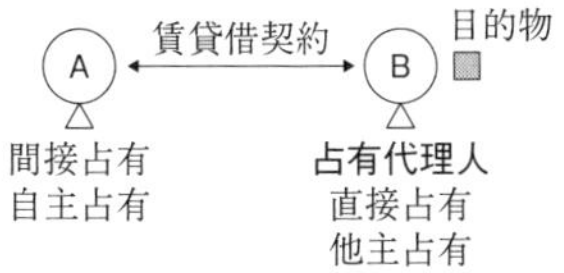

議論となるのは，相続が「新権原」になりうるかどうかである。結論からいえば，相続による承継でも，目的物を事実上支配し，所有の意思をもって占有する場合には，新権原になりうると理解されている（最判昭46・11・30民集25巻8号1437頁。ただし，この最高裁判決では所有の意思はないとして自主占有への転換は否定されている）。では，具体的にどのような場合に，自主占有に転換するのか。

次のような場合で考えてみよう。B所有の建物を息子であるCが占有管理していた。その後CはAと婚姻したが，事故でCが死亡し，Aがその建物の占有を承継した。Aは，本件建物はBから譲り受けたものだとCから聞かされており，建物の登記済証も所持していた。また建物の占有管理を行い，第三者に賃貸して生活費の一部とし，固定資産税も納付していた。Aは自己の名義に所有権移転登記をすべくその旨をBに伝えたが，Bからの異議も同意もないままAが建物を占有してから20年余りが経過したので，Aは時効取得による所有権移転登記をBに請求した，という場合である。

このような事案において最高裁は，相続人の占有が所有の意思を持ったものというためには，「外形的客観的にみて独自の所有の意思に基づくものと解される事情」（**自主占有事情**）を相続人（占有者）が証明する必要があるとしている（最判平8・11・12民集50巻10号2591頁）。相続人の自主占有事情としては，権原が自らにあると信じていたこと，登記済証の所持，固定資産税の納付，当該建物から生じる賃料によって生計を立てていたこと，相続人の建物に対する事実的支配の所有者による認識・認容などが挙げられている。相続人に主張立証の責任があるのは，相続という占有取得原因のみによっては所有の意思を決定することができないためだとされる。

もっとも，本判決が単純に相続を新権原だと判断していない点は注意が必要である。所有の意思が権原の性質により外形的客観的に定まるとする見解からすれば，相続という権原以外に所有の意思を問題にする必要はないはずである。そうすると，本判決は，実質的には，相続人が所有の意思があることを何らかの形で外部に示してはじめて自主占有に転換すると判断しているとみることもできる。学説でも，相続を新権原とはみなさず，たとえば，相続人が固有の占有を開始し，その占有が185条前段の所有の意思の表示とみられる場合に，自主占有へ転換すると考えるものがある。

3 善意占有・悪意占有

(1) **善意占有**　占有すべき権原（所有権など）がないにもかかわらず，あると誤信してする占有を**善意占有**という。

善意占有において，占有すべき権原があると誤信したことに過失があることを**過失占有**，そうでない占有を**無過失占有**という。この区別はとくに取得時効（162条），即時取得（192条）で意味を持つ。

(2) **悪意占有**　占有すべき権原がないのを承知で，あるいは疑いながら，あえて占有する場合を悪意占有という。善意占有か悪意占有かの区別は，とくに取得時効（162条），果実収取権（189条），占有者の責任（191条），費用償還請求権（196条）において重要である。

4 瑕疵(かし)なき占有・瑕疵ある占有

善意，無過失，平穏，公然，継続の占有を**瑕疵なき占有**といい，悪意，過失，暴行・強迫，隠匿，不継続など，占有が完全な効力を生じることに対して，障害となる事実を総称して**瑕疵ある占有**という（大判昭13・4・12民集17巻675頁）。

5 占有の態様の推定

(1) **所有の意思・善意・平穏・公然**　所有の意思・善意・平穏・公然の占有は推定される（186条）。占有には，社会の事実状態を一応正当視し，これを保護し，社会の平和・秩序を維持しようとする作用があることがその理由である。つまり，事実上の占有が重視されているのである。ただし，本権の訴えによって敗訴した場合は，起訴時から悪意の占有者とみなされる（189条2項。→156頁）。

(2) **無過失**　無過失の占有は，取得時効では推定されないが（最判昭46・11・11判時654号52頁），即時取得では188条を介して推定される（→88頁）。取得時効では，無過失とは，占有物の所有権が自己にあると誤信することにつき過失がないことであるため，188条を介した無過失の推定はできない。

(3) **継続性**　前後の両時点での占有の証拠があるときは，その期間継続し

図表6－4　占有の分類まとめ

占有の分類	区別の基準	関係する制度	備　考
直接占有	直接自己の所持による占有	観念の引渡し（182条2項・183条・184条）	占有補助者を通じての占有は直接占有
間接占有	他人の所持・占有を介する占有		
自主占有	所有の意思ある占有	取得時効（162条），無主物先占（239条），占有者の責任（191条）など	
他主占有	所有の意思のない占有		
善意占有	占有すべき権原があると誤信した占有	取得時効（162条），即時取得（192条），果実の取得（189条・190条），占有者の責任（191条），費用償還請求（196条）など	善意占有の推定（186条）
悪意占有	占有すべき権原がないと認識したうえでの占有		
過失占有	善意占有と誤信したことに過失がない占有	取得時効（162条），即時取得（192条）	即時取得における無過失占有の推定（188条）
無過失占有	善意占有と誤信したことに過失がある占有		
瑕疵なき占有	善意・無過失・平穏・公然・継続を満たす占有	取得時効（162条），果実の取得（189条・190条），占有の承継（187条2項），即時取得（192条）	平穏・公然・継続占有の推定（186条）
瑕疵ある占有	悪意・過失・強暴・隠匿・不継続のうちいずれかを伴う占有		

ていたものと推定される（186条2項）。経験則から設けられた強行規定である。

第2節　占有の取得

占有は，**自己のためにする意思**をもって**物を所持**することで取得する（180条）。

1 物の所持

占有の成立には物の所持（事実上の支配）を必要とする。物を所持しているかどうかは，**社会観念・取引観念**によって決せられる。たとえば，金庫の中に入れてある物や不在中に自宅に残している物にも所持は認められる。すでに説明したように，他人を介した所持も認められる（間接占有。→143頁）。

2 自己のためにする意思

自己のためにする意思とは，所持による利益を自分に帰属させようとする意思のことである。**占有意思**とも呼ばれる。これは，他人のためにする意思と両立する（大判昭6・3・31民集10巻150頁）。

この意思の有無は，通説によれば，当事者の内心の意思ではなく，占有が生じた原因の特質，または占有に関する事情により客観的に判断される（最判昭

58・3・24民集37巻2号131頁など)。したがって，売買の買主はもちろん，借主，用益物権者，さらには泥棒にも占有意思は認められる。占有意思は，緩やかに解されており，**一般的・潜在的**なものであってもよく，たとえば郵便受けに配達された郵便物に対しては，たとえ配達の事実を知らなくとも，投入される配達物につき一般的・潜在的に占有する意思があるので占有を取得する。ただし，自己所有の山林に勝手に投棄された家電製品などには占有は成立していないと解すべきだろう。なお，占有意思は，占有取得のための要件であり，占有が継続するための要件ではない。

もっとも，占有意思は外形的・客観的に判断されるのだから，占有意思という要件は，物の所持という客観的事実のなかに解消し，所持のみによって占有を判断すべきという学説(客観説)も有力である。

3 占有の取得方法

占有の取得方法には原始取得と承継取得がある。原始取得は，前主の占有を承継することなく，占有を取得する場合である(無主物先占など)。たとえば，他人が落とした物を拾って占有する(240条)，野生の動物を捕獲する(239条1項)などの場合である。

これに対して，承継取得は当事者の合意，相続や会社合併により，前主の占有が同一性を保ちながら後主に移転することである。占有の承継取得には，大きく分けて**特定承継**と**包括承継**がある。

(1) **特定承継**　特定承継は，現実の引渡し(182条1項)，簡易の引渡し(同条2項)，占有改定(183条)，指図による占有移転(184条)，によって行われる(→80頁)。

占有の承継者は，自己の占有だけを主張することも，前主の占有を合わせて主張することもできる(187条1項)。占有を承継する場合，一方では，後主は前主の占有の態様を引きついでいるとみることができるし，他方では，後主は自らの物に対する事実的支配を取得したともいえるからである(**占有の二面性**)。

(a) 前主占有の瑕疵　前主の占有に瑕疵(悪意・過失，強暴・隠匿)がある場合，後主が前主の占有を併せて主張すると自らの占有もそのような瑕疵を承継する(187条2項)。この規定はとくに取得時効で重要である。たとえば，A所有の土地をB_1が悪意で4年間占有した後，善意無過失のB_2が占有を承継し7

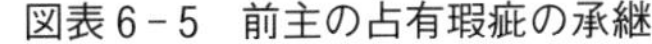
図表6－5　前主の占有瑕疵の承継

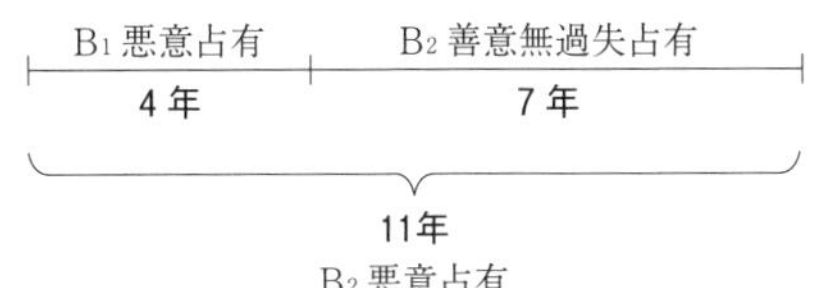

図表6－6　承継における善意無過失の時点

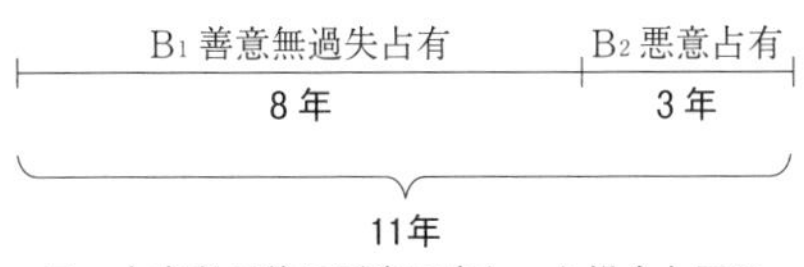

年間占有をしている場合，B_2がB_1の占有を併せて主張すると，B_2の占有は11年の悪意占有となる（→図表6－5）。したがってB_2は短期の時効取得（162条2項）はできない。

(b)　善意無過失の時点　　では，反対に悪意の占有者が善意無過失の前主の占有を併せて主張すると，短期の時効取得（162条2項）が可能だろうか。言い換えれば，占有を承継する場合にも，善意無過失は最初の占有者にのみ要求されるのだろうか。判例は，「占有主体に変更があつて承継された二個以上の占有が併せて主張される場合についても」，162条2項が適用されるという（最判昭53・3・6民集32巻2号135頁）。たとえば，A所有の土地をB_1が善意無過失で8年間占有した後，悪意のB_2が占有を承継し3年間占有している場合，B_2は，短期の時効取得の主張が可能である（→図表6－6）。もしこの場合にB_2の時効取得を認めなければ，B_2はB_1に対して担保責任（→新プリメール民法4）を追及することになり，善意無過失であるB_1が保護されないことになるからである。しかし，時効を援用する悪意のB_2の取引安全を考慮する必要はないため，判例に反対して占有承継人を基準とすべきという考え方も有力である。

(2)　**包括承継**　　**包括承継**とは，相続や合併によって占有を承継する場合である。

相続による占有の承継については，明文の規定はないが，通説・判例ともに認めている（最判昭44・10・30民集23巻10号1881頁）。もしこれを認めなければ，①相続人は新たに独自の時効期間の経過を待つ必要があり，②被相続人の死亡後，相続までの間に占有の訴え（→次頁）ができなくなる，という不利益が生じるからである。

相続によって占有を承継する場合，所持の承継が必要となる。判例によれば，相続人は，相続開始時に所持や管理を開始しなくてもよく，また相続開始を知っている必要もない。被相続人が事実的に支配していた物は，原則として，当然に相続人に承継されると社会通念上みるべきだからである。ただし，物が被相続人と共に海中に沈んだ場合のように，被相続人の占有が同人の死亡と同時に消滅したような場合には，相続人に占有は承継されないと理解されている（大判大4・12・28民録21輯2289頁）。

占有が相続で承継される場合にも取得時効においては187条1項が適用される。つまり，相続人は，被相続人の占有を併せて主張するか，自己の占有のみを主張するかを選択できる（最判昭37・5・18民集16巻5号1073頁）。占有の二面性は包括承継の場合でも認められるし，もし187条1項が適用されないとしたら，善意の特定承継人との間で保護に差がでてしまうからである。

第3節　占有の効果

1――占有の訴え

物の占有者が他人に物の占有を奪われたなどの場合に，占有者の占有が本権に基づくものかどうかを問わずに，返還請求や損害賠償請求などをすることができる。これは，**占有の訴え**と呼ばれ，今ある事実状態をそのまま保護するための制度である（→141頁）。「占有訴権」と呼ばれることもあるが，私法上の請求権であり，裁判外での主張も認められる（その場合，占有保護請求権という）。**占有保持の訴え**（198条），**占有保全の訴え**（199条），**占有回収の訴え**（200条）の3種類があり，それぞれ物権的妨害排除請求権，妨害予防請求権，返還請求権（→27頁）に対応する。

占有の訴えを提起できる占有者には，**占有代理人**も含まれるが（197条），占有補助者（たとえば法人の代表者）は含まれない。ただし，個人のためにも所持する特別な事情がある場合は例外的に占有補助者も原告になることができる（最判平10・3・10判時1683号95頁）。

1 存在意義

①社会秩序維持　　占有の訴えは，自力救済を禁止する代わりに，社会秩序

維持のため，物に対する事実的支配状態をとりあえず保護している。たとえば，A・B間で物の帰属につき争いが生じた場合，占有の訴えがなければ，BがAから実力で物を奪うといった占有秩序のかく乱があっても，Aは本権（たとえば所有権）の証明ができなければ，返還請求ができず，「取ったもの勝ち」になりかねない。ただし，占有の訴えが社会秩序の維持にとって実際にどこまで有用かは疑問視されている。

②本権の証明負担軽減　　そこで，所有権などの本権の存在の証明の負担（→第**3**節2）を軽減する役割を挙げる見解もある。しかし，これも現代では実効性が乏しいといわれている。

③債権者による占有の保護　　使用借主，受寄者，賃借人などの債権に基づく占有者の占有が侵害される場合，侵害者に対して侵害の排除を請求できる。たとえば，Aが友人から借りていた物をBに取られた場合，Aとしては，債権に属する使用借権に基づいてBに返還の請求はできないが，占有に基づいて返還の請求ができる。

結局のところ占有の訴えに独自の意義があるとすれば，実際には，③のような相手方が本権訴訟で勝訴することはないが，自身も本権訴訟による保護を受けることができない占有者の場合ということになろう（→WINDOW 6-3）。

2 占有保持の訴え

占有者がその占有を妨害されたときは，その**妨害の停止**および**損害賠償**を**請求**することができる（198条）。

妨害停止の要件としては，占有が妨害されたことが必要である。妨害とは侵奪（200条）には至らない程度の侵害である。たとえば，占有地に他人が家電製品を放置したとか，境界近くに塀を設けて日当たりを悪くするような場合である。妨害者の故意・過失は問われず，妨害が自然現象によって生じた場合も含まれる。

損害賠償の要件としては，妨害の停止の場合の要件に加えて，損害発生，占有妨害と損害発生との因果関係，妨害者の**故意・過失が必要**である。明文の規定はないが，198条の損害賠償は不法行為（709条）に基づくものであるため，故意・過失が必要とされる（大判昭9・10・19民集13巻1940頁）。

占有保持の訴えは，**妨害が継続している間**，またはその**消滅後1年以内**に提起しなければならない（201条）。ただし，工事による占有妨害の場合には，**着手時から１年を経過**し，または**工事が完成**したときは提起することができない（同条ただし書）。工事の場合にはその社会経済上の重要性を考慮して期間が制限されている。この期間制限は，除斥期間と解されており（通説），妨害停止の場合だけでなく損害賠償にも適用される（通説）。

③ 占有保全の訴え

占有者が占有を妨害されるおそれがあるときは，その**妨害の予防**または**損害賠償の担保**を請求することができる（199条）。担保とは，金銭の供託，物的担保・人的担保が考えられるが，制限はない。占有者は，いずれの請求によっても目的を達することができるので，一方の請求しかできない（通説）。

妨害予防の要件としては，占有が**妨害されるおそれのあること**が必要である。たとえば，Aが所有地にがれきを大量に積んだために，低い位置にある隣地に雨水が浸入するおそれのある場合などである。占有保持の訴えと同じく，相手方（A）の故意・過失は問われない。

担保請求の要件としては，保全の要件に加えて，**妨害が生じたならば被るであろう損害**が必要である。この場合，将来生じるかもしれない損害のために担保を提供させるので，相手方の**故意・過失は必要ない**とされる。

妨害予防の訴えは，妨害の危険がある間は提起することができる。工事による妨害の危険の場合には，占有保持の訴えの場合と同様に扱われる（201条２項）。

④ 占有回収の訴え

占有者が占有を奪われたとき，その物の**返還**および**損害賠償の請求**をすることができる（200条１項）。物を取り戻すことができるのはもちろん，物が金銭に変えられていたとしても，その金銭について返還請求が認められる（大判大14・5・7民集４巻249頁）。また訴えを提起する際には，第１に占有物返還請求をして，後に申立ての拡張で損害賠償請求を加えることもできる（大判大8・4・8民録25輯657頁）。なお，占有回収の訴えは，占有を奪われた時から１年以内にしなければならない（201条３項）。侵奪時から１年経つと，かく乱された占有が落ち着くとの理由による。

占有回収の要件としては**占有の侵奪**があったことが必要である。侵奪とは占有者の意思に反して占有が奪われることである。したがって，詐取された場合

□ WINDOW 6-3

占有の訴えが機能する場合

本文（→150頁）で述べた存在意義①については，占有の訴えの簡易迅速な手続（例：フランス法の急速審理手続）が保障されてはじめて実効的に機能するが，そのような手続は現行法では用意されていない。そのうえ，占有の訴えに対しては本権に基づく反訴が許されているので（→155頁），本訴（占有の訴え）で勝訴しても，反訴（本権の訴え）で敗訴する場合，占有の訴えの認容判決は，結局，本権者による占有のかく乱に対して，国家が「いけないことですよ」と注意する程度の意味しか持たないことになる。

存在意義②についても，占有や登記に本権を推定する機能（→155頁）があるため，本権の証明は実際には困難ではなく，また自己の物の取得時効も認められることから（最判昭42・7・21民集21巻6号1643頁），この機能はあまり重要ではないとされる。

存在意義③はたしかに占有の訴えが意義を持つ場面である。ただし，対抗力を備えた不動産賃貸借の場合には，賃借人は妨害排除請求が可能であるし（最判昭28・12・18民集7巻12号1515頁・605条の4），所有者の物権的請求権を代位行使することも認められている（最判昭29・9・24民集8巻9号1658頁）。

や遺失物として拾得された場合は侵奪とはならない。

侵奪者から**善意で特定承継**した者に対しては，回収の訴えは提起できない（200条）。善意の承継人のところに新たな平穏な占有秩序が生まれているとみることができるならば，善意者の利益を害することは妥当ではないからである。したがって，侵奪者から特定承継した者が**侵奪の事実を知っている場合**には，回収の訴えが認められる（同条2項ただし書）。ただし，悪意の認定は厳格である（最判昭56・3・19民集35巻2号171頁）。悪意の認定を容易にすると，いったん，平静に戻った事実状態を再びかく乱することになるためである。

他方で，善意の特定承継人を経由した悪意の特定承継人に対しては，占有回収の訴えは認められない（大判昭13・12・26民集17巻2835頁）。善意占有者のところで新たな占有秩序が生じているためである。

損害賠償の要件は，占有保持の訴えと同様である。

5 交互侵奪

占有を侵奪されて回収の訴えを提起できる者が現在の占有者から物を侵奪する場合である。たとえば，Aが自宅前に停めていた自転車を盗まれた。Bは，Aから侵奪された物であることを知りつつもその自転車を買い，自宅前に停めていた。Aは，偶然にも盗まれた自転車を見つけたので，それを持ち帰った。

図表6－7　交互侵奪

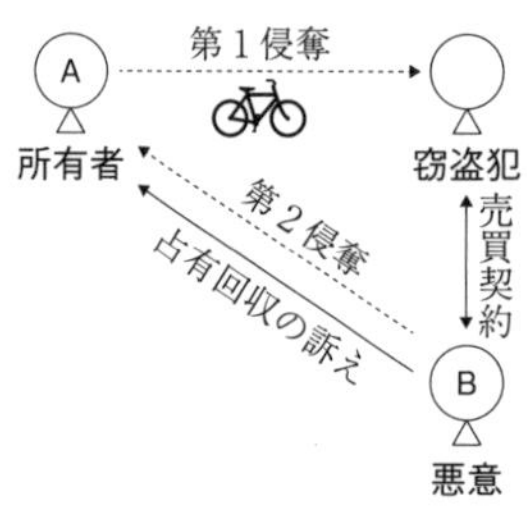

Bは占有回収の訴えが可能だろうか（→図表6－7）。

Aの行為は法的手続によらないものであり，**所有者といえども侵奪者**になる（大判大8・4・8民録25輯657頁）。このような事案で，戦前の判例は，Bからの占有の訴えを認めている（大判大13・5・22民集3巻224頁。実際の事件では目的物がすでに売却されていたので，損害賠償が請求されている）。

これに対して，多数説によれば，第2侵奪が第1侵奪から**1年以内**に行われた場合，Bからの占有回収の訴えは認められない。その理由としては，①**訴訟不経済回避**，②**Aの占有継続**，③**Bの侵奪の非難性**などが挙げられる。つまり，①第1侵奪から1年以内であれば，Bの回収の訴えを認めても，Aも回収の訴えが可能なため，結局，双方の占有回収訴訟の打ち合いになるだけで意味がないからである。②侵奪から1年以内はBによる占有はまだ社会的承認を得ておらず，Aの当初の占有はまだ継続していると考えられ，Aによる奪還は占有秩序の回復とみるべきである。③そもそも，最初に占有秩序をかく乱したのはBであり，その意味ではAの侵奪より非難される程度が高い。

もっとも，こう考えると1年間は自力救済が許されることになってしまうので，Bの占有回収の訴えを認めたうえで，Aは本権の訴えを提起すればよいとの見解もある。

6 占有の訴えと本権の訴えとの関係

占有の訴えと本権の訴えは相互に妨げられない**独立の訴え**である（202条1項）。通説によれば，一方で敗訴してもその判決の既判力は他方には及ばないため，**もう一方の訴えを提起**することができる（大判大4・5・5民録21輯658頁）。したがって，二重訴訟の禁止（民訴142条）にはあたらない。

(1)　**本権による抗弁**　　占有の訴えは，**本権に関する理由に基づいて裁判できない**（202条2項）。たとえば，Aが所有する動産を賃借したBが，契約解除後もその物を占有していたので，Aがこれを侵奪した。その後，Bが占有回収の訴えを提起した場合，通説によれば，Aの自己に所有権があるという抗弁を裁判所が採用してBの請求を棄却することは認められない（大判大8・4・8民録25輯657頁。→図表6－8）。

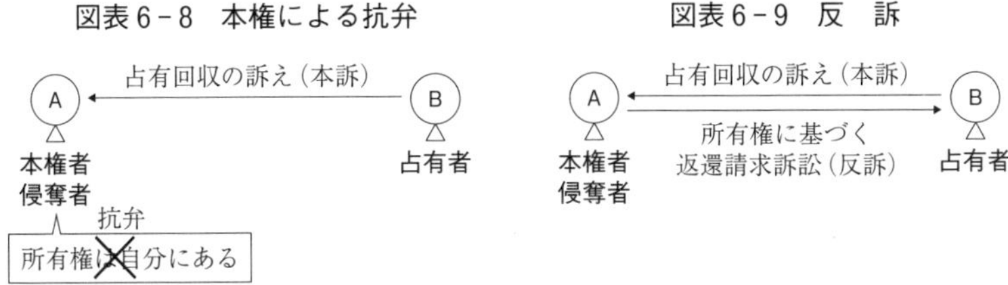

⑵　**反　訴**　　では，Aが占有回収の訴えに併合して本権に基づく返還請求訴訟を**反訴**として提起することは可能であろうか（→図表6-9）。反訴とは，係属中の訴訟を利用して，被告が原告を相手方として提起する訴えである（民訴146条）。通説によれば，この場合の反訴は，202条に違反しないし，本訴との関係でも牽連性（けんれんせい）がないとはいえないとして，認められている（最判昭40・3・4民集19巻2号197頁）。しかし，反訴を無制限に認めると自力救済を追認することになりかねないとして，本権者による侵奪が具体化していない段階でのみ反訴が認められるとの見解もある。

2――権利の推定

占有者が占有物について行使する権利（所有権などの本権）は，**適法なものと推定**される（188条）。本権者が本権を有していることの証明は困難である。たとえば，A・B間で物の帰属につき争いが生じたとき，Aが所有権を証明しようとすれば，その物の原始取得者までさかのぼって証明しなければならなくなる。この困難を解消するために188条がある。またこの推定は，占有は真実の権利状態と一致していることが少なくないという経験則を基礎にしている。推定される権利は，通常は所有権であるが，地上権や賃借権なども含まれる。本条は，所有権確認や妨害排除の訴えなどで意味を持つ。たとえば，AがBに所有権確認の訴えを提起する場合，BがAに所有権がないことを証明する必要がある（法律上の推定・通説）。具体的には，Aには所有権取得原因の事実がないこと，所有権取得原因事実とされた法律行為が無効であることなどを立証する必要がある。ただし，登記された不動産の場合は，**登記の推定力**が働く（最判昭34・1・8民集13巻1号1頁）。Aの登記名義の建物をBが占有していてもBの本権は推定されない。

3——果実の収取

果実を収取する権利は果実収取権者，たとえば所有者（回復者）にあるので（89条），通常は，占有者は占有物の返還とともに収取した果実も返還しなければならない。例外的に，善意占有者には**果実収取権**が認められている（189条1項）。たとえば，AがBから土地を購入したが，Bは無権利であり，その土地はCのものであり，Aは土地を返還しなければならない場合，Aが善意であれば，果実の返還はしなくてもよい。その理由としては，①占有者は果実収取のために一定の資本と労力を投入していることが多いこと，②善意者は果実を消費または果実をあてにして自己の財産を先に消費するのが通常であるので返還させるのは酷であること，③回復者にも所有権侵害の回復を怠った非難可能性があること，などが挙げられる。

1 善意占有者

ここでの善意占有者とは，果実収取権を伴う本権（所有権，賃借権など）を有すると誤解していた占有者を意味する。果実には，天然果実のほか，法定果実や**使用利益**（占有者が自ら使用すること）も含まれる（大判大14・1・20民集4巻1頁）。さらに，通説によれば，収取したが消費していない果実（**消費前果実**）についても返還義務はない。したがって，189条1項は返還義務の免除ではなく，積極的な果実収取権を認めた規定であり，不当利得（703条）の例外となる。これに対応して，占有者に通常の必要費の償還請求を認めないことで（196条1項。→158頁），所有者との利害の調整が図られている。

善意占有者であっても本権の訴えで敗訴したときは，起訴の時から悪意の占有者とみなされる（**悪意の擬制**。189条2項）。敗訴した後にそれでも自らが善意だと確信しているとしても，その者を保護するのは妥当ではないからである。ただし，この擬制によって直ちに占有者の不法行為責任が成立するわけではない（最判昭32・1・31民集11巻1号170頁）。善意有過失の占有者は善意占有者と同様に扱われるが，**暴行・強迫・隠匿**による占有者は**悪意占有者**と同じに扱われる（190条2項）。

2 悪意占有者

悪意占有者には，**果実の返還義務**，消費した果実および過失により損傷または収取を怠った果実の**代価の償還義務**がある（190条1項）。悪意占有者は，はじめから物を返還すべきことをわかっていたはずなので，保護に値しない。悪意とは，果実収取権のある本権のないことを知り，またはこの有無について疑いを抱いている場合をいう。

3 不当利得との関係

無権原占有者が占有物から利得を受けた場合，不当利得（703条・704条）の問題が生じる。不当利得法によれば，善意の受益者は，**現存利益**を返還する義務を負い（703条），悪意の受益者は受けた**利益に利息**を付して返還する義務を負い，**損害があるときはその賠償責任**も負う（704条）。悪意占有者の場合は，190条と704条のいずれが適用されても大差はないが，善意占有者の場合は，果実の返還の要否で差が生じる。通説によれば，189条と703条の適用が問題になる場合，**189条の方が優先**する（前掲大判大14・1・20）。

4――占有物の滅失・損傷の責任（損害賠償義務の軽減）

原則として，占有者が故意・過失によって占有物に損害を与えた場合，回復者に対して損害賠償義務を負う（709条）。しかし，所有の意思がある善意占有者は，滅失・損傷行為により**現に利益を受けている限度**で損害賠償をすればよく，**賠償義務が軽減**される（191条）。善意の自主占有者は占有物を自己の物として扱うため，他人の物を保管する場合と同様の責任を負わせるのは妥当ではないからである。たとえば，占有者が損傷した物を所持しているときはそのまま返還すればよい。また占有動産を第三者に売却してその者の即時取得が成立した場合は，占有者はその利益の限度で代価を返還すればよい。

これに対して，悪意の占有者や善意の他主占有者は，**損害の全部を賠償する義務**を負う（191条ただし書）。このような占有者はいずれ占有物を返還しなければならないことを知っているからである。

5――費用償還請求権

占有者が占有物に投下した**必要費**（保存のために必要な費用）および**有益費**（改良のために支出した費用）は，回復者に対して償還請求できる。占有者が支出した費用によって生じる利益は，物自体の価値の維持または増加となるので回復者の利益となり，その享受は不当利得であり，占有者の**善意悪意・他主占有・自主占有を問わず**，償還請求が認められている。

1 必 要 費

公租公課・修繕費用などの**通常の必要費**と，地震等による損傷の修理費のような特別の必要費がある。通常の必要費の場合，占有者が果実を取得したときは，占有者の負担となり償還請求ができない（196条1項ただし書）。果実は元物が保存された結果として生じる利益だからである。たとえば，家屋の占有者が家屋を賃貸して，賃料を得ている場合，賃料という利益を得た以上は，そのための費用（修繕費など）も負担するのが当然だからである。他方で，特別の必要費の場合，占有者はつねに償還請求ができる。

占有者は，占有物を返還するときに必要費償還請求権を行使することができる（196条1項）。回復者が償還請求に応じないときは，占有者は留置権を行使して占有物の引渡しを拒むことができる（295条）。

2 有益費償還

返還時に**価格の増加**がある限り，占有者には有益費の償還請求権が認められる（196条2項）。**有益費**とは，物の改良のために支出する**物の価値を高める費用**であり，物そのものの価値を高めることのない奢侈（しゃし）費は含まれない。たとえば，土地の場合，建物の前の道路にコンクリート舗装工事をするような費用である。

償還請求を受けた回復者は，**増加額**か占有者の**支出額**かのいずれかを**選択**できる（196条2項）。たとえば，建物前の道路を占有者がコンクリート舗装し，費用が200万円かかったが，その工事により建物の価値が250万円上昇した場合，**回復者**はいずれかの額を**選択して**償還できる。

有益費償還請求に回復者が応じない場合，必要費と同じく占有者は留置権を行使できる。

悪意占有者の償還請求については，回復者は裁判所に**相当の期限の許与**を求めることができ（196条2項ただし書），その許与が認められた場合は，悪意占有者は，回復者が費用償還請求に応じないとしても，被担保債権の弁済期が到来せず，留置権を行使できない（295条1項ただし書）。占有者が多額の有益費を支出して留置権により回復者の返還請求を困難にさせることを防止するための規

□ WINDOW 6-4

不当利得との関係

民法189条と703条との関係について，不当利得の類型によって扱いを異にするべきだという見解がある。学説における不当利得の類型は複雑だが，給付利得と侵害利得に大別することができる（→詳細は新プリメール民法4）。

簡単にいえば，給付利得とは，外形上有効な契約によって財貨が移転した（給付行為）が，無効などにより契約の効力が失効した場合に生じる不当利得であり，その財貨を本来の権利者に帰属させるために不当利得の返還義務が認められる場合である。侵害利得とは，法律上特定の者に帰属されるべき利益を，他人が侵害し権原なく利益を得た場合に，その財貨を本来の権利者に帰属させるために不当利得の返還義務が認められる場合である。

BがAの所有物を無権原で占有するような当事者間の物権の侵害関係のみが問題となる侵害利得の場合には，物権の帰属状態を正常にするという観点から189条が優先すると理解されている。

他方で，給付利得の場合には，契約関係の巻き戻し的清算を重視した処理がなされるべきであるとして，189条は適用されず，121条の2第1項によって処理されると理解されている。たとえば，A所有のリンゴ畑をBが買い受ける売買契約が締結され，畑が引き渡されてBがリンゴを収穫した後，Aの錯誤に基づいて契約が取り消された場合，189条によると，Bは果実であるリンゴを返還しなくてよいが（畑は返還する），Aは代金を全額返還しなければならなくなり，妥当ではないためである。

定だと理解されている。

第4節　占有の消滅

1 占有意思の放棄または所持喪失

占有は，**占有意思の放棄**または**占有物の所持喪失**により消滅する（203条）。占有意思の放棄とは，占有者が所持による利益を自己に帰属させる意思を**積極的に表示**することである（通説）。所持の喪失は，社会通念によって決定される。たとえば，その建物が滅失する場合，土地に対する所持を失う（大判昭3・6・11新聞2890号13頁）。敷地の占有権限がない建物賃借人は，占有を失っても，占有回収の訴え（→152頁）によって占有を回復する場合は，占有継続が擬制される（同条ただし書）。

2 代理占有の消滅

代理占有は，204条１項所定の次の事由によって消滅する。①本人が占有代理人に占有させる意思を放棄したこと，②占有代理人が本人に対して以後自己または第三者のために占有物を所持する意思を表示したこと，③占有代理人が占有物の所持を失ったこと，である。たとえば，占有代理人（賃借人）が賃借物を他人に売却してしまう場合，賃貸人の代理占有は消滅する（大判昭17・11・10新聞4819号12頁）。

賃貸借契約などの占有代理関係が消滅しても，代理占有そのものは**当然には消滅しない**（204条２項）。つまり，占有代理関係は，占有代理人による占有（事実的な物の支配）が継続している限り，消滅しない。

第5節　準占有

占有は物に対する事実上の支配である。しかし，占有制度の理念（社会の事実的支配関係の保護）は，物の支配関係に限定されるべきではないという趣旨のもと，権利の現実的支配にも保護が認められる。これが**準占有**（権利占有）である。したがって，準占有には占有の規定が準用される（205条）。たとえば，ＢがＡから著作物甲の独占的複製権の譲渡を受け，以後10年にわたりＢが甲の商品を製造販売していたところ，実はＡ・Ｂ間の譲渡契約が無効であった場合に，10年間善意で著作権を行使していたＢによる取得時効（163条）が認められる可能性がある。

準占有の要件としては，**自己ためにする意思**をもって財産権を行使することが必要である（205条）。財産権としては，債権，地役権，先取特権，抵当権，特別法上の物権（鉱業権など），知的財産権（著作権など）が考えられるが，実際に重要なのは知的財産権の準占有である。

かつては「債権の準占有者」（改正前478条）という用語がみられたが，今日では廃棄され，実態に即して「受領権者としての外観を有する者」と改められた（→新プリメール民法４）。

第7章 抵当権

●本章で学ぶこと

本章では，担保物権のトップバッターとして抵当権を学習する。抵当権は，銀行取引をはじめとする金融取引における不可欠の権利として，長らく担保物権の中心的位置を占めてきた。そこで，本書においては，民法における規定の順序を変えて，まずは抵当権を学習し，抵当権との対比で各種の担保物権を理解してもらえるような構成をとることにした。

本章は，概ね，次のような内容・順序で抵当権を検討する。まずは，抵当権を含む物的担保全体の見取り図を描き，本格的な検討に備える（→第**1**節）。そのうえで，抵当権の本質的な効力が優先弁済的効力であることを確認し（→第**2**節），抵当権を設定する当事者や抵当権の効力が及ぶ範囲について検討を加える（→第**3**節）。これを踏まえて，優先弁済的効力に直接的に関連する制度（→第**4**節）を検討した後に，法定地上権（→第**5**節）や共同抵当に関する規律（→第**6**節）といった，抵当権に固有の制度を学ぶ。そして，抵当権の処分方法（→第**7**節），抵当権者とその他の権利者との関係（→第**8**節・第**9**節），抵当権の消滅（→第**10**節）を順に学習し，最後に，当事者間に継続的な取引関係がある場合に利用される根抵当制度を概観する（→第**11**節）。

抵当権に限らず，担保物権は，民法の各分野の中でも無駄に（？）難しいという悪名高い（？）分野ではある。読者の皆さんには，難解であるからこそ理解するぞ，という気概をもって，担保物権法を学習してほしい。

第1節 基本的な概念の再整理と物的担保の分類

1 基本的な概念の再整理

本章から，債権担保（→序章第2節1）を目的とする個別の物権を順次取り上げることになる。が，その前に，すでに解説された用語を改めて整理しておくことにしよう。

序章では，**典型担保**と**非典型担保**という概念が解説された（→15頁）。それによると，まず，典型担保とは，民法に規定のある**担保物権**を意味する（留置権・先取特権・質権・抵当権）。一般に，担保物権という場合，民法の物権編（第2編）に物権として位置づけられる権利を意味することから，典型担保と担保物権とは同じことを意味している。ところが，債権担保の作用を営むものは，典型担保に限定されない。というのは，民法が制定された後に，社会的な必要性から実務により編み出され，判例がその効力を承認した債権担保手段が存在するからである（譲渡担保・仮登記担保・所有権留保がそれであり，仮登記担保については，「仮登記担保契約に関する法律」という特別法が制定されている）。このように，民法に定めのない債権担保手段を非典型担保という。

ところで，債務者または第三者の財産から他の債権者に優先して弁済を受ける方法を**物的担保**と呼ぶが，この中には典型担保（担保物権）と非典型担保の双方が包摂される。つまり，物的担保は，留置権・先取特権・質権・抵当権・譲渡担保・仮登記担保・所有権留保の総称である（→図表7－1）。

2 物的担保の種類と分類の意義

次に，物的担保全体の見取り図を描いてみよう（物権全体については，→序章第1節2）。このような作業を行うことによって，自分が勉強している物的担保がどのような性質を有し，他の物的担保との関係でどのように位置づけられるのかについての見通しを得ることができるようになるはずである。

以下では，7つの物的担保を，2つの観点から分類してみる。

(1) **法定担保と約定担保**　第1に，法定担保と約定担保という分類方法がある（→16頁）。まず，**法定担保**とは，法律が定める要件を充足することによって当然に成立する物的担保を意味し，留置権と先取特権がこれに属する。

図表7－1　物的担保

物的担保
- 典型担保（担保物権）
  - 留置権・先取特権・質権・抵当権
- 非典型担保
  - 譲渡担保・仮登記担保・所有権留保

図表7－2
法定担保・約定担保

法定担保	約定担保
留置権 先取特権	質　権 抵当権 非典型担保

図表7－3
占有担保・非占有担保

占有担保	非占有担保
留置権 質　権	先取特権 抵当権 非典型担保※

※当事者の合意により，担保権者が目的物を占有する場合もある。

これに対して，**約定担保**とは，当事者の意思表示に基づいて成立する物的担保を意味し，留置権と先取特権以外の物的担保がこれに分類される。たとえば，約定担保に分類される抵当権は，当事者が抵当権の成立について合意（抵当権設定契約の締結）をしていないと，その成立が認められない（→図表7－2）。

(2)　**占有担保と非占有担保**　　第2に，物的担保の中には，目的物の占有が担保権設定者から担保権者へ移転するものと移転しないものが存在する。このうち，目的物の占有が担保権者へ移転する物的担保を**占有担保**といい，典型担保のうちの留置権と質権がこれに該当する。占有担保は，担保権者が目的物を占有することにより債務者に弁済を促す物的担保であるから，担保権者による目的物の占有には特別な意味が付与されることになる（たとえば，留置権についての302条本文，質権についての344条・345条を参照）。

これに対して，目的物の占有が担保権者に移転しない物的担保を**非占有担保**という。典型担保の中では，先取特権と抵当権がこれに該当する。また，非典型担保も，その多くは非占有担保であるのが一般的である（→図表7－3）。

第2節　抵当権とは

1 優先弁済的効力

(1)　**序　説**　　抵当権は，「債務者又は第三者が占有を移転しないで債務の担保に供した不動産について，他の債権者に先立って自己の債権の弁済を受ける権利」(369条1項）である。次のような事例に基づいて，369条の意味を具体的に明らかにしよう（→14頁も参照）。

Aには，B（債権額1000万円）・C（同じく600万円）・D（同じく400万円）という3

図表７－４　一般債権者に対する配当

$$各債権者が受ける配当額＝債務者が所有する財産の競売代金 \times \frac{各債権者の債権額}{債務者の総債務額}$$

（例）

$$Bが受ける配当額＝1000万 \times \frac{1000万}{1000万+600万+400万} = 500万$$

人の債権者がおり，Ａが所有する財産は不動産甲（価額1000万円）だけであるとする。Ａが債務不履行に陥ると，債権者はＡの財産甲から弁済を受けるための手続に着手することになる。このように，債権が任意に弁済されなかった場合に，債務者が所有する財産から債権の最終的な満足を受ける制度のことを**責任財産制**という。ここで，金銭債権者は，金銭の給付を受ける権利を有するわけであるから，甲を金銭に換える手続が必要となる。そのための手続は民事執行法に定められている。手続の概要は後述することにして（→第**4**節１），ここではとりあえず，裁判所が公的なオークションを行って，財産を金銭化したうえで，債権者に当該金銭を配当するというイメージを持っておいてほしい。

⑵　**債権者全員が一般債権者である場合**　　まずは，Ｂ～Ｄの全員が抵当権を有しない債権者（担保物権を有していない債権者を**一般債権者**という）であるという状況を想定しよう（なお，一般債権者が利用する財産換価手続は**強制執行**と呼ばれる）。この場合，それぞれの債権者は，総債権額に対する自己の債権額の割合でしか弁済を受けることができない。具体的には，Ｂに500万円，Ｃに300万円，Ｄに200万円の配当が行われる（→図表７－４）。このように，一般債権者同士の間では，総債権額に対する各自の債権額の割合でしか弁済を受けられないが，このような法原則を**債権者平等の原則**という（→WINDOW 7-1）。

⑶　**債権者の中に抵当権者がいる場合**　　これに対して，Ｂが甲について抵当権の設定を受けていると，買受人が支払う1000万円は全額Ｂに配当され，ＣやＤは配当を受けることができない（なお，抵当権者が利用する換価手続は**担保権の実行手続**と呼ばれる）。これが「他の債権者に先立って自己の債権の弁済を受ける」ということの意味であり，このような抵当権の効力を**優先弁済的効力**（**優先弁済効**）という（つまり，抵当権者は**優先弁済請求権**を有する）。369条が規定する優先弁済的効力は抵当権の最も基本的な効力であるが，上記の２つの事例を対比すると，抵当権がいかに強力な権利であるかがわかるであろう（→WINDOW 7-2）。

□ WINDOW 7-1

一般債権者の「平等」とは？

債権者平等の原則とは，「一般債権者は平等に扱われるべし」という法原則に他ならないが，「平等」の意義については，実は2つの考え方が成立しうる。1つが「頭数の平等」であり，もしこれによると，本文に述べたケースで，B・C・Dは，それぞれ330万円強の弁済を受けることになる。これはこれで平等にみえるかもしれないが，各債権者が，それぞれの債権のうち，どれだけの割合で弁済を受けたかという点からみると，Bは30%強，Cは50%強，Dは80%強というように，アンバランスとなる。そこで，本文に述べたような，もう1つの考え方が採用されているわけである。この考え方のもとでの「平等」は，「債務者の経済活動や財産形成に対する寄与度に応じた平等」を意味するのであるが，具体的には，B・C・Dが，Aに対して，1000万円・600万円・400万円の金銭を貸したという状況を想定するとわかりやすいであろう。Aは，各債権者から借り受けた合計2000万円を用いてさまざまな経済活動を行い，一定の財産を形成する。とすると，各債権者がAの経済活動に寄与した程度は，Bが50%，Cが30%，Dが20%となるはずである。このようにみると，財産の換価代金は，Bに対しては50%，Cに対しては30%，Dに対しては20%というように配当することがむしろ平等である。

以上のような内容を有する債権者平等の原則が，担保物権法との関係でどのような意義を有するかという問題は，次の**WINDOW 7-2**で取り上げることにしよう。

2 換価手続開始前の抵当権

上記のように，抵当権は，それによって担保される債権債務（**被担保債権・被担保債務**）について債務不履行が生じ，目的物を強制的に換価する手続が行われる段階になってその真価を発揮する権利である。それでは，被担保債務について不履行が生じていない時点での抵当権はどのような特徴を有しているであろうか。

369条1項が規定するように，抵当目的物の占有は抵当権設定者に残されるのであるから，設定者は目的物を自ら使用することができるし，これを第三者に賃貸することもできる。このように，抵当権は目的物を物理的に支配することを内容としておらず，目的物の使用・収益関係に干渉することができないのが原則である。もちろん，抵当権に対する侵害行為がある場合には，他の物権と同様に物権的請求権が認められるが（→第**4**節5），そうでない限り，抵当権は，被担保債務の不履行があるまでは，目的物に対して特別の作用を及ぼさない。

3 特定の原則

本節の最後に，抵当権ないしは物的担保全般を理解するうえで重要な考え方

□ WINDOW 7-2

「残りカス」の平等？

担保物権制度の存在を踏まえると，債権者平等の原則はどのように位置づけられるであろうか。この点については，債権者平等の原則にいう「平等」は，実質的に「残りカスについての平等」を意味するにすぎないとする見方がある。一般に，銀行が無担保で融資をすることはほとんどなく，抵当権をはじめとする物的担保が利用されることが多い。とすると，ある債務者が相応の財産を有しているのに，担保物権を有していない一般債権者だけが存在しているという状況は稀であり，債務者が有する財産の価値の大半は，担保権者がこれを把握していることになる。このことから，債権者平等の原則は，担保権者が把握している財産価値を除いた「残りカス」について妥当しているにすぎないと考えられるわけである。

たしかに，債務者の財産の換価手続が行われるに際して，担保物権が存在しないという状況はそれほど多くないことからすると，上記のような見方にもかなりの説得力がある。しかし，債権者平等の原則を前提としてはじめて，「特定の債権者が優先的に扱われるのはなぜなのか」，「特定の債権者を優先的に扱うことに合理性は認められるか」，「特定の債権者が優先的に扱われるためには，どのような要件を充足しなければならないか」という視点が生まれてくることを忘れてはならない。このことから，債権者の平等が，実質的には「残りカスの平等」を意味しているにすぎないとしても，債権者平等の原則を，理論的に矮小化された原則と位置づけるのは妥当ではない。むしろ，書かれざる民法上の基本原則として位置づけてこそ，はじめて，担保物権の強暴さ（!）がみえてくるのである。

を予めおさえておくことにしよう。それは**特定の原則**と**公示の原則**という考え方であるが，まずは特定の原則からみていくことにする。

(1)　**目的物の特定**　　担保物権の客体は特定の財産でなければならず，複数の財産を包括的に客体とする担保物権の成立は原則として認められない（典型担保において，その唯一の例外をなすのが一般先取特権である。また，譲渡担保については，複数の財産を1個の集合財産とみなし，当該の集合財産を客体として1個の譲渡担保を設定すること〔集合財産譲渡担保〕が認められている〔→266頁〕）。これは，財産の所有者が，自らの財産が有する価値（担保価値）を効率的に活用するためには，特定担保が適合的であるということを根拠としている。

(2)　**被担保債権ないしその額の特定**　　財産所有者が自己の財産の担保価値を最大限効率的に活用するためには，目的物が特定されているだけでは足りない。たとえば，1000万円の価値がある不動産甲に，被担保債権を700万円とする抵当権が設定されたとしよう。この場合，甲には300万円分の担保価値がまだ残っていることになる。ここで，被担保債権ないしその額が特定されていなければ，甲に別の抵当権の設定を受けたうえで，その所有者に融資をしようと考える者は現れなくなってしまう。というのは，被担保債権の額が不明であると，甲の残余価値がどれだけであるかの判断が付かず，融資を行おうとする者にとって予測可能性が成り立たなくなるからである。このことから，被担保債権（とくに，その額）は予め特定されなければならないという考え方が導かれる。

4 公示の必要性と内容

仮に目的物と被担保債権が特定されたとしても，それが第三者から見て明らかな状態になっていなければ無意味である。そこで，抵当権も登記制度により公示しなければならない。登記事項は不動産登記法83条１項・88条１項に規定されているが，上記の特定の原則を踏まえると，各種の登記事項の中で重要性が高いのは目的物と被担保債権に関連する項目であることがわかる（登記制度全般については，→第２章第３節２）。

わが国の登記制度は，土地・建物を基準として登記簿を編成する**物的編成主義**を採用していることから，登記手続を行う時点で目的物は当然に特定される。したがって，抵当権の登記でより重要なのは，被担保債権に関する情報を公示することである。すなわち，債務者（不登83条１項２号），債権額（同項１号），利息に関する定め（不登88条１項１号），遅延損害金の定め（同項２号）などがこれにあたる。これらの情報が登記によって広く開示されることを通して，第三者にとって取引の安全を確保し，抵当権設定者が有する財産価値の効率的活用が図られることになるわけである。

第３節　抵当権の設定

１――抵当権設定の当事者

1 当　事　者

Ａが，自ら所有する不動産甲に抵当権を設定して，Ｂ銀行から1000万円の融資を受けようというケースでは，抵当権設定契約の当事者は抵当権設定者Ａと抵当権者Ｂであって，Ａは，被担保債権の債務者（**抵当債務者**）でもある。

これに対して，AがB銀行に対して負っている債務を担保するために，Cが自己の不動産に抵当権を設定するという場合がある。このケースにおいては，CとB銀行との間で抵当権設定契約が締結されることになるから，抵当債務者(B)と抵当権設定者(C)は別人となり，Cは，他人Bの債務の担保として自己の財産に抵当権を設定していることになる。このようなCのことを**物上保証人**という。

2 処分権限

抵当権の実行手続が行われると，抵当権設定者は最終的に目的物所有権を喪失することになるから，抵当権設定者には目的物についての処分権限が帰属していなければならない。したがって，たとえば，未成年者が自己の財産に抵当権を設定しようとするときには，法定代理人の同意を得なければならず(5条1項)，かかる同意なしに抵当権設定契約が締結された場合には，未成年者または法定代理人に取消権が生じることになる(同条2項・120条)。

2——抵当権設定契約

抵当権が設定される際には，抵当権設定契約の締結を証する書面(抵当権設定契約書)が作成されるのが一般的であろうが，仮に書面が作成されなくても，抵当権は有効に成立する(諾成契約)。民法は物権変動について意思主義を採用しているが(176条)，抵当権もその例外ではなく，当事者の意思表示のみによって成立する。以上は，物上保証人が抵当権設定契約を締結する場合であっても同様である(なお，保証契約を締結する際には書面の作成が必要であること〔446条2項〕と対比してほしい)。

3——抵当権の目的物

369条に規定されているように，抵当権の客体となりうるのは不動産(1項)・地上権(2項)・永小作権(同)であるが，実務上，地上権と永小作権を対象として抵当権が設定されることは稀である。したがって，以下の論述では，抵当権の目的物としては専ら不動産を念頭に置くことにする。

1 不 動 産

わが国では，土地と地上建物は別個独立の財産として扱われることになるので，土地と地上建物を目的物とする抵当権はそれぞれ別個の権利となる。つまり，土地抵当権と建物抵当権というように，抵当権の個数としては２個と数えられる。土地抵当権の効力が建物に及ばないことを定める370条は，これを前提とした規定である。

2 動　　産

369条の反対解釈からすると，動産を独立の目的物とする抵当権（動産抵当権）の設定は認められないことになるが，これは次のような理由による。すなわち，抵当権は非占有担保であることから，それを公示するためには登記による必要がある。動産は，種類も数もきわめて多いし，その所在が流動的かつ不明確であるから，登記制度を整備することが技術的に困難ないし不可能であって，抵当権の目的物としての適性を有していない。かくして，民法において動産抵当はその存在を認められていないわけであるが，次の２点に留意する必要がある。

第１は，動産を独立の目的物とする抵当権の設定は認められないが，不動産に設定された抵当権の効力が動産に及ぶことはありうるという点である。動産に抵当権を設定することができるかという問題と，不動産に設定された抵当権の効力が動産に及ぶかという問題とは，全然別個の問題だという点に注意しなければならない。後者の問題については後に検討する（→第**4**節３）。

第２は，民法の外に，動産を独立の目的物とする抵当権の設定を認める特別法が存在するという点である。一口に動産といっても，筆記用具のように，その所在を把握することが困難ないし不可能な動産から，航空機や自動車のように，物としての個性が相対的に強く，所在確認をすることが容易な動産もある。このうちの後者については，登記・登録制度が現に整備されているが，登記や登録による公示になじむ動産については，これを抵当権の目的物とすることに技術的な障害は存在しない。このことから，航空機や自動車などは，特別法（航空機抵当法・自動車抵当法など）により抵当権の客体とすることが認められている。

3 複数の財産を客体とする抵当権

一物一権主義のもとでは，１個の抵当権の客体は１個の不動産でなければならない。しかしながら，たとえば，工場とその敷地，工場内にある機械・設備などのように，権利の客体としてはそれぞれ独立しているものの，そのすべてを一体として評価した方が高い財産的価値を有すると考えられる場合もある。そこで，一物一権主義に対する抵触を回避し，かつ複数の財産を目的物とする抵当権の設定が可能となるように，工場・敷地・機械等を１つの財団（権利の客体）とみなして，当該財団に抵当権の設定をすること（財団抵当）を可能とする特別法が存在している。その代表例が工場抵当法であり，同法を含めて合計で９つの財団抵当法が存在している。

とはいえ，財団抵当にも限界はある。それは，工場で製造される商品（動産），商品を売却した場合に発生する売買代金債権などは，財団抵当の客体とはならないという点である。しかしながら，ある企業が有する財産は，何も工場やその敷地，機械・設備だけに限定されず，企業活動をもとに発生する，あらゆる積極資産によって構成されるはずである。そこで，会社の総財産を包括的に担保化することを可能とする企業担保権も法制化されている（企業担保法）。

4――抵当権設定登記

抵当権も意思主義のもとにあることは前述したが（→168頁），それと対をなす対抗要件主義（177条）も抵当権に妥当する。したがって，登記（**抵当権設定登記**）が抵当権の対抗要件となるが，抵当権においては，登記には２つの意味があることに注意しなければならない。

1 債務者の一般債権者やその他の第三者との関係

まず，抵当権者が，自己の抵当権を一般債権者に対抗するためには抵当権設定登記手続を行っていなければならない（177条）。抵当権設定登記を備えていなければ，抵当権者は，目的不動産の換価手続において優先弁済を受けることができず，一般債権者と同様に，総債権額に対する自らの債権額の割合でしか弁済を受けることができなくなる。また，抵当権設定登記は，目的不動産の賃借人や第三取得者との関係でも対抗要件として位置づけられる。

2 他の抵当権者との関係

次に，抵当権設定登記は，他の抵当権者に対する対抗要件としての意味もある。たとえば，Ａが，Ｂ銀行から700万円の融資を受ける際に，Ａが所有する土地甲（1000万円）に，Ｂ銀行を債権者とする抵当権を設定するという事例を想定しよう。後に，AがB銀行に対する被担保債務について履行遅滞に陥ると，B銀行は抵当権の実行手続を行い，700万円の優先弁済を受けることができるわけであるが，これは，B銀行の抵当権が設定された時点で，甲にはまだ300万円の残余価値があることを意味する。そこで，AがC銀行から融資を受ける際に，甲についてC銀行を債権者とする抵当権を設定することが認められてよいはずであるが，もし，B銀行の抵当権が登記によって公示されていないと，C銀行は，B銀行の抵当権を知らずにAに対して融資を行い（B銀行と同じように，700万円の融資をしたとしよう），甲に抵当権の設定を受けることになる。とすると，同じ抵当権者であるB銀行とC銀行が，甲の換価手続において，どのような順番で優先弁済を受けるかという問題が生じる。この点について，373条は，各抵当権の順位は登記の先後によると規定していることから，B銀行が先に抵当権設定登記手続を行っていれば，B銀行が1番抵当権者となり，C銀行に優先して弁済を受けることができるようになる。つまり，同条にいう「抵当権の順位」とは「優先弁済を受ける順位」を意味し，その順位付けは抵当権設定登記の先後によって行われるわけである。

第4節 抵当権の効力：優先弁済的効力

1——総　説

本節では，抵当権の効力についての検討を行う。抵当権の最も本質的な効力が優先弁済的効力であることはすでに述べたが，その内容をもう少し具体的に把握する必要がある。以下で順次解説をしていくが，その前に，抵当権者が不動産の換価代金から優先弁済を受けるための手続を簡単に概観しておこう。

抵当権者が不動産の換価代金から優先弁済を受けるための手続は**担保不動産競売**と呼ばれ，民事執行法に手続の詳細が規定されている。担保不動産競売は，ごく簡単にいうと，申立て→売却準備→換価→配当という順で進行する。

まず，抵当債務者が被担保債務について履行遅滞に陥ると，抵当権者は担保不動産競売を申し立てることができる（民執181条）。申立てを受けた執行裁判

図表7－5　抵当権の実行による競売手続

被担保債権の弁済期の到来
↓
不動産競売の申立て（民執181条）
↓
不動産競売開始決定（民執188条・45条）
→差押えの効力（民執46条）
↓
最低売却価額の決定（民執60条）
↓
売却の実施（入札が原則化）
↓
売却許可決定（民執69条）
↓
買受人による代金の納付（民執78条）
→代金納付時に所有権取得（民執79条），
この時に抵当権消滅（民執59条1項）
↓
売却代金の配当（民執84条以下）

所は，競売開始決定を行い，その開始決定において抵当不動産の差押えが宣言され（民執45条1項），裁判所書記官が，不動産に関する差押えの登記を嘱託する（民執48条）。その後，執行裁判所は売却に向けた準備を行うことになる。具体的には，不動産の現況調査（民執57条），評価（民執58条）を行ったうえで，売却基準価額（民執60条）が決定される。

次に，換価の段階に移行するわけであるが，これは入札の方法により行われる。すなわち，買受希望者により入札が行われ，最高価格で入札した者が最高価買受申出人となり，執行裁判所が売却許可決定を出す（民執69条）。それが確定すると，買受人は代金を納付しなければならないが，代金が納付された時点で買受人が目的不動産の所有者となり（民執79条），その反面で抵当権設定者は目的不動産の所有権を喪失する。また，担保不動産競売が行われると，すべての抵当権が消滅する（民執188条が準用する59条1項：これを**消除主義**という）。

そして最後に，買受人が支払った代金を配当する手続に入る。執行裁判所は，誰にどれだけの額が支払われるのかが記載された配当表を作成する（民執84条）。このなかで，弁済を受ける順位が明らかとされるわけである。そして，当該配当表に基づいた配当が行われて，手続は終結する（**→図表7－5**）。

以上のような担保不動産競売が，抵当権の優先弁済的効力を実現するための手続（抵当権の実行手続）の1つである。「1つ」という言い方からわかると思うが，実は，抵当権の実行手続は担保不動産競売に限られない。各種の実行手続については，それぞれの該当箇所において検討することにする。

2――被担保債権の範囲

1 元本債権

抵当債務者と抵当権者との間に発生する債権には，さまざまなものが存在する。最もイメージしやすいのは，債権者が債務者に金銭の貸付けを行った場合に，債権者が有することになる貸金返還債権（元本債権）であろう。この元本債権が被担保債権となることには何の疑いもないが，次の２点に注意する必要がある。

⑴　**将来債権**　保証人が債権者に対して保証債務を履行すると，主債務者に対する求償債権を取得する（459条１項）。このケースにおいて，保証人が求償債権を取得するのは，債権者に対して保証債務を履行した時点であるから，それより前の時点では，求償債権は，将来発生する可能性がある債権にすぎない。もし，抵当権の付従性（→16頁）の意義を，抵当権設定契約締結の時点で被担保債権が現に発生している必要があるという趣旨に理解するのであれば，求償債権を被担保債権とする抵当権の設定が可能になるのは，保証人が保証債務を履行した後であるということになろう。しかしながら，被担保債権は抵当権実行時点で存在していれば足りると解されており，保証契約が締結された時点で，求償債権を被担保債権とする抵当権を設定することは可能である。判例も，将来債権が特定されている限り，それを被担保債権とする抵当権を有効なものと解している（最判昭33・5・9民集12巻７号989頁）。

⑵　**被担保債権の遡及的消滅等**　被担保債権を発生させる契約が無効であったり，取り消されたりした場合，被担保債権も当初から発生しないか，遡及的に消滅する。このような場合には，抵当権も当初から無効となるか，または遡及的に消滅する（最判昭30・7・15民集９巻９号1058頁）。ただし，契約の無効や取消しにより，抵当権者は抵当債務者に対して原状回復請求権を持つことになるが（121条の２），被担保債権を発生させる貸付行為が無効とされたケースにおいて，判例（最判昭44・7・4民集23巻８号1347頁）は，抵当権設定者が，貸付行為の無効を理由として抵当権の無効を主張することは信義則上許されないとしている。

2 利息その他の定期金債権

⑴　**375条の趣旨**　抵当権者が抵当債務者に対して有する債権は，上記の元本債権のほか，利息契約に基づく利息債権，債務不履行に基づく損害賠償金（遅延損害金）債権，その他の定期金債権（典型的には，賃料債権）なども想定することができる。375条によると，これら元本債権以外の債権について，抵当権

者は，満期となった最後の２年分についてのみ優先弁済を受けることができるとされている。つまり，抵当権者は，現に発生している利息等の全額について配当を受けることはできない。それでは，このような限定が付されている理由はどこにあるのだろうか。

端的にいうと，同条は，後順位抵当権者が不測の損害を被らないようにすることを目的とする規定である。これを具体的にいうと，次のようになる。すなわち，すでに先順位抵当権が設定されている不動産に後順位抵当権の設定を受けたうえで抵当債務者に融資を行おうとする者は，自らに優先する抵当権の被担保債権額を前提として，不動産の残余価値を計算する。その際，融資者が，どれだけの額の利息または遅延損害金が現に発生しているのか，あるいは将来発生するのかを正確に予測することは不可能である。ここで，もし先順位抵当権者が，既発生の利息等の全額について優先弁済を受けるとすると，後発の融資者は，抵当不動産の残余価値を正確に測定することができない結果，融資それ自体を控えることも考えられる。そこで，375条は，優先弁済の対象となる利息等の範囲を２年分に限定することにより，不動産の残余価値について予測可能性を高め，後順位抵当権者が不測の損害を被ることを回避しているわけである。

⑵　**375条の適用範囲**　以上のように，375条の趣旨が後順位抵当権者の保護にあることから，大判大９・６・29民録26輯949頁は，他の債権者が配当手続に参加していない場合には375条の適用はなく，１番抵当権者は利息や遅延損害金全額の優先弁済を受けることができるとする。

3――抵当権の効力が及ぶ目的物の範囲

1 序　説

具体的な検討に入る前に，「抵当権の効力が及ぶ」ということがどのような意義を有するのかを，担保不動産競売を念頭に置いて，関係当事者ごとに整理しておこう。

まず，抵当権者は，「抵当権の効力が及ぶ」目的物の換価代金から優先弁済を受けることができる。つまり，抵当権者にとっては，「抵当権の効力が及ぶ」目的物の範囲を決定するという作業は，競売を申し立てることにより，優先弁済権を行使することができる目的物の範囲を明らかにすることを意味する。

次に，抵当権設定者は，「抵当権の効力が及ぶ」目的物について競売が行われると，最終的には当該目的物の所有権を喪失する。したがって，抵当権設定者にとって，上記の作業は，所有権を喪失する目的物の範囲を確定するという意義を有する。

そして最後に，買受人は，「抵当権の効力が及ぶ」目的物について代金を支払い，その物の所有権を取得する。つまり，買受人にとって，上記の作業は，代金を支払って所有権を取得することができる目的物の範囲を確定するという意味を持つことになる。

先に述べたように（→第**3**節3），わが国は土地と建物を別個の不動産としていることから，土地抵当権の効力は土地だけに，建物抵当権の効力は建物だけに及ぶ。それでは，土地抵当権や建物抵当権の効力は，土地または建物といった不動産にしか及ばないのであろうか。それとも，抵当権の効力が動産やその他の財産に及ぶことはあるのだろうか。これがここでの問題である。

2 付加一体物

370条本文によると，抵当権の効力は，抵当地の上に存する建物を除いて，目的不動産に付加して一体となっている物（これを**付加一体物**または**付加物**という）に及ぶ。つまり，土地抵当権は地上建物以外の土地の付加一体物に，建物抵当権は建物の付加一体物に，それぞれ効力を及ぼすことになる。それでは，付加一体物とは，具体的にどのような物を指し示す概念なのであろうか。この問題は，従来，民法上の物概念である付合物や従物が，付加一体物とどのように関係するのかという観点から論じられてきた。

(1)　**付合物**　　不動産甲に物件乙が物理的に付合した場合，乙は，物としての独立性を失い，甲の所有権に吸収される（242条本文）。このように，乙は物理的にも法的にも甲の構成部分と解されることになるから，甲に設定された抵当権の効力は乙に対して当然に及ぶ。つまり，不動産と物理的に一体化している付合物は，当然に付加一体物に該当すると考えられるべきことになる。具体的には，土地上の植木や分離困難な庭石には，土地抵当権の効力が当然に及ぶ（最判昭44・3・28民集23巻3号699頁）。ただし，甲の賃借人が賃借権に基づいて乙を付加したときは，242条ただし書により，甲上の抵当権の効力は乙には及ばない（大判大6・4・12民録23輯695頁）。

⑵ **従　物**　これに対して，従物は付合物ほど単純ではない。というのは，従物は，主物（抵当不動産）から独立した物だからである。具体的には，建物抵当権の効力が，建物の従物である畳や建具に及ぶか否かが問題となる。

大連判大8・3・15民録25輯473頁は，それ以前の判例（大判明39・5・23民録12輯880頁）を変更し，87条2項を根拠として，抵当権の効力が従物に及ぶことを認めた。前掲最判昭44・3・28もこれを肯定した判決であるが，同判決は，87条2項を援用しておらず，むしろ370条に依拠するかのような説示を行っている。このように，2つの判決は，いずれも抵当権の効力が従物に及ぶことを認める点で共通するが，その根拠条文を異にしている。それでは，87条2項を根拠に抵当権の効力が従物に及ぶことを肯定する場合と370条を根拠とする場合とで，どのような相違が生じるのであろうか。

まず，87条2項によると，従物は主物の処分に従うことになるが，同項にいう「処分」は抵当権の設定を意味すると考えるのが素直であろう。とすると，抵当権設定より前に不動産（主物）に備え付けられた従物については，不動産に対する抵当権の設定という「処分」に従い，抵当権の効力が及ぶことになる。これに対して，抵当権設定後に備え付けられた従物については，「処分」（抵当権の設定）がすでに行われているのであるから，87条2項を根拠とする限り，かかる従物には抵当権の効力が及ばないと解すべきことになろう。

これに対して，従物が付加一体物に含まれると考えて，370条を根拠に抵当権の効力が従物に及ぶことを認める立場を採ると，不動産への備付け時期で結論に差を設ける必然性は存在しない。前掲最判昭44・3・28は，抵当権設定前に不動産に備え付けられた従物に抵当権の効力が及ぶことを認めた判決であり，抵当権設定後に備え付けられた従物に抵当権の効力が及ぶか否かについては，その立場を明らかにしていない。ただし，前掲最判昭44・3・28が87条2項に一切言及していないことを考えると，同判決の中に，備付けの時期がいつであるかにかかわらず，抵当権の効力は従物に及ぶという考え方が含まれていると評価することができる（もっとも，そのような評価をすることに慎重な見解もある）。

なお，学説においては，不動産への備付け時期を問わずに，抵当権の効力が従物に及ぶことを肯定するのが通説的見解であると目される。抵当権は，不動産の経済的価値から優先弁済を受けるために設定される権利であることからすると，不動産と経済的に一体となっている従物にも抵当権の効力が及ぶと解すべきであり，従物の備付け時期によって結論に差を設けるのは妥当ではないと考えられている。ただし，学説の一部には，このような通説に対して反省を迫ろうとする主張もある。たとえば，老朽化したライブハウスに，高額な最新式音響機器が設置されたような場合には，主物（ライブハウス）よりも従物（音響機器）の方が高い価値を有することがありうる。このような場合，ライブハウスについての抵当権の効力が当然に音響機器に及ぶと考えてもよいかどうかに疑問が呈されているわけである。

⑶　**付加一体物についての対抗要件**　　抵当権設定登記が対抗要件となる（前掲最判昭44・3・28）。

⑷　**抵当権の効力が及ばない場合**　　370条ただし書によると，抵当権の効力が付加一体物に及ばないとされるケースが2つ想定されている。1つが，設定当事者が，付加一体物と評価される物について，抵当権の効力が及ばないとする特別の合意をした場合である。ただし，かかる合意をしても，それを登記しなければ（不登88条1項4号）第三者に対抗することができない。もう1つが，424条3項によって債権者が債務者の行為を取り消すことができる場合である。

3 借 地 権

借地上の建物に抵当権が設定された場合，建物抵当権の効力は借地権に及ぶ（最判昭40・5・4民集19巻4号811頁）。土地賃借権は，建物所有権との関係で「従たる権利」として位置づけることができるからである。このことから，建物の買受人は，建物所有権のみならず土地賃借権も取得することになるが，この場合，賃借権の譲渡が生じることから，買受人は，土地賃貸人の承諾（612条）または承諾に代わる裁判所の許可（借地借家20条）を得なければならない。

4 果　実

⑴　**序　説**　　371条によると，抵当権の効力は，被担保債権の履行遅滞後に発生する果実に対して及ぶ。同条にいう果実には天然果実（88条1項：土地から産出される米や小麦など）と法定果実（同条2項：不動産の賃料など）の双方が含まれるが，代表的な法定果実である賃料は，次に言及する物上代位の目的にもなる。

(2) **371条の趣旨**　果実は不動産（元物）から産出されるが，不動産とは別個の財産である。そうすると，抵当権が，本来の目的物である不動産のほかに，果実に対しても効力を及ぼすことをどのように正当化することができるかが問題となる。この点についてはいくつかの説明が考えられるのであるが，いずれも説得的ではないと評されている。結局のところ，抵当権の効力をより強固にしたいという経済的な需要を採り入れた，政策的な判断に基づく規定として理解する他はないと考えるべきであろう（→WINDOW 7-3）。

(3) **抵当権設定者の果実収取権**　抵当権の効力が，被担保債権の履行遅滞後に発生する果実に及ぶといっても，抵当権設定者の果実収取権が，371条に基づいて当然に剥奪されるわけではない。同条の意義は，被担保債権の履行遅滞後であれば，抵当権者は果実に対して抵当権の実行手続を行うことができ，果実の経済的価値から優先弁済を受けることができるという点にある。したがって，被担保債権の履行遅滞があったとしても，抵当権者が実行手続に着手するまでは，抵当権設定者の果実収取権は制約されない。

(4) **担保不動産収益執行**　抵当権者が果実から優先弁済を受けるためには，抵当不動産それ自体の換価手続とは別の，**担保不動産収益執行**（民執180条2号）という手続に依拠する必要がある。担保不動産収益執行もまた，抵当権者の優先弁済権を実現するための手続であることから，抵当権の実行手続の1つとして理解することができる。なお，手続の大まかな流れは次のようになる。

抵当権者が所定の文書（民執181条1項～3項）を提出して担保不動産収益執行を申し立てると，執行裁判所は収益執行の開始決定を行い，それと同時に管理人を選任する（民執188条が準用する94条1項）。管理人は，収益が天然果実である場合はこれを換価し，賃料（法定果実）である場合はこれを収取したうえで，抵当権者に対する配当を行う（民執188条が準用する95条1項）。収益の配当にあっては，租税その他の公課，管理人の報酬その他の必要な費用が控除される（民執188条が準用する106条1項）。

4――物上代位

1 意　義

372条が準用する304条1項本文によると，抵当権は，抵当不動産の売却・賃

□ WINDOW 7-3

抵当権の効力が果実に及ぶのはなぜ？さらに，いつから？

序章で言及されているように，371条は，2003年改正によって大きく様変わりした(→21頁)。旧規定では，抵当権の効力は果実に対して及ばないという原則論を採りつつ，抵当不動産の差押え（抵当権の実行手続の開始）以降は例外的に及ぶとされていた。つまり，抵当権者は，抵当権の実行手続に着手した後にのみ，果実の経済的価値から優先弁済を受けることができるわけであるが，これと類似の制度はフランス法においてもみられる。そこで，フランス法における説明を参照してみると，次のようにいわれている。

すなわち，抵当権者が，抵当権実行後に発生する果実から優先弁済を受けることができないとすると，抵当権者は2回の遅滞により損失を被るからである，と。このうち，1回目の遅滞とは，被担保債権の履行遅滞のことを意味する。そのうえで，2回目の遅滞は，抵当権実行手続が長期化してしまうことによる配当の遅滞を指す。つまり，抵当権者が，被担保債権の弁済期どおりに，または抵当権実行手続の申立てから迅速に，弁済または配当を受けていれば，抵当権者は，その金銭を運用して利益を上げることができたのに，それが妨げられてしまう。これが2回の遅滞の意味である。

ここで，「2回目の遅滞」の意味を正しく理解する必要がある。抵当権実行手続としての競売は，債務者から抵当不動産の所有権を強制的に剥奪することをその本質としている。また，実行手続によって影響を受ける第三者（典型的には，抵当不動産に物権を有する者）も存在する。とすると，競売手続においては，債務者や第三者の権利がみだりに脅かされないようにすることが肝要となり，権利関係を精査するためには，一定の時間が必要となる。このように考えると，抵当権者が，抵当権実行後に発生する果実から優先弁済を受けるというルールは，抵当権実行手続は慎重に行われなければならないという要請とセットになったものと理解することができる。旧371条は，実は，このような観点から正当化できる規定であったといえよう。

貸・滅失または損傷によって抵当権設定者が受けるべき金銭に対しても，行使することができる（304条1項本文では，「債務者」が受けるべき金銭とされているが，抵当権に準用する際には，「債務者」を「抵当権設定者」と読み替える必要がある)。具体的にいうと，B所有の不動産甲にAのための抵当権が設定されているところ，Bが，甲の売却・賃貸・滅失または損傷のいずれかを原因としてCから金銭を取得することになる場合，Aは当該金銭から優先弁済を受けることができる。これを**物上代位**という。

さらに，304条1項ただし書によると，Aは，Cが当該金銭の払渡しまたは引渡しをする前に差押えをしなければならない。たとえば，Bが甲をCに対して賃貸した場合，Aは，CがBに対して賃料を支払う前に差押えをしなければならないわけであるが，これは，賃料債権の状態で差押えが行われなければな

図表7-6　物上代位に基づく差押え

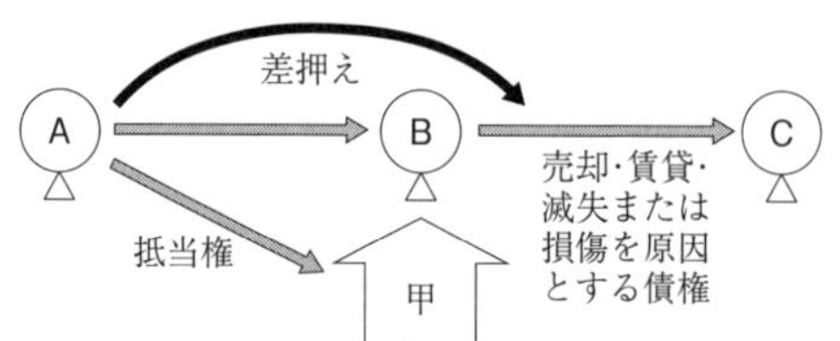

らないということを意味する。つまり，物上代位の目的は債権に他ならない（→図表7-6）。

2 趣　旨

(1) 序　説　本節3でみたように，抵当権が不動産以外の財産に対してもその効力を及ぼすことは法によって認められている。学説においては，抵当権の効力が抵当不動産の従物に及ぶとする見解が主流を占めているわけであるが，そこでは，抵当不動産との経済的一体性を根拠として，抵当権の効力が及ぶ範囲が従物に拡大されていた。これと対比すると，物上代位もまた，不動産以外の財産に対して抵当権の効力が拡張的に及ぶことを可能にする制度となるが，そのような拡張は理論的にどのように正当化されるのであろうか。

まず，372条が準用する304条1項本文から，物上代位の目的となりうる債権としては，①売買代金債権（「売却」），②賃料債権（「賃貸」），③損害賠償金債権（「滅失又は損傷」），④保険金債権（「滅失又は損傷」）を挙げることができる。

ここで，物上代位の制度趣旨を明らかにするにあたっては，上記4つの債権を2つのグループに分けて検討することが有意義である。

(2) 代償的価値　まず，①売買代金債権，③損害賠償金債権，④保険金債権が1つのグループを形成する。売買代金等は，抵当不動産本体の価値そのものを表象する金銭であり，しばしば抵当不動産の**代償的価値**と呼ばれる（ただし，保険金は保険料の対価であって，厳密には被保険不動産の価値を表象する金銭ではないが，不動産の価値に近似した金銭である）。

たとえば，Cが甲に放火をして，甲を全焼させたというようなケースでは，BはCに対して損害賠償金債権を取得するが（709条），Bが被った損害は，甲の価値に相当する金銭である。ここで，物上代位制度が存在しないという状況を想定すると，同制度が何のために存在しているのかがよくみえてくる。

一方で，甲の全焼により，甲に設定されていたAの抵当権は消滅する（→第**10**節）。物上代位制度がなければ，Aは，甲上の抵当権を喪失するだけであって，Bが取得する損害賠償金債権から優先弁済を受けることはできない。これに対して，甲が存続している間は，甲の所有権がＢに帰属しているといっても，それは抵当権によって制限された所有権である。ここで，甲が滅失し損害賠償金債権へと転化すると，Ｂは，抵当権という負担から解放された債権を取得することになるが，これは，Ａの犠牲のもとでＢが利益を得ることを意味する。かくして，甲が滅失する前の利益状態に両者を戻す法技術が必要となり，物上代位はそれを可能にする制度として位置づけられることになる。

なお，先に挙げた３つの債権はいずれも代償的価値としての性質を有するが，売買代金債権についてはまた特別な考慮が必要となる。この点については後述する。

(3)　**派生的価値**　以上のような代償的価値に対して，賃料は，とくに土地の賃貸借を想定すると，抵当不動産の価値そのものを表象する価値とは言い難い。つまり，賃料は，抵当不動産そのものの価値とは別に，抵当不動産から派生する価値としての性質を強く有する。このことから，賃料は**派生的価値**などと称される（ただし，派生的価値といっても，不動産それ自体とは別個の財産として把握されるという点では代償的価値と共通している）。

先にみたように，371条は，賃料を代表とする法定果実に抵当権の効力が及ぶことを認める規定であるが，抵当権者が賃料から優先弁済を受けるための手続としては担保不動産収益執行が存在している（→178頁）。そうすると，物上代位は，担保不動産収益執行とは別の，抵当権の実行手続として位置づけられることになる（ただし，このような理解については有力な反対説もある）。つまり，372条は，果実に対して抵当権の効力が及ぶという371条を受けて，抵当権者が賃料から優先弁済を受けるために，担保不動産収益執行の他に物上代位制度も利用することができる，ということを明らかにした規定であると考えられる。このようにみると，抵当権の効力が賃料に及ぶのはなぜかという問題は，371条の検討において明らかにされるべきことになる。

3 目的債権の範囲

372条は，先取特権に関する規定である304条を抵当権に準用する規定であるが，沿革的にみると，304条は主として動産先取特権を念頭に置いて設けられた規定である。動産先取特権と抵当権は，公示や追及力の有無といった点で無視できない相違があり，304条を抵当権に準用するにあたっては，抵当権の性質に合わせて解釈し直さなければならないと考えられている。このような捉え直しの作業は，目的債権の範囲と差押えの意義において行われるのであるが，以下ではまず，前者の問題から検討する。

⑴ **売買代金債権**　売買代金は抵当不動産の代償的価値の典型であることから，一見すると，抵当権者が売買代金債権に物上代位権を行使することには何の問題もないようにも思われる。しかし，実は，売買代金債権を物上代位の目的債権と考えることについては否定的な学説が多い。というのは，抵当不動産が第三者の所有になる前に抵当権設定登記を経ていれば，抵当権者は，当該第三者所有の状態で担保不動産競売を行うことができるからである（このような効力を**追及効**や**追及力**という）。つまり，売買代金債権に対する物上代位は，追及効が認められていない動産先取特権（333条参照）にこそ必要な制度であって，追及効がある抵当権に必須の制度とはいえず，これを否定した方が法律関係としても簡明になると考えられるわけである。これに対して，抵当権者が売買代金債権に対して物上代位権を行使することをとくに否定する必要はなく，もし物上代位権が選択された場合には，377条を類推適用して抵当権が消滅すると考えればよいとする見解もある。学説上は否定説が有力であるが，この問題に関する明確な判例は存在していない。

なお，Bが，Cから買戻特約付で甲を購入した（①）後に，Aを債権者とする抵当権を甲に設定したところ（②），Cが買戻権を行使し（③），BがCに対して買戻代金債権を取得するに至った（④）というケースで，最判平11・11・30民集53巻8号1965頁は，Aが買戻代金債権に物上代位権を行使すること（⑤）を認めている（**→図表7-7**）。買戻しは，Cが売買契約を解除することにより行われるが（579条），判例（大判大6・12・27民録23輯2262頁）・通説は，解除の効力について直接効果説を採用している。直接効果説にもバリエーションがあるが（→新プリメール民法4），判例・通説によると，Cの解除によって，契約が遡及的に消滅する結果，CからBへの所有権移転もはじめからなかったことになる。つまり，Cが買戻権を行使すると，Aの抵当権も遡及的に消滅することになるので，買戻代金債権は，むしろ，保険金債権や損害賠償金債権（→後記⑶）に類似する性質を有する。

⑵ **賃料債権**　以前は，賃料債権に対する物上代位を肯定すべきか否かと

図表7－7　買戻代金債権に対する物上代位

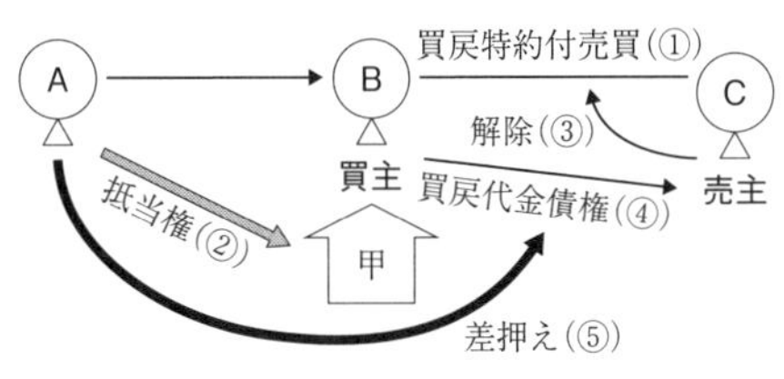

いう問題は，物上代位における最大の論点であり，活発な議論が行われていた。これを否定する見解は，賃料は抵当不動産を維持管理するための原資であって，これが抵当権者への弁済のために用いられてしまうと，抵当不動産（賃貸不動産）が荒廃しかねないといった実際的理由，さらには，抵当権は不動産の交換価値を把握する権利であり，賃料には抵当権の効力が及ばないから，抵当権者による物上代位を認めるべきではないという理論的理由などを根拠として挙げていた。しかしながら，2003年に行われた改正によって，371条が，被担保債権の履行遅滞後に生じた果実に対して抵当権の効力が及ぶことを端的に認めたことから，上記のうち，理論的な理由は説得力を失ってしまった。これにより，現在では，立法論としてはともかく，抵当権者が賃料債権に物上代位権を行使できるという結論を，解釈論レベルで否定することは難しいと考えられている。

なお，賃料債権に対する物上代位が肯定されるとして，さらに，転貸料債権に対する物上代位が認められるか否かが問題となったケースがある。具体的には，抵当権設定者ＢがＣに抵当不動産甲を賃貸した後に，Ｃがさらにこれを Ｄに転貸した場合，抵当権者Ａは，Ｃが有する転貸料債権に対して物上代位権を行使することができるかという問題である（→図表7－8）。最決平12・4・14民集54巻4号1552頁はこれを否定した。Ｃは「債務者」（304条1項本文）ではないし，Ａによる物上代位権の行使にさらされても仕方がないといえるような物的責任を一切負担していないというのがその理由である。ただし，同決定によると，ＣをＢと同視することができるような特段の事情がある場合（たとえば，Ｃが，Ｂによって設立された法人であるというような場合）には，例外的に物上代位が肯定される。

⑶　**保険金債権・損害賠償金債権**　　保険金債権や損害賠償金債権に対する物上代位が問題となる局面では，抵当不動産が滅失し，抵当権が消滅していることが多い。物上代位は，こういった局面でこそ真価を発揮する制度であっ

図表７－８　転貸料債権に対する物上代位

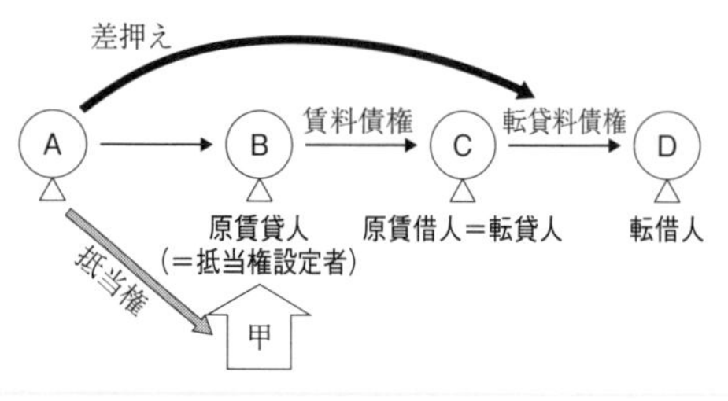

て，これらの債権に対する物上代位を否定する見解はほとんどない。判例に目を移しても，大判大6・1・22民録23輯14頁（損害賠償金債権）や大連判大12・4・7民集2巻209頁（保険金債権）によって物上代位権の行使が肯定されている。

4 差押え

304条1項ただし書は，抵当権者が目的債権に物上代位権を行使するためには，金銭の「払渡し又は引渡し」の前に差し押さえなければならないとする。ところが，同項ただし書の文言それ自体から，1つの問題が発生する。それは，抵当権者は何のために差押えを行わなければならないのか，差押えはどのような要件なのかが不明であるという問題である。そこで，差押えの意義を検討する必要が生じるが，これは，物上代位と競合する処分が行われたり，競合的な事由が発生した後に差押えが行われた場合，それでもなお抵当権者は目的債権から優先弁済を受けることができるのかという文脈で議論されてきた問題である。以前は，優先権保全説と特定性維持説という2つの見解が対立していた。前者は物上代位権という特別な優先弁済権を保全するためには抵当権者自ら差押えを行う必要があるという見解である。これに対して後者は，目的債権が抵当権設定者の一般財産に混入しないようにするために差押えが必要なのであるから，抵当権者自身の差押えは必ずしも必要ではないと解する。

(1)　**第三債務者保護説**　このような状況のなかで，判例は次のような事例で差押えの意義を明らかにした。AがB所有の甲に対して抵当権の設定を受け，抵当権設定登記手続も行っていたところ（①），BがCに対して有する賃料債権をDに対して譲渡し，その第三者対抗要件（467条2項）が具備された（②）後，Aが同一の賃料債権に対して差押えを行った（③）とする（→図表7－9）。

かかるケースにおいて，最判平10・1・30民集52巻1号1頁は，第三債務者Cが陥ることのある二重弁済の危険からCを保護するための手続が差押えであるとの立場を明らかにした。その意味はこうである。CはBとの間で甲の賃貸借契約を締結しているのであるから，当然Ｂに対して賃料の弁済を行う。他方で，ＢがＡとの関係で被担保債務の履行遅滞に陥ると，Ａは，ＢがＣに対して有する賃料債権に物上代位権を行使しうる。もし，賃料債権に物上代位効が及んでいることを根拠として，Ａが，Ｃに対して，すでにＢに支払った分も含めた賃料の支払いを求めることができるとすると，Ｃは，ＡとＢに対して二重に弁済する危険を負担することになる。しかし，Ｃが，ＢがＡとの関係で被担保債権の履行遅滞に陥っていることを知らずに，Ｂに対して賃料を弁済するのはいたって普通であるから，このようなＣに二重弁済の危険を負担させることは妥当ではない。そこで，Ｃは，差押えが行われるまでの間にＢに対して行った弁済による免責をＡに対抗することができると考えるのが妥当である。かかる見解を**第三債務者保護説**と呼ぶわけであるが，これによると，差押えは，ＡがＣに対して物上代位権を対抗し，自らに弁済をするように求めるための要件（第三債務者対抗要件）として位置づけられることになる。

図表７－９　物上代位と債権譲渡

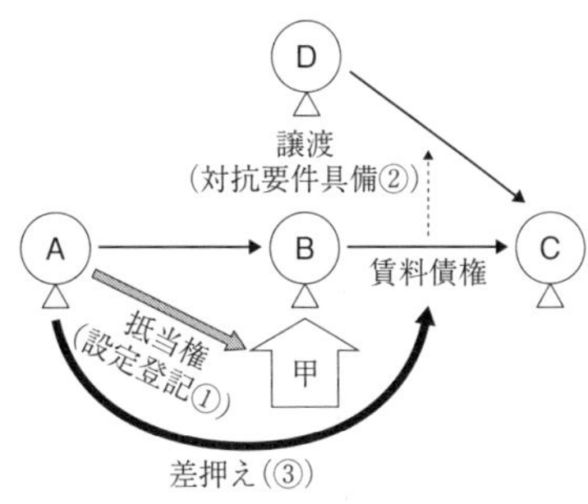

⑵　**第三者との関係**　　ところが，まだ問題は残る。上記のケースは，ＡとＤの争いなのであるから，両者の優劣を判断する基準を明らかにする必要があるからである。この点について，前掲最判平10・1・30は，「抵当権の効力が物上代位の目的債権にも及ぶことは抵当権設定登記によって公示されている」とする。民法上，公示手段は対抗要件として位置づけられるのであるから（177条・178条），上記の説示は，抵当権設定登記が第三者対抗要件であることを意味し（以下では，この考え方を「第三者対抗要件＝抵当権設定登記説」という），ＡとＤの争いは，抵当権設定登記の日付と債権譲渡の第三者対抗要件が具備された日付の先後によって判断されることになる。その結果，上記のケースでは，抵当権設定登記が先行していることから，Ａが賃料債権から優先弁済を受けることができるという結論が導かれる。

⑶　**第三者対抗要件＝抵当権設定登記説のその後**　　抵当権の物上代位と債権譲渡が競合したケースを皮切りに，物上代位とその他の事由との競合が問題

となるケースが相次ぎ，それぞれについて最高裁判決が下されることになった。しかしながら，判例において，抵当権設定登記＝第三者対抗要件説が盤石な考え方として定着しているとはいえない。この点は応用的な問題となることから，WINDOW 7-4において若干の検討を行うことにしよう。

5 物上代位の手続

先に述べたように，物上代位の目的は債権であることから，その手続は，これまでに学んだ手続とは少々異なる。

まず，抵当権者が担保権の存在を証する文書を執行裁判所に提出すると（民執193条1項），執行裁判所は差押命令を第三債務者に送達する（民執193条2項が準用する145条3項）。差押命令が第三債務者に送達された時点で差押えの効力が生じ（同じく145条4項），差押命令が第三債務者に送達された日から1週間を経過すると，抵当権者は第三債務者から目的債権を直接取り立てることができるようになる（同じく155条1項）。

6 担保不動産収益執行と物上代位が併存している理由

前節までの検討をあわせると，抵当権者が賃料から優先弁済を受けるための手続として，担保不動産収益執行と物上代位が併存していることになる。それでは，賃料から優先弁済を受けるための手続が複数用意されているのはなぜであろうか。

担保不動産収益執行と物上代位とを比較すると，次のような点で相違がみられる。すなわち，前者が，管理人の選任およびその者による抵当不動産の維持管理を伴う手続であるのに対して，後者は，管理人の選任がなく，抵当不動産の維持管理も予定されていない。このことから，担保不動産収益執行は，管理人の選任が必要となるという点で比較的重めの手続であって，被担保債権がそれほど高額でないケースには不向きな実行手続といえる。これに対して，物上代位の場合，抵当不動産の維持管理が予定されていないことから，抵当権者が長期間にわたって賃料から優先弁済を受けることになると，不動産の管理費用を捻出することが難しくなり，抵当不動産の荒廃が生じかねない。

以上からすると，被担保債権が比較的高額であり，賃料が長期にわたって抵当権者の優先弁済に供されるべき場合には，抵当不動産の維持管理を伴う担保不動産収益執行が適しており，逆に，被担保債権が比較的少額であり，短期間

WINDOW 7-4

判例法理の全体像

(1)　**物上代位と相殺**　まず，物上代位と相殺の競合が問題となった。具体的には，AがB所有の建物甲に対して抵当権の設定を受け，抵当権設定登記手続も行っていたところ，甲の賃借人Cが，Bに対して有する保証金返還債権と賃料債権の相殺を主張したというケースである。最判平13・3・13民集55巻2号363頁は，抵当権の効力が物上代位の目的債権に及ぶことは抵当権設定登記によって公示されていることを根拠に，Aが差押えを行った後は，Cは，抵当権設定登記の後にBに対して取得した保証金返還債権を自働債権とする賃料債権との相殺をもって，Aに対抗することはできないとした。つまり，Aが差押えを行う前にCが相殺の意思表示を行っていれば，Cは，Aの物上代位に対して相殺をもって対抗することができるわけであるが，これは第三者対抗要件＝抵当権設定登記説から導かれる結論ではない。同説によれば，抵当権設定登記手続さえ行われていれば，Aは「第三者」に対して物上代位を対抗することができるが，相殺権者Cもまた「第三者」と評価できる。とすると，Cが自働債権を取得した時期が抵当権設定登記に後れる限り，Aの物上代位がつねに優先し，Cは相殺をもってAの物上代位に対抗することができないと考えるのが素直である。このことから，前掲最判平13・3・13の考え方は第三者対抗要件＝抵当権設定登記説の枠内にあるとは必ずしもいえない。

(2)　**物上代位と差押命令・転付命令**　前掲最判平13・3・13以上に第三者対抗要件＝抵当権設定登記説からの乖離が著しいと思われるのが，最判平14・3・12民集56巻3号555頁である。事案は次のようなものである。Aが，B所有の建物甲に抵当権の設定を受け，抵当権設定登記手続も行っていたところ，甲の敷地が用地買収の対象となった結果，BはC県に対して建物移転補償金債権を取得することになった。Bの一般債権者Dが当該保証金債権に差押命令・転付命令を取得した後に，Aが同一の債権に物上代位に基づく差押えを行った。もし，このケースを抵当権設定登記＝第三者対抗要件説で解決しようとすると，D（Aにとっては「第三者」）が差押・転付命令を取得する前に，Aの抵当権につき設定登記が経由されているわけであるから，Aの物上代位が優先するということになるはずである。というのは，Dは，登記簿を確認すれば，建物甲にAの抵当権が設定されていることを認識できたはずであり，いくら保証金債権に差押・転付命令を取得しても，Aの物上代位に劣後することを覚悟しなければならないといえるからである。ところが，前掲最判平14・3・12は，転付命令が，その対象である債権に独占的満足を与える制度である（つまり，債権を単純に移転させるだけの債権譲渡とは異なる）という理由から，Dを勝たせた。このような結論は，抵当権設定登記＝第三者対抗要件説から導くのは困難である。このことから，抵当権設定登記＝第三者対抗要件説は，前掲最判平14・3・12によって否定されたと評価する学説もある。

(3)　**まとめ**　以上から統一的な理論で判例法理を説明するのは困難であり，第三者対抗要件＝抵当権設定登記説は，早々に反省を迫られた見解であった。判例法理の客観的理解として，どのような整理をすればよいかは，今後に残された重要な課題である。

で被担保債権の完済が見込めそうなケースでは，物上代位の方が適しているということになる。2003年の改正において，2つの手続が併置されることになったのは，以上のような使い分けがなされることを期待してのことである。

5——抵当権の侵害

1 抵当権の「侵害」とは何か

抵当権も物権の1つである以上，権利の侵害行為に対する救済策として物権的請求権が認められるのは当然である。第1章第3節（→26頁以下）においては，主として所有権を念頭に置いて物権的請求権が解説されたところであるが，所有権と対比したとき，抵当権に基づく物権的請求権にはどのような特徴があるであろうか。そもそも，どのような行為をもって抵当権の「侵害」行為と評価することができるかが問題の出発点となる。

抵当権は，目的物が有する交換価値を排他的に支配する物権である。とすると，抵当権に対する「侵害」とは，交換価値を減少させるような行為（**価格減少行為**などといわれる）を意味するということになる。典型的には，抵当権が設定された山林の立木が，通常の用法を超えて伐採・搬出されそうになっているケースがこれに該当し，このような場合，抵当権者は，伐採・搬出の差止めを請求することができる（大判昭7・4・20新聞3407号15頁）。また，工場不動産に備え付けられ，工場抵当権の効力が及ぶ動産（工場抵当2条）が搬出された場合，第三者のための即時取得が成立しない限り，抵当権者は，目的動産を元の備付け場所に戻すよう請求することができるとする判例もある（最判昭57・3・12民集36巻3号349頁）。

それでは，抵当不動産を第三者が無権原で占有しているような場合，これによって抵当権が「侵害」されていると評価することができるであろうか。抵当権侵害論の最も重要な論点はこの問題なのであるが，この点は，侵害行為に対する救済策の全体像を概観した後に検討することにしよう。

2 具体的な救済策

(1) **物権的請求権**　立木の伐採・搬出のようなケースにおいて差止請求が認められることは上記のとおりだが，それ以外にも，抵当権者は，自らよりも先順位で無効な登記が存在している場合，妨害排除請求として無効登記の抹消登記を求めることができる。具体的には，第1順位の抵当権が被担保債権の弁済によって消滅しているにもかかわらず，抵当権設定登記だけが残っているような場合がこれに該当する（大判昭15・5・14民集19巻840頁）。この場合，第2順位以下の抵当権は，第1順位の抵当権の消滅によって，順位が繰り上がることになるので（**順位上昇の原則**），抹消登記を求めることに利益を有する。

⑵　**損害賠償請求権**　　価格減少行為が不法行為（709条）に該当する場合，抵当権者は，不法行為者に対して損害賠償請求をすることができる。なお，かかる場合，抵当権設定者も所有権侵害を理由として，不法行為者に対する損害賠償請求権を取得することになるが，抵当権者は，この損害賠償金債権に対して物上代位をすることができる（→本節4）。とすると，抵当権侵害を理由とする損害賠償請求権と物上代位権とが競合し，抵当権者は，両者を選択的に行使することができるのか，それともいずれか一方だけを行使することができるにすぎないのかという問題が生じる（なお，前者の方法によると抵当権者は優先弁済権を有しないが，後者であれば優先弁済を受けることが可能になる）。学説上は，物上代位に一元化すべきであるという見解が有力である。

⑶　**他の債権者による強制執行の排除**　　抵当権設定者の一般債権者が抵当不動産に対して強制執行を申し立てた場合，抵当権者は，当該強制執行手続のなかで優先的な配当を受けることができるにとどまり，手続自体を排除することはできない。

これに対して，抵当権設定者の一般債権者が，抵当権の効力が及んでいる従物に対して動産執行を申し立てた場合，抵当権者は，第三者異議の訴え（民執38条）を提起して，当該動産執行自体を排除することができる（最判昭44・3・28民集23巻3号699頁）。抵当権の効力が及んでいる従物について独立した強制執行を認めると，抵当権が把握している担保価値が減少することになるからである。

⑷　**期限の利益の喪失**　　抵当債務者が，抵当権の効力が及ぶ従物の搬出または山林の伐採などを行った場合，当該債務者は期限の利益を喪失し（137条2号），抵当権者は，予め合意された被担保債権の弁済期前であっても，抵当権の実行手続を行うことができるようになる。

⑸　**増担保請求**（ましたんぽ）　　目的物に価格的な減少が発生した場合に，抵当権者が，減少分を補塡するように抵当権設定者に請求できるという趣旨の合意が締結さ

れることがある（これを**増担保特約**という）。増担保特約に定めのある事由が発生した場合，抵当権者は，抵当権設定者に対して，増担保請求をすることができる。

3 占有による抵当権の「侵害」

⑴　**序　説**　　本節の冒頭で述べた問題の検討に入ろう。抵当不動産を第三者が無権原で占有している場合，これをもって抵当権の侵害と評価し，抵当権者が物権的請求権を行使することを認めるべきであろうか。

使用・収益権限のある所有権（206条）であれば，第三者による無権原占有は所有権に対する侵害となり，所有権者は，物権的請求権（返還請求権）を当然に行使することができる。しかしながら，抵当権は，目的不動産の交換価値を把握するのみであって，抵当権者が目的不動産を使用・収益することを内容としていない。したがって，目的不動産を誰が占有していたとしても，当該占有者が目的不動産の物理的な毀損行為（価格減少行為）に及ばない限り，抵当権の侵害があると考えることはできないのが原則である。しかしながら，第三者が目的物を占有することによって，競売手続において買受人が現れないといった場合は事情が異なる。この場合，競売手続が進まない結果，抵当権の優先弁済請求権が行使できなくなっている事態が生じているわけであるから，第三者の占有による抵当権侵害を肯定することができそうである。そこで，抵当権者は，物権的請求権を根拠として第三者による占有を排除することができるのか，できるとしてその要件は何かが問題となる。

⑵　**占有者が無権原である場合**　　旧判例（最判平３・３・22民集45巻３号268頁）は，抵当不動産の占有者が仮に無権原であったとしても，抵当権の侵害はなく，抵当権者は当該占有者を排除することはできないとしていた。しかしながら，最高裁は，大法廷判決によってこれを変更し，第三者の占有による抵当権侵害を肯定した（最大判平11・11・24民集53巻８号1899頁）。当該大法廷判決によると，抵当権は非占有担保権であり，目的物の使用・収益関係に干渉することはできないのが原則だが，「第三者が抵当不動産を不法占有することにより，競売手続の進行が害され適正な価額よりも売却価額が下落するおそれがあるなど，抵当不動産の交換価値の実現が妨げられ抵当権者の優先弁済請求権の行使が困難となるような状態があるとき」は，抵当権の侵害があるということがで

きる。したがって，抵当権者は，抵当権設定者が第三者に対して有する物権的請求権を代位行使することができるとともに，抵当権に基づく妨害排除請求権を行使することもできる。

前掲最大判平11・11・24のポイントは2つある。

第1に，抵当権者は，債権者代位権（423条）だけを主張していたのであるが，同判決は，傍論において，抵当権に基づく妨害排除請求も肯定している。この点は，次に言及する平成17年最高裁判決の前提となっている。

第2に，債権者代位権の転用事例として妨害排除を請求する法的構成による場合には，何をもって被保全権利と考えるかが問題となる。判決は，抵当権者が，抵当権の侵害が生じないように抵当不動産を適切に維持管理するように所有者に対して請求できる権利（維持管理請求権）が被保全権利になるとした。

(3)　占有者が賃借人である場合　　上記のように，占有者が抵当権設定者との関係で無権原である場合には，抵当権に基づく妨害排除請求が認められる。それでは，占有者が抵当権設定者と賃貸借契約を締結し，占有権原を有している場合にはどうであろうか。この問題を解決したのが最判平17・3・10民集59巻2号356頁である。

前掲最大判平11・11・24は，無権原占有者に対する妨害排除請求が認められる要件として，抵当不動産の交換価値の実現が妨げられ抵当権者の優先弁済請求権の行使が困難となるような状態があること（これを，次に述べる要件との関係で**客観的要件**という）を挙げていた。これに対して，賃借人に対する妨害排除請求について，前掲最判平17・3・10は，客観的要件に加えて，「占有権原の設定に抵当権の実行としての競売手続を妨害する目的が認められ」ること，を挙げる（これは，当事者の主観面に焦点をあてた要件であることから，**主観的要件**と称される）。つまり，賃借人を被告とする妨害排除請求の場合には，客観的要件と主観的要件の双方を充足しなければならないわけであるが，無権原占有者が被告である場合よりも要件が加重される理由は次の点にある。

すなわち，抵当権設定者は，抵当権設定後も不動産の収益権限を有し続けるから，第三者に賃貸する自由を当然に有する。賃借人は，そのような抵当権設定者から占有権原の設定を受けているのであって，無権原占有者とはまったく異なる。もし，抵当権者が賃借人の占有を簡単に排除することができると解すると，抵当権設定者の収益権限は，事実上，抵当権によって大幅な制約を受けることになる。したがって，賃借人のする占有によって優先弁済請求権の行使が困難となっているというだけで，抵当権者による妨害排除請求を認めるのは妥当ではなく，賃貸借契約締結時点で当事者に害意があるという場合にのみ妨害排除請求が認められるべきである。

なお，妨害排除請求の相手となりうるのは，抵当権設定登記後に占有権原の設定を受けた賃借人だけであり，抵当権設定登記前に占有権原の設定を受けた賃借人は含まれない点を注意しなければならない。

⑷ **抵当権者への明渡し**　抵当権者は抵当不動産を占有する権原を有していないことから，賃借人が抵当不動産を明け渡すべき相手方は，原則として賃貸人（抵当不動産所有者）である。しかし，前掲最判平17・3・10は，「抵当不動産の所有者において抵当権に対する侵害が生じないように抵当不動産を適切に維持管理することが期待できない場合には」，抵当権者は抵当不動産を自己に明け渡すように求めることができるとする。ただし，抵当権者は，抵当不動産を自らに明け渡すように請求できるからといって，抵当不動産の使用・収益権限を有するわけではなく，抵当権者のする占有は抵当不動産の維持管理を目的としたもの（管理占有）である。

第5節　法定地上権

わが国では，土地と建物が別個の不動産とされていることから，土地抵当権と建物抵当権もそれぞれ別の権利となることはすでに述べた（→第3節3）。本節では，このことにより必要となる制度として，法定地上権を検討する。

1 法定地上権の意義と制度趣旨

法定地上権とは，土地と地上建物が同一の所有者に属する場合に，土地・建物の一方または双方に抵当権が設定され，競売の結果としてそれぞれの所有者が異なるに至ったときに，法律の規定によって成立が認められる地上権を意味する（388条）。Aが土地甲および地上建物乙を所有しているという事例をもとに，法定地上権制度の趣旨を明らかにしよう。

まず，Aが甲に抵当権を設定し，甲上の抵当権が実行された結果，Bが甲の買受人になったとする。この場合，Aは，乙の所有権者であり続けるが，競売により甲の所有権を喪失した結果，B所有の甲を利用していることになる。他人の土地を適法に利用するためには，利用権が必要となるが，甲の所有者BがAとの間で利用権の設定契約を締結してくれるとは限らない。とすると，Bが，Aに対して，建物収去・土地明渡しを求めた場合，利用権を有しないAはこれに応じざるをえなくなる。Aは，抵当権設定時において甲の所有権を喪失することは覚悟しているであろうが，Bの対応次第では，乙の所有権まで失うことになってしまう。

次に，Aが乙に抵当権を設定し，乙が競売された結果，Cが乙の買受人になったとしよう。この場合，乙の所有者となったCはA所有の土地を利用していることになるが，上記と同様に，甲の所有者AがCとの間で利用権の設定契約を締結するとは限らない。とすると，今度は，Aが，Cに対して建物収去・土地明渡しを求めると，Cはこれに応じざるをえなくなるが，そのようなリスクのある乙を買い受ける者など現れるわけはなく，建物抵当権は意味をなさなくなる。そして，そのしわ寄せは，建物に抵当権を設定して融資を受けることができなくなるという形で，Aに及ぶ。

以上からすると，土地抵当権または建物抵当権の実行によって，土地と建物の所有者が異なるに至った場合に，建物の収去が必要になるような事態は，抵当権設定当事者間においては想定されていないはずである。つまり，当事者の合理的な意思は，建物のために地上権の成立を認めるという点にあると解される。このように，法定地上権制度は，抵当権設定当事者の合理的な意思にその基礎を置く制度である。また，法定地上権の成立が認められれば，建物取り壊しという国民経済的な不利益も回避することが可能となるから，この点も法定地上権の制度趣旨の1つとみることができる。

2 成立要件

法定地上権は，法律が定める要件を充足することによって成立する地上権であるから，要件論が決定的に重要な意味を持つ。

(1) **抵当権設定時に土地の上に建物が存在すること**（要件①） 建物が存在しない土地（**更地**）に抵当権が設定された後，更地上に建物が建築された場合，当該建物のための法定地上権は成立しない。このように，抵当権設定時における地上建物の存在が法定地上権の要件となるが，それは次のような理由に基づく。

(a) 要件①がなぜ必要となるのかを理解するためには，土地抵当権設定後に建築された建物のために法定地上権が成立するとした場合に，土地抵当権者がどのような不利益を受けるかを正しく把握する必要がある（→図表 7-10）。かかる場合，仮に法定地上権の成立を認めると，土地抵当権者Ａが土地について担保不動産競売を行っても，買受人Ｃは更地価格（1000万円）で買い受けることはない。というのは，Ｃは，土地を自己使用することができないことから，当該土地に更地としての価値を見出すことはできないからである。とすると，Ｃは，更地価格から一定の価格を控除した価格しか支払わないことになるが，この一定の価格は借地権価格（土地利用権の価格であり，更地価格の60％から90％の価格となるといわれている）に他ならない。つまり，法定地上権の成立を認めると，一方で，土地について，法定地上権価格に相当する減価（600万円～900万円の減価）が発生してしまう（更地価格から借地権価格を控除した価格を**底地価格**〔100万円～400万円〕という）。そして他方で，法定地上権は建物の存続のために必要な権利であるから，法定地上権価格は建物の価格に上乗せされる。ここで，Ａが抵当権の設定を受けた際には地上建物が存在していなかったわけであるから，Ａは法定地上権の成立を予期しておらず，更地価格分（1000万円）の優先弁済を受けることができるという想定のもとで抵当権の設定を受け，融資を行ったはずである。それにもかかわらず，担保不動産競売の結果として底地価格分（100万円～400万円）の弁済しか受けることができないことになれば，Ａは予想外の不利益を被ることになってしまい，妥当ではない。かくして，要件①は，抵当権設定時における抵当権者Ａの期待を害さないようにするために必要な要件として理解されるべきことになる。

(b) 要件①の意義を以上のように解すると，Ａが，抵当権設定時に建物の建築を承認していたというような場合には，法定地上権の成立を認めてよさそうであるが，判例（最判昭36・2・10民集15巻2号219頁）はこれを否定している。つまり，法定地上権の成否は，抵当権者が更地として担保評価していたか否かという点だけから判断される。

図表7－10　要件①の意義

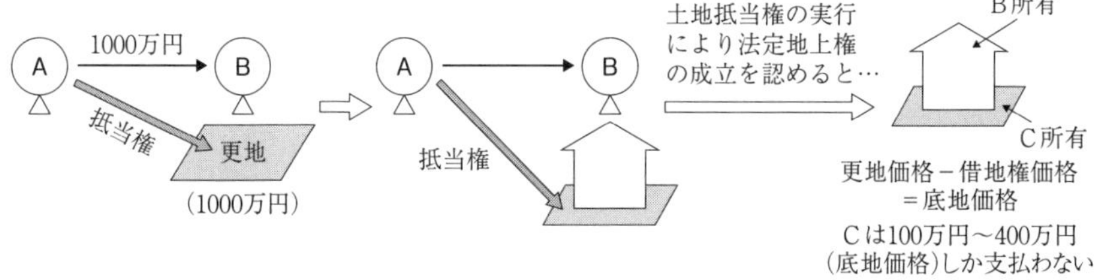

しかしながら，このような判例法理に対しては有力な反対説がある。すなわち，389条1項本文は，土地に抵当権が設定された後に建物が建築された場合に，Aに対して，建物も一括して競売することができるという権利（**一括競売権**）を認めているのであるから（もちろん，Aは土地の売却代金からしか優先弁済を受けることができない〔同項ただし書〕），Aが一括競売権をあえて行使しないで土地のみを競売にかけた場合には，法定地上権の成立を認めてもよいとする見解がそれである。同項本文の規定の仕方からは，一括競売はAの「権利」であることが明らかであり，これを義務化するかのような上記の見解は，文言解釈上の難点を抱えざるをえない。とはいえ，学説においては，可能な限り建物の存続を図ろうという同説の問題意識は共有されているといってよい。

(c)　なお，抵当権設定時において存在していた建物が取り壊され，新たな建物が再築された場合の処理については，重要な判例が存在している。具体的には，Bが土地甲と地上建物乙にAのための抵当権を設定したところ（[i]：このように，1つの被担保債権を担保するために複数の不動産に抵当権が設定されている状況を**共同抵当**という），乙が取り壊され（[ii]），新たに丙が再築されたが（[iii]：Aは丙には抵当権の設定を受けていないものとする），Aが甲を競売に付し，Cがこれを競落した（[iv]），というケースである（→図表7－11）。

Aが甲と乙に共同抵当の設定を受けた時点（[i]）では乙が存在しているから，Aは，法定地上権の成立を織り込んで甲の担保評価を行っているはずである。とすると，丙のための法定地上権の成立を認めても，抵当権設定時におけるAの期待は害されないと考えることができる。そして，このように解すると，Aは，甲の底地価格の弁済しか受けることができなくなる。しかしながら，388条前段における「その建物」とは，抵当権設定時に存在する建物（乙）

図表７－11　共同抵当権設定後の建物取壊しと新建物の再築

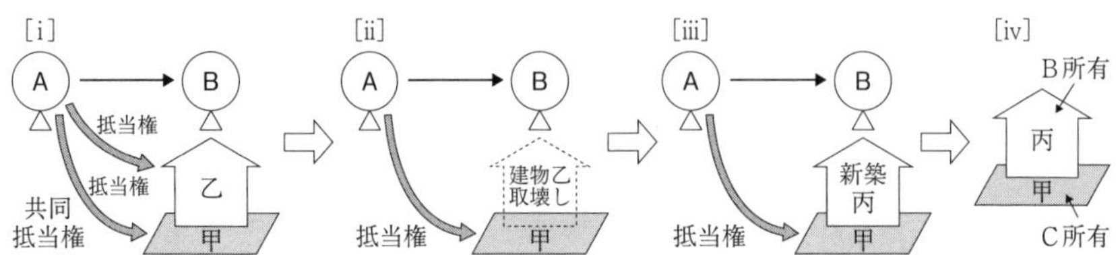

の意味に解するのが素直であろうから，抵当権設定後に再築された丙のために法定地上権の成立を認めるのは，文理的に困難であると考えることもできる。それでは，この点はどのように考えるべきであろうか。

最判平９･２･14民集51巻２号375頁は，上記のようなケースで法定地上権の成立を原則として否定している。その理由は次のとおりである。

すなわち，Aは，乙が存続している場合には，乙上の抵当権によって法定地上権価格相当分の弁済を受けることを期待しているが，乙が滅失した場合には，乙上の抵当権は消滅するが，甲上の抵当権で法定地上権価格相当分の弁済を受けることを期待していると考えるのが合理的である。というのは，乙が滅失した場合には，比喩的にいうと，抵当権設定時（[i]）に観念することができた法定地上権価格が甲に復帰することになるからである。このように考えると，Aは，共同抵当権設定時において，甲または乙の抵当権で法定地上権価格相当分の弁済を受けることを期待していたのであるから，法定地上権の成立を認め，Aが法定地上権価格の弁済を受けることができないと考えると，Aの期待が害されることになってしまう。以上から，法定地上権の成立は原則認められないが，丙の所有者が土地の所有者と同一であり，かつ，[iii]の時点で，Aが，丙について，甲と同一順位の共同抵当権の設定を受けた場合には，Aの地位は[i]の時点と同様になるから，法定地上権の成立が例外的に肯定される。

(d)　以上に対して，[i]の時点でAが土地抵当権だけの設定を受けた場合，大判昭10･８･10民集14巻1549頁は，新建物丙について，旧建物乙を基準とした法定地上権が成立するとしている。このケースにおいて，Aは，底地価格に相当する金銭の弁済しか受けられないことを前提に抵当権の設定を受けており，法定地上権の成立を認めても，Aは害されないからである。

(2)　抵当権設定時に土地と建物の所有者が同一であること（要件②）

(a)　抵当権設定時において土地と建物の所有者が異なる場合，建物所有者は，土地所有者から約定利用権の設定を受けているはずである。このことから，まず，建物に抵当権が設定された場合，建物抵当権の効力は土地利用権に及び（→177頁），建物買受人は建物所有権とともに土地利用権を取得することになるので，法定地上権の成立を認める必要はない。次に，土地に抵当権が設定された場合，土地抵当権者と土地利用権者は対抗関係に立つことになり，対抗要件具備の先後によって両者の優劣が決せられる（→211頁以下）。その結果，土地利用権の対抗要件が抵当権設定登記よりも前に具備されていれば，建物所有者は自己の土地利用権を土地の買受人に対抗することができ，ここでも法定地上権制度の出る幕はない。このように，抵当権設定時において土地と建物の所有者が異なるケースは，法定地上権とは別個の制度の問題となる。

この要件②については，抵当権設定後に土地または建物の所有者に変更があった場合における法定地上権の成否が論点となることから，以下でこの問題を取り上げよう。

(b)　第1に，抵当権が設定された当時，土地と建物の所有者は別人であったが，後に，土地と建物が同一の所有者に帰属するに至った場合の処理が問題となる。判例は，土地抵当権が設定された場合（最判平2・1・22民集44巻1号314頁）または建物抵当権が設定された場合（最判昭44・2・14民集23巻2号357頁）のいずれについても，法定地上権の成立を否定している。なお，前掲最判平2・1・22は，順位1番の土地抵当権が設定された時点で土地と建物の所有者は別人であったが，順位2番の土地抵当権が設定された時点で土地と建物が同一の所有者に帰属していたという事案に関する。かかる事案において法定地上権の成立が否定されていることからして，要件②は，厳密には，「1番抵当権設定時に土地と建物の所有者が同一所有者に帰属すること」を意味することになる。

(c)　第2に，土地または建物に抵当権が設定された後に，いずれか一方の所有権が第三者に譲渡され，抵当権実行時には土地と建物の所有者が異なっていた場合でも要件②は充足されるかという問題がある。

土地抵当権が設定された後に，地上建物が譲渡された場合について，大連判大12・12・14民集2巻676頁は法定地上権の成立を肯定している。その理由は，次の点にある。すなわち，地上建物の譲渡に伴って，当事者間で約定の土地利用権が設定されることになるが，この土地利用権は土地抵当権に対抗することができない。したがって，「一般経済上不利」な結果（建物取り壊しという社会的損失）を回避するため，法定地上権の成立を肯定する必要がある，と。土地抵当権者は，抵当権設定時において土地と同一所有者に属する建物が存在している以上，法定地上権の成立を予期することができることから，これを認めても特段の不利益を被ることはない。

なお，土地抵当権設定後に土地が譲渡された場合（大判大8・10・27民集12巻2656頁），建物抵当権設定後に土地が譲渡された場合（大判昭8・3・27新聞3543号11頁）についても，前掲大連判大12・12・14が引用されたうえで，法定地上権の成立が肯定されている。

(3) **土地または建物に抵当権が設定されたこと（要件③）**　土地または建物のいずれかに抵当権が設定され，競売が行われた場合には，土地と建物の所有者が別人になる可能性が高いが，共同抵当が設定された場合にも，抵当権者が土地または建物のみを競売に付することはありうる。したがって，共同抵当権が設定されていても，要件③は充足される（最判昭37・9・4民集16巻9号1854頁）。

ただし，前述のように（→(2)(c)），共同抵当の目的である旧建物が取り壊され，新建物が建築されたところ，新建物に共同抵当権が設定されなかったときは，法定地上権の成立は認められない（前掲最判平9・2・14）。

(4) **競売により土地と建物の所有者が異なるに至ったこと（要件④）**　土地と建物の買受人が同一人である場合，土地利用権は不要であるから，土地と建物の所有者が別人であることが要件となるのは当然である。

3 効　果

上記4つの要件を充足すれば，買受人が代金を納付した時点で（民執79条），法定地上権の成立が認められる。したがって，建物所有者は，土地所有者による建物収去・土地明渡請求に対して，土地の占有権原として法定地上権を主張することができることになる。

法定地上権の範囲は，建物を利用するために必要な範囲に及ぶとされている（大判大9・5・5民録26輯1005頁）。地代は，原則として当事者の協議によるが，それが調わない場合には，当事者の請求により裁判所が定める（388条後段）。また，存続期間についても，当事者がこれを自由に決めることができるが，合意に至らない場合には，30年（借地借家3条）となるとする見解が有力である。

対抗要件は登記（借地借家10条1項）であるが，法定地上権者（建物所有者）と土地所有者は物権変動の当事者であるから，対抗関係には立たない。したがって，対抗要件の要否が問題となるのは，法定地上権成立後に土地または建物の所有権が譲渡された場合である。まず，法定地上権成立後に土地が譲渡された場合，法定地上権者は，自己の法定地上権を土地譲受人に対抗するためには対抗要件を具備していなければならない。これに対して，建物所有権が法定地上権とともに譲渡された場合，建物の新所有者が法定地上権を土地所有者に対抗するために対抗要件が必要か否かについては，学説は分かれている。

第6節　共同抵当：同時配当・異時配当

1 意　義

同一の被担保債権のために複数の不動産に抵当権が設定されることを**共同抵当**という。共同抵当は，1個の不動産の価格では被担保債権をカバーできない場合，目的不動産の滅失や価格下落に備えてリスク分散を図りたい場合，複数の目的物（土地と地上建物など）を一括して競売に付することが便宜である場合などに利用される。

2 設定と公示

設定当事者間における特別の合意は必要ない。同一の被担保債権のために複数の不動産に抵当権が設定されると，各抵当権は当然に共同抵当として扱われる。

共同抵当は登記によって公示されるが（不登83条1項4号・2項），その登記は対抗要件ではなく，あくまで共同抵当が成立していることを第三者に知らせる機能しか有していない。

3 同時配当と異時配当

共同抵当において最も重要なのは，後順位抵当権者の間で生じる配当の不公平を解消することを目的とした392条である。392条1項は，複数の不動産すべてについて担保不動産競売が行われ，その代価を同時に配当すべき場合（**同時配当**）の規定であり，392条2項は，ある不動産について担保不動産競売が行わ

図表 7－12　同時配当と異時配当

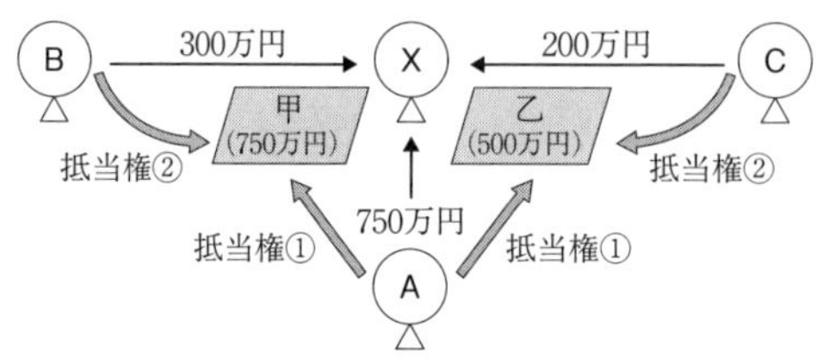

れ，その代価のみを配当すべき場合（**異時配当**）に関する規定である。以下では，392条が存在しない場合に，どのような配当が行われるかを概観することを通して，両制度の趣旨を明らかにしよう。

(1)　**制度趣旨**　Xが所有する不動産甲（価格750万円）および乙（価格500万円）があり，Aが甲と乙に順位１番の共同抵当権（被担保債権額750万円）を，Bが甲に２番抵当権（被担保債権額300万円）を，Cが乙に２番抵当権（200万円）を，それぞれ有しているとする（→図表 7-12）。なお，この事例における甲と乙の合計価格は，各抵当権者が有する被担保債権全額を弁済するのに十分であるということに注意してほしい。

まず，甲と乙が同時に競売された場合に発生するのは，双方についての１番抵当権者であるAが，いずれの売却代金から優先弁済を受けることになるのかという問題である。もし，Aが，甲の代金から被担保債権全額の配当を受けるとすると，甲上の２番抵当権者Bには配当がなく，乙上の２番抵当権者Cが被担保債権全額の弁済を受けることになる。逆に，乙の代金をまずAに配当するものとすると，Cは無配当となり，Bが被担保債権全額の弁済を受けることができるようになる。

次に，甲と乙の競売が時間差で行われた場合を考えよう。甲→乙の順番で競売が行われると，甲の売却代金は全額Aに配当され，Bには配当されない。また，甲の売却代金でAの被担保債権が全額カバーされるから，乙についてのAの抵当権は付従性により消滅し，Cの抵当権が順位１番に繰り上がり，Cは被担保債権全額の弁済を受けることになる。これに対して，乙→甲の順番で競売手続が行われると，乙の売却代金全額がAに配当され，Cは無配当となる。さらに，甲上のAの抵当権は消滅しないものの，被担保債権は250万円に減少するので，甲の売却代金からBが被担保債権全額の配当を受けることができるようになる。

このように，共同抵当が設定されていると，甲・乙の売却代金の配当の仕方によって（同時配当の場合），あるいは甲・乙の競売手続の順番によって（異時配当の場合），ＢとＣが受ける配当額に極端な差が発生してしまい，不公平な結果が導かれる。392条は，このような不公平を解消しようとするものである。

⑵　**同時配当**　　392条１項は，甲と乙が同時に競売にかけられた場合の規定である。同項によると，１番抵当権者の被担保債権は，それぞれの不動産の価額に応じて按分される（これを**割付け**という）。先の例では，甲の価額：乙の価額＝750万円：500万円＝３：２となるので，Ａの被担保債権も３：２となるように按分する。すると，450万円と300万円となるから，Ａは，甲の売却代金から450万円の配当を，乙の売却代金から300万円の配当を受けることになる。その結果，甲と乙の残代金は，それぞれ300万円と200万円となり，前者はＢに，後者はＣに配当され，最終的にすべての抵当権者が被担保債権全額の弁済を受けることができるようになる。

⑶　**異時配当**　　(a)　これに対して，392条２項は，甲と乙が順番に競売にかけられた場合の規定である。上記の例で，甲→乙の順で担保不動産競売が行われた場合は次のようになる。まず，甲の売却代金750万円は全額Ａに配当される（２項前段）。すると，乙上のＡの抵当権は付従性によって消滅し，Ｃの抵当権が１番抵当権に昇格するはずであるが，このようにしてしまったのでは，ＢとＣとの間の不公平は解消されない。そこで，Ｂは，割付けをした場合にＡが乙の売却代金から優先弁済を受けることができる額（300万円）を限度として，Ａの１番抵当権に代位することができる（２項後段）。その結果，乙の担保不動産競売では，Ｂが，Ａの１番抵当権に代位することにより，被担保債権全額の弁済を受け，Ｃもまた，自己の２番抵当権によって，被担保債権全額の弁済を受けることができる。

(b)　次に，乙→甲の順番で担保不動産競売が行われた場合をみていこう。まず，乙の売却代金500万円は全額Ａに配当される。上記の例とは異なり，Ａは被担保債権全額の弁済を受けていないので，甲上のＡの１番抵当権は消滅しない。ここで，割付けをした場合にＡが甲の売却代金から優先弁済を受けることができる額は450万円であるところ，Ａの被担保債権残額は250万円となっているので，200万円の余剰が生じる。Ｃは，この200万円の余剰について，甲上のＡの１番抵当権に代位して優先弁済を受けることができる。さらに，Ｂもまた，自己の２番抵当権によって被担保債権全額の回収をすることができる。

(c) 以上に関連して，条文の文言との関係で注意すべきポイントをいくつか指摘しておこう。

第１に，２項後段は「次順位の抵当権者」にしか代位を認めないかのような書き方をしているが，代位の利益を「次順位の抵当権者」だけに限定して認める理由はなく，後順位抵当権者全員が代位できると考えることに異論はない（大判大11・2・13新聞1969号20頁）。

第２に，同じく２項後段の「この場合」の意義を，「先順位抵当権者が債権の全部の弁済を受けたとき」と解すると，上記(b)において，Ｃは，甲上のＡの１番抵当権を代位行使することはできないということになる。しかしながら，大連判大15・4・8民集５巻575頁は，Ａが一部弁済しか受けていないときでも，Ｃは，甲上の１番抵当権に代位することができるとする。

(d) 前掲大連判大15・4・8によると，「代位」とは，Ａに帰属している１番抵当権をＢまたはＣが行使するのではなく，「消滅した抵当権」がＢまたはＣに法律上当然に移転すること（法定移転）を意味する。とすると，上記(b)のケースでは若干の問題が生じる。というのは，Ａの抵当権は消滅していないことから，乙についての競売が行われた時点では，Ｃは，甲上のＡの１番抵当権について，確定的に抵当権を取得しないのではないかという疑問が生じるからである（これに対して，上記(a)のケースにおけるＢは確定的に抵当権を取得する）。この点について，前掲大連判大15・4・8は，Ｃは，甲上のＡの１番抵当権について，甲の競売においてＡの被担保債権が完済されることを停止条件とした抵当権を有するにすぎないとする。これに対して，学説上は，Ｃが取得する抵当権は確定的なものであると考える見解も有力である。

なお，以上のような見解の対立は，公示方法に影響を与える。すなわち，代位の公示は付記登記の方法によって行われるが（393条，不登91条），前掲大連判大15・4・8によると，上記(b)において，乙の担保不動産競売が行われた時点でＣが取得する権利は停止条件付抵当権にすぎないので，代位付記の仮登記（不登105条２号）をすることしかできない。これに対して，有力説によると，Ｃは確定的に抵当権を取得するので，本登記の方法によることが認められる。

(e) さらに，392条２項は，共同抵当権が設定されている不動産の所有者が債務者であるという場合だけではなく，同一の物上保証人であるという場合にも適用される（最判平4・11・6民集46巻8号2625頁）。

4 弁済による代位との関係

民法は，後順位抵当権者による代位（392条2項）と同様の代位を生じさせる制度として，他に，弁済による代位（500条・501条）という制度を設けている。目的不動産のすべてが債務者所有であれば392条2項だけを念頭に置けばよいが，不動産の一部または全部を債務者以外の者（物上保証人や第三取得者）が所有する場合には，2つの制度が競合することになる。以下では，物上保証人が関与するケースに限定して検討を進めることにする。

⑴　**債務者所有の不動産についての後順位抵当権者との関係**　抵当債務者Xが不動産甲（価格750万円）を，物上保証人Yが不動産乙（価格500万円）を所有しているところ，Aが甲と乙に第1順位の共同抵当権（被担保債権額750万円）の設定を受けており，さらに，甲には，Bを債権者とする2番抵当権（被担保債権額300万円）があるとしよう。

Aが乙の競売を行った場合，Yは，弁済による代位を根拠として，甲上のAの抵当権に代位することができるが，その際に割付けが行われるか否かが問題となる。割付けが行われると，Yは，割付け額450万円の範囲で，甲上のAの抵当権に代位できるにすぎないことになるが，大判昭4・1・30新聞2945号12頁は割付けを否定し，Yは，甲上のAの抵当権の被担保債権の範囲で代位することができるとする。その理由は，Aとの間で抵当権設定契約を締結した時点で，Yは甲上のAの抵当権に代位する期待を有しているところ，このような期待は，甲上の後順位抵当権者であるBによって害されるべきではないという点にある。その結果，甲の売却代金750万円は，Xに250万円，Yに500万円（乙の価額）というように配当される。

⑵　**物上保証人所有の不動産についての後順位抵当権者との関係**　では，上記の事例で，Yの債権者Cが乙に2番抵当権（200万円）を有している状態で，乙が競売に付された場合，YとCの関係はどうなるか。Yが甲上のXの抵当権に代位できることは前掲大判昭4・1・30が述べるとおりだが，Yは，Cに対して債務を負っているのであって，Yだけが甲上のXの抵当権により弁済を受けるのは不合理である。そこで，最判昭53・7・4民集32巻5号785頁は，Cが，

あたかも物上代位権を行使するかのごとくYに優先して弁済を受けることを認める。その結果，甲の売却代金の配当額は，Xが250万円，Cが200万円，Yが300万円となる。

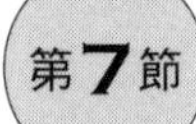

抵当権の処分

1――序　説

抵当権も物権の1つである以上，これを処分することが認められるが，大別すると2つの移転方法がある（→図表7-13）。1つめが，被担保債権の処分（債権譲渡）が行われたケースである。被担保債権が譲渡されると，抵当権も被担保債権とともに移転する（随伴性）。2つめが，被担保債権と切り離して行う処分であり，本節で検討するのはこちらの処分方法である。

2――転 抵 当

1 意　義

転抵当とは，抵当権を他の債権の担保とする処分である（376条1項）。たとえば，Aが所有する不動産甲にBを債権者とする抵当権が設定されていたところ，被担保債権の弁済期前にBに資金需要が生じたので，Cから融資を受けるに際して，Bが自己の抵当権にCのための抵当権を重ねて設定するというものである。甲について担保不動産競売が行われると，**転抵当権者**Cが**原抵当権者**Bに優先して配当を受けることができる。このように，転抵当の実質は，原抵当権の優先弁済請求権に対するさらなる抵当権の設定である。

2 設　定

転抵当権は，抵当権と同様に，原抵当権者と転抵当権者との間の転抵当権設定契約によって成立し，これ以外に特別の要件は存在しない。転質の場合，転質権の存続期間は原質権の存続期間を超えることはできないが（348条），転抵当権にはこのような制限はないと解されている。また，転抵当権の被担保債権額が原抵当権の被担保債権額を超えていても，転抵当権者は，原抵当権の被担

図表７－13　抵当権の移転

- 被担保債権の処分：被担保債権の譲渡・質入れなど
- 抵当権の処分
  - 転抵当
  - 抵当権の譲渡・放棄および抵当権の順位の譲渡・放棄
  - 抵当権の順位の変更

保債権の範囲内で優先弁済を受けるにすぎないので，両者の被担保債権額に差があっても構わない。

3 対抗要件

転抵当の対抗要件は二重構造となっている（対抗要件の二重構造は，債権譲渡にその典型例がみられるし〔467条〕，物上代位にもみられたところである。→184頁，185頁）。

まず，原抵当権者が複数の転抵当権を設定した場合，転抵当権者相互の順位は，抵当権設定登記についての付記登記の前後により定められる（376条２項）。

次に，主たる債務者・保証人・抵当権設定者など，原抵当権の被担保債権に利害関係を有する者との関係では，転抵当権が設定された旨の通知または主たる債務者の承諾が対抗要件となる（377条１項）。

4 効　　果

転抵当権の最も重要な効果は，原抵当権者に優先して配当を受ける権利を転抵当権者に付与することであるが，これ以外にもいくつか指摘しなければならないポイントがある。

⑴　**被担保債権の弁済期**　　転抵当権者が実行手続に着手するためには，原抵当権と転抵当権の被担保債権の弁済期がいずれも到来していることが必要である。両抵当権の被担保債権の弁済期が到来していないにもかかわらず，転抵当権の実行を認めると，抵当債務者および原抵当権者（転抵当権設定者）から期限の利益を剥奪することになってしまうからである。

⑵　**原抵当権者による実行の可否**　　判例は，原抵当権の被担保債権額が転抵当権の被担保債権額を超える場合には，原抵当権者による実行を認めるが，前者が後者を下回る場合には，競売を行う実益が原抵当権者に存在しないので，原抵当権者による実行は認められないとする（大決昭７・８・29民集11巻1729頁）。

⑶　**原抵当権者や債務者等に対する影響**　　転抵当権の基礎はあくまで原抵

当権にあるから，原抵当権の消滅は転抵当権の消滅をもたらす。このことから，関係当事者は，転抵当権の設定によって次のような影響を受ける。

まず，原抵当権者は原抵当権を消滅させてはならない。具体的には，原抵当権の放棄や，被担保債権の取立て・相殺など，被担保債権を消滅させる行為をすることができない。

次に，377条1項の対抗要件が具備されると，主たる債務者・保証人・抵当権設定者およびこれらの者の承継人は，転抵当権者の承諾なく原抵当権者に弁済をしても，弁済による原抵当権の消滅を転抵当権者に対抗することができない（377条2項）。ただし，転抵当権者による承諾がなくても，上記の者は，原抵当権の被担保債権額に相当する金銭を供託をすることができると解されている。また，「弁済をするについて正当な利益を有する者」（474条2項）として転抵当権の被担保債権を弁済したうえで，原抵当権者に対する求償権（自働債権）と原抵当権の被担保債権（受働債権）とを対当額で相殺することができる。

3 ――抵当権の譲渡・放棄および抵当権の順位の譲渡・放棄

債務者Xが所有する不動産甲（1000万円）に，A（被担保債権額400万円），B（同じく200万円），C（同じく1200万円）の順で抵当権が設定されており，さらに，一般債権者DがXに対して600万円の債権を有しているとしよう。

1 抵当権の譲渡・抵当権の放棄

抵当権の譲渡および**抵当権の放棄**は，いずれも，抵当権者から一般債権者に対して行われる抵当権の処分である。

AがDに対して抵当権を譲渡すると，甲の担保不動産競売において，Dは，1番抵当権の被担保債権400万円の範囲で優先弁済を受けることができる。

AがDとの関係で抵当権を放棄すると，甲の担保不動産競売において，Aに配当されるべき400万円は，AとDの債権額に按分して配当される。結果として，Aには160万円が配当され，Dには240万円が配当される。

以上のように，抵当権の譲渡・放棄に関与していないBやCが受けるべき配当額には影響がない。

2 抵当権の順位の譲渡・抵当権の順位の放棄

抵当権の順位の譲渡および**抵当権の順位の放棄**は，いずれも，抵当権者間で行われる抵当権の処分である。

AがCに対して抵当権の順位を譲渡すると，甲の担保不動産競売において，順位の譲渡がなければAとCが受けることになる配当額を合算した額（400万円＋400万円＝800万円）が順位譲受人Cに配当される。その結果，具体的配当額は，Bが200万円，Cが800万円となり，Aは配当を受けることができない。

AがCとの関係で抵当権の順位を放棄すると，甲の担保不動産競売において，上記の合算額を，AとCの被担保債権額に応じて按分する。その結果，具体的配当額は，Aが200万円（800万円×1/4），Bが200万円，Cが600万円（800万円×3/4）となる。

このように，抵当権の順位の譲渡・放棄が行われても，中間者Bが受ける配当額は何らの影響を受けない。

3 特徴および対抗要件

対抗要件は転抵当権と同一である。なお，上記4つの処分方法は，処分当事者の間で相対的に効力が生じ，それ以外の者に対しては何らの影響を及ぼさないという点に特徴がある。

4——抵当権の順位の変更

抵当権の順位の変更とは，抵当権の順位を絶対的に（他の抵当権者も巻き込んで）変更するものである（374条）。上記の例で，AとCが抵当権の順位を変更すると，当初A→B→Cであった順位がC→B→Aの順位となる。その結果，甲の担保不動産競売において，Cが1000万円の弁済を受け，AとBは配当を受けることができない。

このように，順位の変更は，中間者が受ける配当額に重大な影響を及ぼすことから，他の処分にはない要件を充足する必要がある。すなわち，関係当事者全員の合意が必要であるのはもちろんのこと（374条1項本文），利害関係を有する者の承諾を得る必要がある（同項ただし書）。さらに，登記が効力要件とされている点も特徴的である（同条2項）。

第8節 抵当権者と第三取得者

抵当権が設定されていても，抵当権設定者は抵当不動産を任意に処分することができる。このようなケースを想定して，民法は特別な規定を置いている。たとえば，不動産の価額（1000万円）が被担保債権額（800万円）よりも高額である場合には，抵当権者Ａ・抵当権設定者Ｂ・抵当不動産の第三取得者Ｃの合意によって，Ｂに支払われるべき1000万円のうち800万円をＡが受領し，抵当権設定登記を抹消したうえで，ＢからＣへの所有権移転登記手続を行えばよい（残額200万円はＢに支払われることになる）。これにより，Ｃは，抵当権という物的負担のない不動産所有権を取得することができる。ところが，被担保債権額（1000万円）が不動産の価額（800万円）よりも高額である場合，不動産の売買代金（800万円）だけでは被担保債権（1000万円）を完済することはできないから，Ａは上記のような方法を承諾しないだろう。他方で，Ｃが抵当権付の不動産を購入すると，Ａは，Ｃ所有のもとで担保不動産競売を申し立てることができる（追及力）。つまり，後者のようなケースにおいて，抵当権は，抵当不動産の流通にとって阻害要因となっているわけであるが，このような状況は好ましいものではない。というのは，もし，Ａ自身が抵当不動産を自己使用していなければ，不動産の有効活用が図られていないことになるからである。そこで，抵当不動産の流通促進という公益的観点から何らかの手当をする必要が生じるが，本節では，そのための２つの制度を取り上げて検討する。

1――代価弁済

378条によると，抵当不動産について所有権または地上権を買い受けた第三者が，抵当権者の請求に応じて代価を弁済すると，抵当権は消滅する。これを**代価弁済**という。「抵当権者の請求」が前提となっていることから，抵当権者が，抵当不動産の売買代金等を受領できれば抵当権が消滅しても構わない，と判断する場合に意味のある制度である。したがって，被担保債権額が抵当不動産の価額よりも高額であるというケースでは，代価弁済に対して，抵当不動産の流通を促進するという効用を期待することは難しい。

2――抵当権消滅請求

これに対して，抵当権消滅請求は，抵当権者の意向がどうであるかにかかわらず，いわば強制的に抵当権の消滅をもたらす制度である（379条）。2003年改正前は滌除（てきじょ）と称されていたが，難解な用語であることから，抵当権消滅請求に呼称が変更された。なお，以下で引用する判例は滌除制度のもとで下されたものであるが，現行規定においても妥当すると解されている。

1 請求権者

抵当権消滅請求権者は，抵当不動産について所有権を取得した者である。ただし，停止条件付で所有権を取得する第三取得者は，停止条件の成否が未定である間は，抵当権消滅請求をすることができない（381条）。また，主たる債務者や保証人，これらの者の承継人は請求権者から除外される（380条）。

判例においては，数人の共有状態にある不動産全体について抵当権が成立している場合において共有持分を取得した第三者（最判平9・6・5民集51巻5号2096頁）や，抵当不動産の譲渡担保権者（最判平7・11・10民集49巻9号2953頁）は請求権者にならないとされている。

2 手　続

概ね次のように進められる。

第三取得者は，抵当権の実行としての競売による差押えの効力が発生する前であれば，いつでも消滅請求をすることができる（382条）。消滅請求をしようとする第三取得者は，登記を具備する抵当権者に対して，383条所定の書面を送付しなければならない。各抵当権者は，書面の到達から2か月以内に，消滅請求に応じるか，自ら競売を申し立てるかを決めなければならない。

競売の申立てがない場合，抵当権者は，第三取得者の提供を承諾したものとみなされる（384条1号：その他の事由については2号～4号を参照）。そのうえで，第三取得者が，売買代金等を抵当権者に払い渡すか供託をすると，抵当権は消滅する（386条）。

これに対して，抵当権者が，第三取得者の提供にかかる売買代金（たとえば，800万円）では不十分だと考える場合，上記の2か月以内に競売を申し立てることができる。その際，抵当権者は，債務者および第三取得者に対して，競売の申立てを行った旨を通知する必要がある（385条）。その後は，通常の担保不動産競売と同様の手続が行われる。なお，旧滌除制度のもとでも，抵当権者は，第三取得者が提示する売買代金に納得できない場合，不動産の競売を申し立てることができた。ただし，競売において，提示された売買代金額の１割以上高値（880万円）で売却できなければ，抵当権者自身が当該価格（880万円）で不動産を買い受けなければならなかった。これを**増価競売**というが，抵当権者にとって重すぎる負担であるため，2003年改正において廃止された。

第9節　抵当権者と利用権者

1——序　　説

[1] 抵当権と利用権の「対抗」

Ｂ所有の不動産に，一方でＡが抵当権の設定を，他方でＣが利用権の設定をそれぞれ受けているとする。ＡとＣは対抗関係にあり，両者の優劣は対抗要件の先後によって決せられる。とはいえ，ＡとＣの間で生じる対抗問題は，二重譲渡のようなケースと全く異なった形で現れることに注意しなければならない。

すでに述べたように，抵当権は，目的物の物理的な利用を内容としない権利であることから，担保不動産競売が行われる前の段階では，ＡとＣが対抗関係に立つといっても，実は，特別な利害衝突はない。抵当権と利用権の対抗関係が，誰と誰との間で，また，どのような形で現れるかというと，それは，担保不動産競売が行われた場合に，利用権者Ｃと買受人Ｄの間で，Ｃが自己の利用権をＤに対抗できるかという問題として現れる。具体的にはこうである（→図表７-14）。

まず，利用権の対抗要件具備が抵当権のそれに先行している場合には，Ｃは，抵当権の実行としての競売によって所有権を取得したＤに対しても，自己の利用権を対抗することができる。したがって，Ｃは，Ｄから目的物の返還を請求されても，自己の占有権原（利用権）をもってこれを拒絶することができる。

これに対して，抵当権の対抗要件具備が利用権の対抗要件具備に先行する場

図表7-14 抵当権と利用権の「対抗」

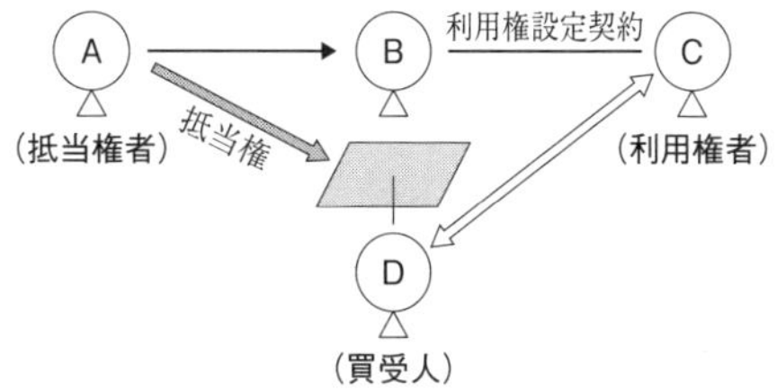

合，CはDに対して自己の利用権を対抗することができない。担保不動産競売によりその利用権は消滅し（民執188条・59条2項），Cは，借り受けた土地や建物をDに明け渡さなければならなくなる。

以上は，物権法上の一般原則からの帰結であるが，後者のようなケースでは問題が残る。というのは，抵当権に劣後する利用権者は，抵当不動産の第三取得者と同様に，非常に不安定な地位に置かれることになり，結果として，抵当不動産を借り受けることを躊躇する者が多く出てくることも予想されるからである。そこで，民法は，対抗問題に関する一般原則を維持しつつ，利用権者に対して一定の保護を与えている。

2 旧短期賃貸借保護制度

現行制度は，2003年改正によって新たに導入されたものであるが，その検討に入る前に，改正前の旧制度に触れておこう。旧制度は，現行制度と同じように対抗原則を維持しつつも，きわめて重大な例外を認めていた。それは，抵当権に劣後する利用権であっても，当該利用権が短期賃貸借（602条）に該当する場合には，抵当権に対抗できるという制度（**短期賃貸借保護制度**）であった。これが2003年改正によって廃止されたわけであるが，その理由は，短期賃貸借保護制度が濫用される事例が頻出したことにある。具体的には，もっぱら抵当権の実行妨害を目的として短期賃貸借が設定され（このような賃貸借を**詐害的賃貸借**と呼んでいた），反社会的勢力が，抵当権者から立退料をせしめるために悪用していたのである。

現行規定が，以上のような歴史的経緯を踏まえて形作られたものであることをおさえておくと，より理解が深まるであろう。

2――抵当権者の同意による対抗力付与制度

1 意　義

抵当権に劣後する賃借権であっても，賃借権設定登記（605条）が具備されており，当該登記前に設定登記を具備するすべての抵当権者が同意したうえで，同意の登記があるときは，賃借権は抵当権に対抗することができるようになる(387条)。賃借権が抵当権に対抗できるようになることに最大の利害関係を有するのは抵当権者であるから，この者が同意をすれば，自己の抵当権に対する対抗力を賃借権に認めることに問題はない。

2 要件および効果

要件は，①賃借権設定登記があること(借地借家法上の対抗要件では足りないことに注意)，②賃借権設定登記前に登記された抵当権を有するすべての者の同意があること，③抵当権者の同意について登記があること，④抵当権を目的とする権利を有する者(たとえば，転抵当権者)等がいる場合，その者の承諾があること，である。

これらの要件を充足すると，賃借人は，買受人との関係でも，自己の賃借権を対抗することができるようになる。なお，この制度は土地と建物の双方に適用される。

3――建物賃借人の引渡猶予制度

1 意　　義

建物賃借人が自己の賃借権を抵当権者に対抗することができない場合であっても，建物不動産の競売において買受人が買い受けたときから6か月を経過するまでは，建物賃借人は，買受人に建物を引き渡さなくてもよい(395条1項柱書)。建物賃借人は，抵当権の実行によって最終的には建物から退去しなければならないとしても，次の居住場所や営業場所を見つけ，引っ越しの準備をする時間を当然に必要とする。このことから，買受人が建物所有権を取得した時から6か月間だけの引渡猶予が認められる。したがって，6か月という期間は転居準備期間に他ならない。

なお，土地賃借人には引渡猶予が認められないが，これは，土地賃借人については，6か月程度の引渡猶予期間を認めても大した保護にならないこと(土地賃借人は，賃借土地に相当の資本を投下して土地利用をしているはずであるから)，土地賃借人に引渡猶予を認めると，旧短期賃貸借保護制度(2003年改正前395条)のもとでみられたような濫用が生じる懸念があることを理由としている。

2 要件

元の建物賃借人(「**抵当建物使用者**」)が猶予の恩恵を受けるためには,競売手続の開始前から抵当建物を使用・収益していなければならない(395条1項1号)。ただし,競売手続開始後に行われた賃貸借であっても,強制管理または担保不動産収益執行の管理人が行った賃貸借については,当該建物賃借人が使用・収益をする限り,引渡猶予が認められる(同項2号)。なお,租税を滞納した場合には滞納処分という手続が行われることになるが,この滞納処分による差押えは,同項1号の「競売手続の開始」には該当しない(したがって,滞納処分による差押えがなされた後に賃借権が設定され,当該賃借権により建物の使用または収益をする者は,引渡猶予制度の恩恵を受けることができる),とする決定例がある(最決平30・4・17民集72巻2号59頁)。

3 効果

抵当建物使用者は,猶予期間中は建物の引渡しをしなくてもよい。ただし,抵当建物使用者は権原に基づいて建物を占有するわけではないから(「抵当建物使用者」と称されるゆえんである),買受人に修繕請求(606条)等をすることはできず,賃料の支払義務も負わない。とはいえ,抵当建物使用者は,建物を占有することによって賃料相当額の不当利得をしていることになるから,これを買受人に返還しなければならない(703条)。また,買受人が,1か月以上の期間を定めて催告をしたにもかかわらず,抵当建物使用者が不当利得返還義務を履行しないと,引渡猶予が認められなくなる(395条2項)。

第10節 抵当権の消滅

抵当権は,目的物の滅失や権利の放棄など,物権一般と同一の原因で消滅する。これらの詳細は他の箇所に譲り,本節では,担保物権一般の消滅原因および抵当権に固有の消滅原因を概観したうえで,とくに時効との関係を取り上げて検討することにしよう。

1 担保物権一般の消滅原因・抵当権に固有の消滅原因

被担保債権が消滅時効にかかったり,弁済されたりすると,抵当権は付従性により消滅する。さらに，担保不動産競売や不動産執行が行われた場合も，抵当権は消滅する（→第**4**節**1**）。また，抵当権に固有の消滅原因としては，抵当権消滅請求や代価弁済がある（→第**8**節）。

なお，地上権や永小作権が抵当権の目的である場合，地上権者や永小作権者が自己の権利を放棄しても，抵当権者に対抗することができない（398条）。

2 抵当権と時効

やや注意を要するのは，396条～398条の諸規定である。

まず，抵当権は，債務者および抵当権設定者（物上保証人）との関係では，被担保債権と同時にしか消滅しない（396条）。

次に，債務者または抵当権設定者以外の者が，抵当不動産を時効により取得したときは，抵当権は消滅する（397条）。債務者または抵当権設定者以外の者の典型と考えられるのは第三取得者であるが，第三取得者が時効を理由として抵当権の消滅を主張する場合，①被担保債権の消滅時効（166条１項），②抵当権の消滅時効（同条２項），③抵当不動産の時効取得（397条）を援用することが考えられる。このうち，①の援用が認められることは145条から明らかであるが，これに加えて，大判昭15・11・26民集19巻2100頁は，第三取得者が②の援用をすること，これにより，抵当権だけが時効消滅することを認めている。しかし，同判決当時は，第三取得者が①の援用権者として認められていなかったという事情を考慮に入れなければならない。つまり，①の援用が認められている現在において，②の援用も重ねて認める必要があるかが問題となる。学説上は，②の援用が認められると，抵当権者は抵当権の消滅時効を中断しなければならなくなるが，それは困難であるなどとして，第三取得者による②の援用を認めるべきではないとする見解が有力である。

それでは，③はどうか。大判昭15・8・12民集19巻1338頁は，第三取得者が397条に依拠して抵当権の消滅を主張することを否定する。その理由は，397条は，抵当不動産の所有者以外の者が抵当不動産の所有権を時効取得した場合の規定として理解すべきであるから，第三取得者には適用されないという点にある。

第11節　根抵当権

1——総　　説

1 普通抵当権の限界

これまで検討してきた抵当権は，本節で検討する**根抵当権**との対比で**普通抵当権**と称される。普通抵当権は，被担保債権が特定されなければならないし，被担保債権が消滅すれば，抵当権もまた付従性によって消滅する。かかる性質からすると，普通抵当権は，当事者間で継続的契約（継続的商品供給契約・継続的貸付契約等）が締結されているケースでは，使い勝手が悪い。継続的契約関係においては，基本契約が締結された時点で，後に発生する具体的な債権を予め特定することはできないし，それぞれの債権も発生・消滅を繰り返すからである。そこで，1971年に行われた改正によって，根抵当制度が創設された。

2 特　　徴

根抵当権は，普通抵当権と比較すると，次のような特徴を有する。

まず，被担保債権は，その発生原因が特定されていれば足りる（398条の2第2項）。したがって，根抵当権は，不特定多数の債権を被担保債権として成立しうる（同条1項）。ただし，根抵当権によって担保される債権の限度額（**極度額**）は特定されていなければならない。このことから，普通抵当権では基本原則と位置づけられる特定の原則が，形を変えて根抵当権にも妥当していることになる。

次に，ある一定の時点で被担保債権額が0円になったとしても，根抵当権は消滅しない。継続的取引関係は，ある時点で債権額が0円になっても，その後に再度債権が発生するという特徴を有するからである。さらに，元本の確定（→217頁）前に被担保債権が譲渡されたとしても，根抵当権が移転することはない（398条の7第1項）。つまり，普通抵当権における付従性と随伴性は，根抵当権ではいずれも否定されている。

2――個別規定

1 被担保債権の範囲

上述のように，不特定多数の債権を担保する根抵当権といえども，被担保債権の発生原因は特定されなければならない。つまり，根抵当権設定者と根抵当権者の間で発生するすべての債権を包括的に担保するような根抵当権の設定は認められないわけである。民法は，根抵当権によって担保される債権の発生原因を次のような形で限定している。

第1に，債務者との特定の継続的取引契約によって生ずる債権である（398条の2第2項）。たとえば，「商品甲についての継続的供給契約によって生ずる債権」などがそれに該当する。

第2に，債務者との一定の種類の取引によって生ずる債権である（398条の2第2項）。第1の類型は，当事者間で具体的な基本契約が締結されているケースを想定しているが，単に「継続的商品供給契約によって生ずる債権」というように，抽象的な特定をすることも可能である。

第3に，特定の原因に基づき債務者との間に継続して生ずる債権である（398条の2第3項）。第1類型および第2類型は，当事者間に取引関係が存在する場合を想定しているが，第3類型に該当するのは，たとえば，公害の被害者が加害者に対して継続的に損害賠償金債権（709条）を取得するようなケースである。

第4に，手形上もしくは小切手上の請求権または電子記録債権である（398条の2第3項）。根抵当権設定者Aが振り出した手形を，根抵当権者Bが割り引いた結果，Bが，Aに対して手形上の債権を取得した場合，当該債権が被担保債権になるのは当然である。しかしながら，それを超えて，Aが振り出した手形が，何人かの裏書人を経て，最終的にBが割り引いた場合（回り手形）であっても，BのAに対する手形上の債権は根抵当権の被担保債権となる。

2 極度額

根抵当権者は極度額を限度として優先弁済を受けることができるが，普通抵当権とは異なり，利息や遅延損害金に関する限定（375条）は存在しない（398条の3第1項）。極度額は登記事項となっているため（不登88条2項1号），後順位抵当権者は，極度額の範囲内で先順位抵当権者に劣後することを予測することができるので，普通抵当権におけるような限定（→第4節2）をする必要性がないからである。

3 登　記

普通抵当権と同様，根抵当権設定登記が対抗要件となる。極度額のほか，債務者（不登88条2項2号）や，元本確定期日に関する合意がある場合は当該期日（同項3号）などが登記事項とされている。なお，次に述べるように，法律関係を明確にすることを目的として，登記が効力要件とされている場合が多い。

4 元本確定前の根抵当権

元本が確定する前であれば，根抵当権者と根抵当権設定者の合意によって，債務者や被担保債権を変更したり（398条の4第1項），元本確定期日を新たに定めたり，また既存の期日を変更したりすることができる（398条の6第1項）。ただし，これらの事由については，登記が効力要件とされている（398条の4第3項・398条の6第4項）。

被担保債権が譲渡されても根抵当権が移転しないことは前述のとおりだが，これに加えて，被担保債務の引受け（398条の7第2項），債権者または債務者の交替による更改（同条4項）があっても，根抵当権は移転しない。

ただし，根抵当権の処分は可能であり，転根抵当（398条の11第1項ただし書）・全部譲渡（398条の12第1項）・分割譲渡（同条2項）・一部譲渡（398条の13）といった方法がある。

5 元本の確定

根抵当権の被担保債権は発生・消滅を繰り返すが，流動的な状態にあった被担保債権の元本が特定され，根抵当権が特定の額に固定することを**元本の確定**という。

元本の確定は，予め定められた期日（398条の6）が到来することによって生じるが，根抵当権設定者または根抵当権者による確定請求があった場合（398条の19：ただし，確定するのは請求の時より2週間を経過した時点）や，法定の確定事由が発生した場合（398条の20）にも生じる。元本が確定した根抵当権は**確定根抵当権**と称され，ほぼ普通抵当権と同様の効力を有する。ただし，375条の制約がない点において普通抵当権とは異なる。

確定した被担保債権額が極度額を大幅に下回るといった事情がある場合，極度額が従前のまま登記されていると，根抵当権設定者が，後順位抵当権の設定をしたうえで第三者から融資を受けることが困難となる状況も想定される。そこで，根抵当権設定者は極度額減額請求をすることができる（398条の21）。また，物上保証人や第三取得者等は，根抵当権消滅請求をすることができる（398条の22）。

なお，共同根抵当権が設定され，担保不動産競売が行われる場合については特則がある。すなわち，普通抵当における共同抵当権については392条が適用されるが（→第**6**節**3**），根抵当権については，共同根抵当権の設定登記がない限り，同条の適用はない（398条の16）。その結果，共同根抵当権者は，複数の不動産に設定された根抵当権の極度額を合算した額で優先弁済を受けることができる（398条の18）。

第8章
質　　権

●本章で学ぶこと

たとえば，AはBからお金を借りたいと考えているが，Bが何か担保に入れることを求めてきた場合，Aが不動産を所有していれば，その不動産に抵当権を設定することができる。しかし，抵当権の設定可能な財産を所有していない場合には抵当権は利用できないし，また，数万円程度のごく少額のお金を借りるために，わざわざ自己の所有する不動産に抵当権を設定することも手間や手数料がかかり合理的ではない。民法は，このような場合に質権という約定担保物権を規定している。自己の動産・不動産・その他の財産権を担保として債権者（質権者）に引き渡し，期日までに債務者が返済しなければ，債権者（質権者）は，その引き渡された動産・不動産・そのほかの財産権を競売するなどして換価し，そこから優先弁済を受けるというものである。質権は，抵当権と同様に当事者間の設定契約によって成立する約定担保物権であるが，目的物の占有を質権者に移転する点で抵当権と異なる。また，質権の成立する対象も，動産・不動産・財産権の3つがある。本章では，この質権について，その意義・成立要件・効力などを説明する。

第1節 質権とは何か

1――質権の特色：留置的効力と優先弁済的効力

質権とは，債権者が債権の担保として債務者または第三者から受け取った物を占有し，その物について他の債権者に先立って自己の債権の弁済を受けることができる担保物権である（342条）。具体例で説明しよう。債務者Aは，債権者Bから10万円を借りていたため，担保として自己の所有する時計（時価10万円相当）をBに引き渡した。弁済期が過ぎてもAが10万円を弁済しない場合に，Bは，このAの時計を競売するなどして換価し，自己の債権の弁済に充てることになる。Aからすると，債務の弁済をしなければ自己の時計が返してもらえないので，何とか債務を弁済しようとするだろう。つまり，質権にはまず，目的物（これを**質物**という）を債権者（質権者）が留置することによって間接的に債務者に弁済を促すという留置的効力がある（347条）。さらに，上述したように，質権には，質権者が質物を競売にかけて換価し，売却代金から優先弁済を受けるという優先弁済的効力もある。このように，質権には留置的効力と優先弁済的効力があるのが原則であるが，例外として権利質には留置的効力がない。

2――質権の種類

民法は，質権が成立する目的物に即して動産質・不動産質・権利質の３種類の質権を規定している。

1 動 産 質

動産質は，その名のとおり動産を債権者に引き渡すことで担保とするものであるから，少額の債務を担保することに適しており，かつては小口の庶民金融の中心であった。しかし，消費者金融（かつてはサラリーマン金融，いわゆるサラ金と呼ばれていた）やクレジット・カードなどの発展により，ほとんど利用されていないのが現状である。後述するように，この動産質の設定には目的物の引渡しが必要であり，質権設定者は引き渡した質物を利用することができない。したがって，工場などで利用している機械器具，あるいはオフィスにおけるPC等に質権を設定すると，生産活動ができなくなるため，機械器具などの生産手段について質権は利用されておらず，非占有担保である譲渡担保が用いられている。

2 不動産質

不動産質は，質権者に目的不動産の使用収益を認めている（356条）。しかし，質権設定者は目的不動産を利用できなくなるし，また，債権者である銀行などの金融機関自らが使用収益することはかえって煩雑であるため，今日では不動産質は，ほとんど使われていない。

3 権 利 質

権利質は，財産権を目的とする質権である。財産権としては債権，株式・不動産物権（地上権や永小作権）・無体財産権（特許権や著作権）などが対象となる。その中でもとくに債権質がよく利用されている。具体的には，銀行が貸付けをする際にまず預金をさせたうえで，その預金債権に質権を設定したり，建物に抵当権を設定する際に火災保険の保険金請求権に質権を設定したりすることが多く行われている。以下では，権利質については債権質を取り上げる。

第2節 質権の設定

1——質権設定契約

質権は，債権者と設定者との間の質権設定契約によって設定される（→図表8-1）。設定者とは，債務者と物上保証人のいずれかである。債務者が自己の財産権に質権を設定した場合は，債務者自身が設定者である。債務者以外の第三者が自ら所有する財産権に質権を設定した場合はこの第三者が設定者であり，物上保証人と呼ばれる。そして，344条により「質権の設定は，債権者にその目的物を引き渡すことによって，その効力を生ずる」と定められている。

1 要物契約

(1) **目的物の引渡し**　344条は，目的物が債権者に引き渡されることによって質権の設定の効力が生じるとしているため，通説はこの質権設定契約を要物契約と解する。つまり，目的物が債権者に引き渡されてはじめて質権設定

図表８－１　質権の設定者とは

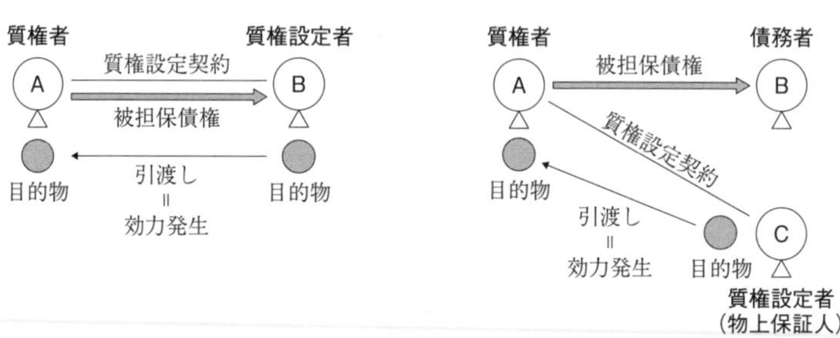

契約の効力が生じると解する。これに対して，質権設定契約は合意のみで成立し，目的物が引き渡されたときに質権そのものの効力が発生する，したがって，目的物が引き渡されていない場合には，質権設定契約に基づいて債権者が目的物の引渡しを請求しうるという見解もある。なお，ここでいう引渡しには，**現実の引渡し**（182条１項）のほかに，**簡易の引渡し**（同条２項）と**指図による占有移転**（184条）も含まれるが，**占有改定による引渡し**（183条）は含まれない。345条が，質権者は，設定者に自己の代わりに質物の占有をさせることはできないと規定しているからである。この345条の趣旨については，質権の留置的効力を完全に実現するためであるとする見解と，質権の公示の目的を徹底するためであるとする見解があったが，本条が登記によって公示される不動産質にも適用されることなどから考えると，現在では一般に，留置的効力を貫徹させるためと理解されている。

⑵　**債権質の特殊性**　　動産質・不動産質の設定契約では目的物の引渡しが必要であるのに対して，債権質の場合は，引渡しが必要であるかが問題となる。というのも，目的物である債権自体が有体物ではないため，債権の占有を移転することが考えることができない。その結果として債権の引渡しを動産質や不動産質と同じように考えることができないからである。それでも民法は債権質の設定契約についてもできるだけ要物性を貫こうとしていた。まず，2003年改正前の民法363条は，債権証書（借用証書や預金通帳などの債権の存在を証明する文書）があれば，その引渡しによって質権設定の効力が生じるとしていた。しかし，**指名債権**（債権者の特定された一般的な債権）については，債権証書が存するとは限らず，債権証書がない場合は質権設定の合意だけで指名債権質が成

立すると解されていたため，証書の引渡しという要物性は実質的に貫くことができていなかった。そこで，2003（平成15）年の改正により，譲渡に証書の交付を要する債権を質権の目的とするときには，質権の設定は，その証書の交付によってその効力を生ずる（改正前363条）と改正された。それでも，「譲渡に証書の交付を要する債権」としてどのようなものが該当するかについて混乱がみられたため，2017（平成29）年の改正により363条が削除され，指名債権について要物性は放棄された。そして，2017年改正により有価証券に関する規定が新設されたことに伴い，指図証券や記名式所持人払証券の質権設定についての規定も新設された（それに伴い指図債権を目的とする質権の対抗要件を定めた改正前365条も削除された）。指図証券については証書への裏書きと証書の交付，記名式所持人払証券についてはその証券の交付が質権の効力発生要件とされ，これらでは要物性が維持されている（520条の7・520条の17）。

2 質権の目的物

質権は，質権設定者から質権者へ債権の担保として引き渡された目的物について，質権者が留置することで設定者に間接的に弁済を促す留置的効力だけでなく，債権の弁済がない場合には競売等によって換価して優先弁済を受ける優先弁済的効力も有する。したがって，質権の目的物は，優先弁済のために換価しうるものでなければならず，換価の前提として譲渡可能なものでなければならない（343条の反対解釈）。動産・不動産・財産権（債権）のほとんどが，譲渡可能であるので質権の目的物となりうるが，動産でも①麻薬や拳銃のような禁制品は目的物にならず，また，②特別法によって，動産抵当制度が設けられている動産であり，かつ，質権の設定が禁止されている場合（商850条・851条，自動車抵当20条，航空機抵当23条，建設機械抵当25条など）にも質権は設定できない。債権については，③性質上譲渡性のない債権（466条1項ただし書），④法律上譲渡または担保設定が禁止されている債権（扶養請求権〔881条〕など）は，譲渡できない債権であるため，質権の目的物になりえない。なお，不動産については，譲渡できない不動産の例がほとんどないため，あらゆる不動産が質権の目的物になりうる。また，譲渡禁止の特約が付された債権につき，質権が設定された場合で質権者がその特約につき悪意または重過失により知らなかったときは，債務者からその債務の履行を拒絶されうる。

3 存続期間

民法上，原則として質権の存続期間は定められていない。ただし，不動産質については，最長10年の存続期間が定められており，これより長い期間を定めても10年に短縮される（360条1項）。不動産質のみ存続期間の定めがあるのは，所有者以外の者に長期間土地の利用を任せておくと，土地の管理や改良を怠り価値を減少させるおそれがあるからという理由からである。なお，当事者が存続期間を定めなかったときでも，10年の存続期間が認められる。そして，存続期間が経過すると質権そのものが消滅する。最初に設定した存続期間が満了する前に，期間を更新することができるが，この期間も更新の時より10年を超えることができない（同条2項）。

2――対抗要件

質権も物権であるので質権者が設定契約の当事者以外の第三者に対して質権を主張するためには対抗要件を備えなければならない。ただし，動産質・不動産質・債権質それぞれで異なる特色を有する。

1 動産質と不動産質

(1) **動産質**　動産物権変動の対抗要件を定める178条は，動産に関する**物権の譲渡**に関する規定であるため，そもそも**質権の設定**には適用されない。そこで，352条は，動産の質権については**占有の継続**を対抗要件としている。したがって，たとえば，Ａは，Ｂの所有する動産甲を譲渡され引渡しを受けた場合，178条の対抗要件が具備されたので，その後，Ｃによって占有を奪われた場合でもＡは所有権に基づく返還請求が可能である。これに対して，Ａが，Ｂの所有する動産甲に質権の設定を受け，甲の引渡しによって質権が有効に成立したとしても，Ｃに占有を奪われた場合，質権に基づく返還請求は認められないことになる。そして，この場合には353条により占有回収の訴え（200条）によってのみ奪われた動産甲の占有を回復することができる。ここで，占有回収の訴えは「その占有を奪われたとき」に認められるので，質権者が詐欺によって第三者に質物を引き渡した場合や質物を遺失した場合には，占有を奪われたことに該当せず占有回収の訴えが認められない。よって，質物を回復する手段がないことになり，質権者の保護に欠けるとする批判がある。

⑵　**不動産質**　　不動産物権変動の対抗要件を定める177条は，不動産に関する物権の得喪および変更に関する規定であるから，不動産に関する質権の設定についても適用される。したがって，不動産質に関しては登記が対抗要件である。なお，上述したとおり，不動産質についても344条が適用されるため，不動産質権の設定には引渡しが必要であることに注意が必要である。つまり，目的不動産の引渡しにより不動産質の効力が発生し，その不動産質を第三者に対して主張するためには登記が必要ということである。

⑶　**質物を返還した場合**　　では，不動産質権者が質物を質権設定者から現実に引き渡された後に，その質物を質権設定者に再度引き渡して占有を失った場合，不動産質権は存続するのか，それとも消滅するのか。不動産質権者がその質権自体を放棄する意思を有していた場合は当然に消滅するとして問題はない。しかし，質権を消滅させる意思がないにもかかわらず質権設定者に再度占有をさせた場合は，質権設定者による代理占有を禁ずる345条との関係で問題となる。判例は，質権者が質権設定者から質物の引渡しを受け，質権の登記をした後に質権設定者に質物を返還した事案において，質権者がいったん有効に質権を設定した後に345条の規定に違背し，質権設定者に質物を占有させても，その占有は法律上代理占有の効力が生じないにとどまり，そのために質権は消滅しないとした（大判大５・12・25民録22輯2509頁）。この判決は，質権者が有効に質権を設定した後に占有を失った場合，動産質においてはその質権を持って第三者に対抗することができなくなるが，不動産質においては，登記が第三者対抗要件であるから質権の効力に何ら変更はないとした。344条・345条の趣旨からすると疑問のある結論といえ，学説上も議論のあるところである。

２ 債 権 質

まず，有価証券化された債権である指図証券や記名式所持人払証券，無記名証券については，証券の交付が効力発生要件であるため対抗要件は問題とならない（したがって，指図債権を目的とする質権の対抗要件を規定していた365条が2017年改正で削除された）。

債権を目的とする質権の対抗要件については364条が規定されている。具体的にみてみよう。ＢがＡに対する債務の担保のために，ＢがＣに対して有する債権に質権を設定する場合（→図表８－２），債権の譲渡に関する467条の規定に

図表８－２　債権質の対抗要件

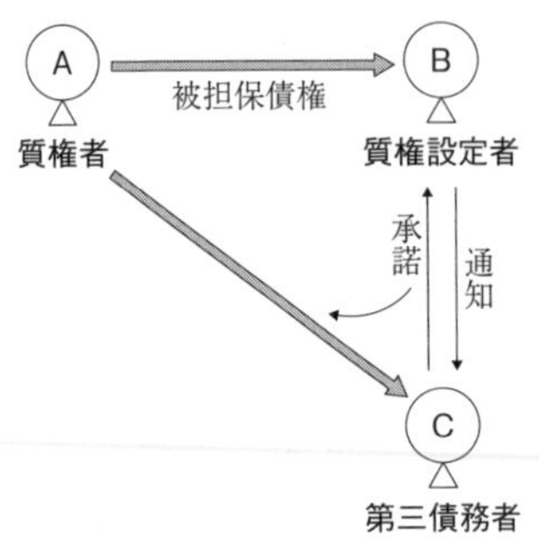

従い，①第三債務者Ｃに対する対抗要件は，設定者Ｂが質権設定を第三債務者Ｃに**通知**するか，第三債務者Ｃが質権設定を**承諾**することである（364条）。②第三債務者Ｃ以外の第三者（一般債権者や二重に質権の設定を受けた者）に対する対抗要件は，①の通知または承諾が**確定日付ある証書**によってなされることである（467条２項）。

第３節　質権の効力

１――質権によって担保される債権：被担保債権の範囲

質権によって担保される債権（被担保債権）の範囲については，346条が定めている。346条は，質権設定行為に別段の定め（特約）がない限り，元本，利息，違約金，質権実行の費用，質物の保存の費用および債務不履行または質物の隠れた瑕疵によって生じた損害の賠償が担保されると規定する。これは抵当権の被担保債権の範囲（375条参照）と比べると，相当広い範囲まで担保されることになる。その理由は，抵当権の場合は後順位抵当権者などの利益が考慮されていたが，質権の場合，質権者は質物を占有するために，同じ質物に複数の質権者（後順位質権者）が現れる可能性が少ないからである。不動産質については，登記が対抗要件なので，担保される元本債権額も登記しなければ第三者に対抗できない（不登83条）。利息に関しては，358条が不動産質権者に債権の利息請求を禁じているが，359条により別段の定め（特約）がある場合には適用しないとしているため，利息も請求できる。ただし，この特約を登記しておくことが必要である（不登95条）。

２――質権の効力が及ぶ目的物の範囲

質権者に目的物が引き渡され，質権の効力が発生するとして，その質権の効力は目的物のどの範囲まで及ぶのか。

1 従　　物

民法87条2項は従物は主物の処分に従うとしているため，従物も引き渡されれば動産質の効力が及ぶ。ただし，引渡しが質権の効力発生要件であるから，引き渡されていない従物には質権の効力は及ばない。不動産質については361条により抵当権に関する370条が準用されるため，不動産の付加物として従物に不動産質の効力が及ぶ。

2 果　　実

質権の種類によって，果実の扱いに違いがある。

⑴　**動産質**　　動産質権には使用収益権能はないが，質権の総則規定である350条が留置権者による果実の収取を認める297条を準用しているので，質権者が質物より生じる果実を収取して他の債権者に優先して債権の弁済に充当できる。したがって，果実に動産質権の効力が及ぶ。ただし賃料などの法定果実の場合，質権者が所有者の承諾を得なければ，質物を賃貸できない（350条が準用する298条2項）ため，所有者の承諾を得て質物を賃貸した場合にのみ質権の効力が及ぶ。

⑵　**不動産質**　　不動産質については，356条が不動産質権者に使用収益権能を認めているので，天然果実，法定果実ともに不動産質の効力が当然に及ぶ。したがって，抵当権に関する371条は準用されない。

⑶　**債権質**　　債権質についても362条2項により質権の総則規定が準用されるので，350条が準用する297条により，債権質権者にも果実収取権能が認められる。したがって，質入れされた債権に利息が付されているときには，債権質の効力は利息債権にも及び，質権者はこの利息を取り立てて債権の優先弁済に充てることができる。

3 物上代位

質権についても物上代位権が認められている（350条・304条）が，これが問題となることはあまりない。

3――留置的効力

質権者は，被担保債権の弁済を受けるまで質物を留置することができる（347

条本文)。この留置的効力によって債務者に心理的な圧迫を加え弁済を促すことになる。ただし，この留置的効力は，動産質，不動産質および証券の交付を効力発生要件とする有価証券に対する質権についてのみであり，質入れに証書の交付を必要としない債権質には，留置的効力はない。

4——優先弁済権

質権者は優先弁済権を有するが，動産質・不動産質・債権質のそれぞれによってその具体的な実現方法は異なる。

1 動 産 質

(1) **競売による換価**　質権者は，自ら質物の競売を申し立て，売却代金から優先的な弁済を受けることができる(342条)。競売手続は，動産執行の手続に準じる(民執190条〜192条)。355条は，同一の動産について数個の質権が設定された場合，質権の順位は設定の前後によるとしている。質権設定者は，質権者に目的物を引き渡しており，したがって，質物を占有していないため，同一の動産について複数の質権が設定されることはほとんどないといえる。ただし，たとえば，Bが保管中の動産甲を所有者AがCのために質権を設定して指図による占有移転を行い，ついでDのために質権を設定して同じく指図による占有移転を行った場合が想定しうる。この場合，355条が設定の前後によって決まるとしているため，動産質の設定つまり目的物の引渡しの前後で優劣が決まる。

(2) **簡易な弁済充当**　前述のとおり，質物を競売により換価して優先弁済を受けることが質権実行の原則である。ただし，動産質については354条により特別な方法が認められている。それは，質物の所有権を質権者が取得することで被担保債権の弁済に充てるというもので，簡易な弁済充当といわれる方法である。この簡易な弁済充当は，質物の価格が低く競売しても費用倒れになることや，買い手が現れないことが推察される等，正当の理由がある場合に限って認められ，しかも，鑑定人の評価に従うこと，裁判所に請求すること，予め債務者にその請求を通知することを要件とする。

(3) **流質契約の禁止**　被担保債権について債務の不履行があれば，質権者は，本来競売による換価あるいは簡易な弁済充当の手段のどちらかにより被担保債権の充当を受けるべきである。しかし，このような法律に定められた方法によらずに，質権者に弁済として目的物の所有権を取得させることを予め約束しておくことを流質契約という。349条は，この流質契約を禁じている。なぜなら，この流質契約を許すと，どうしてもお金を借りたい借主は，その借りる額よりも高額な財産を質物とすることを貸主に強制され，弁済できないときは質権者によってその物質の所有権を取り上げられてしまう可能性があるからである。349条は，設定行為または債務の弁済期前の契約において流質契約をすることを禁じているので，この反対解釈として，債務の弁済期後になされた流質契約は有効と解されている。弁済期後ということは，すでに担保として質物を引き渡した後のことであり，債務者が差し迫った事情から不利な契約を強制されるおそれが少ないためである。商行為によって生じた債権を担保するために設定された質権についても，当事者に自己の利益を守るための経験と知識があるとされるので流質契約は有効である（商515条）。質屋営業法による質屋の質権についても，都道府県公安委員会の監督下にあること，および競売による費用倒れを防ぐこと等から流質契約が認められている（質屋18条）。

2 不動産質

不動産質権者も，目的不動産を競売にかけて売却代金から優先弁済を受けることができる（342条）。また，不動産質には，その性質に反しない限り，抵当権の規定が準用されるため（361条），実行方法についても競売による換価のほかに，担保不動産収益執行も可能である。質物が不動産であるということから，動産質で認められた簡易な弁済充当は認められない。また，流質契約も禁止されているが，不動産の場合は買戻特約付売買や譲渡担保によって流質と同じ効果がもたらされ，流質契約の禁止は事実上形骸化している。

3 債 権 質

債権質も，民事執行法の定める債権執行の手続に従って被担保債権を回収することができる（民執193条）が，民法は，債権質の実行方法として，質権者自らが質物である目的債権を第三債務者から直接取り立てることを認めている（366条1項）。たとえば，質権者Aは，債務者Bに対して有する債権（α債権）を担保するため，Bが第三債務者Cに対して有している債権（β債権）について質権の設定を受けた場合，この質権の実行方法として，Aは，第三債務者Cに対

図表8－3　質権者による債権の取立て

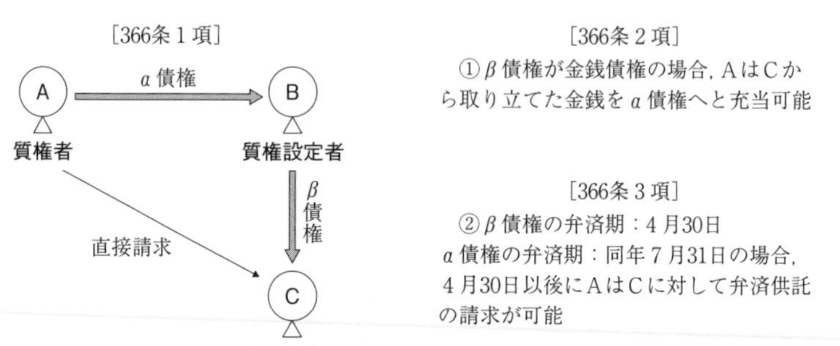
[366条1項]
A
α債権
B
質権者
質権設定者
β
債
権
直接請求
C
第三債務者
[366条2項]
①β債権が金銭債権の場合，AはCから取り立てた金銭をα債権へと充当可能
[366条3項]
②β債権の弁済期：4月30日
α債権の弁済期：同年7月31日の場合，
4月30日以後にAはCに対して弁済供託の請求が可能

して直接自己にβ債権の弁済を請求することができる（→図表8－3）。そして，質権の目的債権（β債権）が金銭債権であるときは，質権者Aは自己の債権（α債権）額に対応する部分について，第三債務者Cから取り立てて，その金銭を被担保債権に充当できる（同条2項）。しかし，目的債権（β債権）の弁済期が質権の被担保債権（α債権）の弁済期より早く到来した場合，質権者Aは，第三債務者Cに対して供託を請求することができ，その場合は，供託金（還付請求権）の上に質権が存続することになる（同条3項）。目的債権（β債権）が金銭債権以外のものであるとき，質権者が弁済として受け取った物の上に質権が存続する（同条4項）。なお，債権質についても流質契約は禁止される。

5——質権者の権利義務

1 動　産　質

動産質の質権者は，善良なる管理者の注意をもって目的物を占有する必要（善管注意義務）がある（350条・298条1項）。また，質権者は，設定者の承諾がなければ目的物の使用・賃貸をすることができない（350条・298条2項）。質権者がこれらの規定に反したときは，質権設定者は質権の消滅を請求することができる（350条・298条3項）。

2 不動産質

不動産質の質権者は，質物を使用収益する権利を有する（356条）。したがって，動産質と異なり，不動産質権者は，設定者の承諾なしに目的不動産を使用したり，他人に賃貸して賃料を収取できる。その反面，管理費用や不動産に対する租税などを負担しなければならない（357条）。ただし，当事者間でこれらの規定と異なる特約が結ばれたとき，または担保不動産収益執行が開始されたときは，質権者は，不動産を使用収益できない一方，管理費用などの負担も免れる（359条）。

3 債 権 質

債権質の質権者は，前述のとおり，質権の目的である債権を直接に取り立てることができる（366条１項）。この優先弁済権の行使の前提として，質権の目的である債権が存続していなければならない。したがって，質権の設定は，債権の差押えと同じく，目的債権を消滅させる行為を禁ずる効力を有し，目的債権の債権者（質権設定者）・債務者（第三債務者）は以下のような拘束を受ける。

⑴　**質権設定者に対する拘束**　　質権設定者は，債権の取立て，相殺，免除など債権を消滅させる行為をすることができない（相殺について大判大15・3・18民集５巻185頁）。仮にこれらの消滅させる行為をしたとしても，その債権の消滅を質権者に対抗することができない。また，質権設定者は，質権者の同意がない限り，第三債務者に対して破産の申立てをすることができない（最決平11・4・16民集53巻４号740頁）。破産手続の開始により，質権者による取立てが制約を受けるからである。さらに，質権設定者は，債権の消滅，債権を変更させる一切の行為が禁じられるだけでなく，質権者に対して当該債権の担保価値を維持すべき義務を負うため，当該債権の担保価値を害するような行為を行うこともできない（最判平18・12・21民集60巻10号3964頁。→WINDOW 8-1）。

⑵　**第三債務者に対する拘束**　　第三債務者は，自己の債権者，すなわち質権設定者に弁済しても，これをもって質権者に対抗することができない（481条の類推適用）。また，質権設定後に取得した設定者に対する債権を自働債権として，目的債権を相殺により消滅させることはできない（511条の類推適用）。

6――転　　質

1 転質の意義

転質とは，質権者が質物として質権設定者から受け取った物の上に，さらに自己の債務の担保のために質権を設定することである。たとえば，ＢがＡに対する債務の担保として，自己の動産甲に質権を設定し，Ａに引き渡したとす

□ WINDOW 8-1

質権設定者の担保価値維持義務

質権者A，質権設定者B，第三債務者Cとし，最高裁平成18年判決の事案を簡略にして説明する。B（借主）とC（貸主）が賃貸借契約を締結した際にBからCへ敷金が差し入れられ，この敷金返還請求権につきBがAに対する債権の担保ため質権を設定したが，その後，Bが破産し，管財人が破産宣告後の賃料等の支払いをせず，Cとの間で破産宣告後の賃料等に敷金を充当する旨の合意を行った事案である。判決は「債権が質権の目的とされた場合において，質権設定者は，質権者に対し，当該債権の担保価値を維持すべき義務を負い，債権の放棄，免除，相殺，更改等当該債権を消滅，変更させる一切の行為その他当該債権の担保価値を害するような行為を行うことは，同義務に違反するものとして許されないと解すべきである。そして，建物賃貸借における敷金返還請求権は，賃貸借終了後，建物の明渡しがされた時において，敷金からそれまでに生じた賃料債権その他賃貸借契約により賃貸人が賃借人に対して取得する一切の債権を控除し，なお残額があることを条件として，その残額につき発生する条件付債権であるが（……），このような条件付債権としての敷金返還請求権が質権の目的とされた場合において，質権設定者である賃借人が，正当な理由に基づくことなく賃貸人に対し未払債務を生じさせて敷金返還請求権の発生を阻害することは，質権者に対する上記義務に違反するものというべきである」とした（最判平18・12・21民集60巻10号3964頁）。

最高裁は，結論として，未払賃料を敷金で充当する合意により破産財団は破産手続開始後の賃料の支払いを免れ，質権者は優先弁済を受けることができなかったのであるから，破産財団は，質権者の損失により利得を得ているとして，Aの不当利得返還請求を認めた。一般論として，質権設定者の担保価値維持義務が認められることにおそらく異論はないと思われるが，本件のような敷金返還請求権の特殊性（622条の2参照）がある場合でも，最高裁は，賃借人が正当な理由に基づかずに賃貸人に対して未払債務を生じさせて敷金返還請求権の発生を阻害することが，質権者に対する担保価値維持義務違反となるとしたことに注目すべきである。

る。Aの債権がまだ履行期に至らない段階で，Aに資金調達の必要が生じた場合，AはBから債権を回収することはできない。この場合に，質権者A（原質権者）がC（転質権者）から融資を受け，その担保として動産甲にさらに質権を設定してこれをCに引き渡すことが認められる（→図表8－4）。この転質の種類として，責任転質と承諾転質の２つがある。責任転質は，原質権の設定者Bの承諾なしに行うことができる転質であり，348条が定めるものである。承諾転質は，設定者Bの承諾を得て行われる転質であり，350条により留置権に関する298条２項が質権に準用されるために認められるものである。

図表8－4　転質の設定

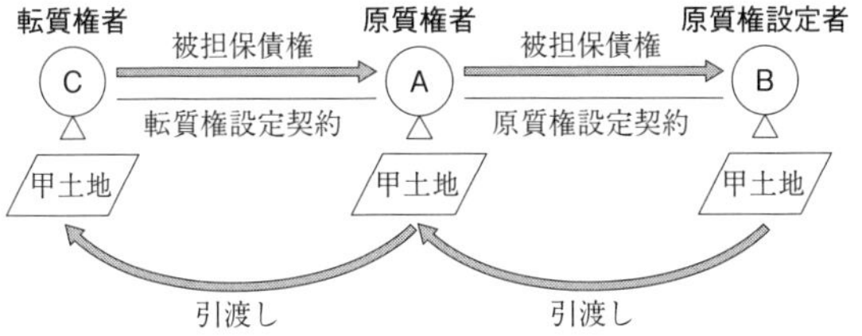

転質権者　原質権者　原質権設定者
C　被担保債権　A　被担保債権　B
転質権設定契約　原質権設定契約
甲土地　甲土地　甲土地
引渡し　引渡し

2 責任転質

(1)　**責任転質の法的構成**　　責任転質を法的にどのように構成するかについては2つの考え方がある。1つは，質権者が被担保債権と切り離された質物そのものをさらに質入れすることが転質であると考える説（質物質入説）であり，もう1つは，原質権とその被担保債権とが共同で質入れされるのが転質であると考える説（共同質入説）である。質物質入説が通説であるが，どちらの説でも，転質に関する具体的な問題について結論は大きく異ならない。

(2)　**責任転質の要件**　　責任転質は，質権設定の場合と同じく，目的物の引渡しが成立要件となる。この他に，かつては転質権の被担保債権額が質権の被担保債権額を超えないことも要件であると解されていた。しかし，現在の学説は，この点は成立要件の問題ではなく効力の問題として取り扱っている。つまり，転質権の被担保債権額が原質権の被担保債権額を上回っていても転質権は有効に成立するが，転質権者が優先弁済を受けられるのは原質権の被担保債権額の範囲内でのみと考えるのである。また，348条は転質権の存続期間が原質権の存続期間内であることを要求しているが，この存続期間が定められるのは不動産質のみであることから，この要件は不動産質についてのみ問題となるものと考えられている。

(3)　**責任転質の効果**　　(a)　原質権者の責任　　責任転質は，原質権者が原質権設定者の承諾を得ずに自己の責任で転質を行うため，転質をしなければ生じなかったであろう損害は，不可抗力によるものであっても，原質権者が賠償責任を負わなければならない（348条後段）。これは，承諾転質では原質権者は善管注意義務を負うにとどまる（350条・298条1項）のに比べて責任が加重させられている。

(b) 原質権関係に対する拘束　責任転質がなされた場合，転質権者に無断で原質権関係を消滅させてはならないという拘束が，原質権設定者と原質権者に課せられる。このことから，原質権設定者（債務者）は，弁済などによって被担保債権を消滅させることができず，原質権者も，被担保債権の弁済期が到来しても原質権を実行することができない。しかし，債務者が転質権が設定されていることを知らずに弁済するなど，原質権設定者に不測の損害が発生するおそれがある。そこで，転質権の設定を原質権の債務者に対抗するために，債務者への通知またはその承諾が必要と解されている（364条または377条の類推適用）。

(c) 転質権の実行　転質権の実行のためには，原質権の被担保債権と転質権の被担保債権の両債権がともに弁済期に達していることが必要となる。原質権の被担保債権の弁済期が先に到来した場合には，転質権者は原質権設定者に弁済金額の供託を請求でき，転質権はこの供託金（還付請求権）の上に存続することとなる（366条3項の類推適用）。転質権が実行された場合，転質権者が質物の売却代金から優先弁済を受け，残余があれば原質権者が弁済を受ける。

3 承諾転質

原質権設定者の承諾に基づき設定される承諾転質は，原質権とは別個の新たな質権の設定とされる。したがって，原質権設定者が債務を弁済して原質権が消滅しても，転質権が消滅することはない。また，原質権の被担保債権の弁済期が未到来でも，転質権の被担保債権が弁済期にあれば，転質権を実行できる。

第9章 法定担保物権

●本章で学ぶこと

抵当権や質権のように，債権者と担保の目的となる物の所有者の間で合意によって設定される約定担保物権と異なり，一定の債権が発生すれば，当事者の合意がなくても自動的に発生するよう法律が定めた担保物権を法定担保物権という。このような法定担保物権は，当事者間の公平の確保や，当事者の意思を法律が推定すること，あるいは一定の社会政策的配慮など，さまざまな理由から認められる。このような法定担保物権の特徴は，抵当権・質権などの約定担保物権と異なり，当事者の意思に委ねることなく法律が一定の条件のもと一定の債権者に担保を付与する点にある。

民法では，法定担保物権として留置権と先取特権の2種類が定められている。それぞれの条文は，第2編物権のなかの用益物権の各章（第4章～第6章）に続き担保物権の冒頭に第7章留置権（295条～302条），第8章先取特権（303条～341条）として置かれている。

本章では，条文の順序どおり留置権，先取特権の順で説明する。留置権について，留置権とはどのような権利か，留置権はどのような場面で成立するのか，成立した留置権にはどのような効力があるのか，留置権を有する者にはどのような権利義務が生じるのか，留置権はどのようにして消滅するのか，とくに留置権に特有な消滅原因を説明する。つづいて，先取特権について，先取特権とはどのような権利か，民法上どのような種類の先取特権があるか，それら複数の先取特権が同時に成立する場合に，どちらが優先されるのか，先取特権はどのような効力を有するのかについて説明する。

第1節 留置権

1――留置権とは何か：当事者間の公平

留置権は，他人の物の占有者がその物に関して生じた債権を有する場合，その債権の弁済を受けるまで**その物を留置できる権利**（295条1項）である。具体的な事例で考えてみよう。Aの所有するパソコンが故障したため，Aは，修理業者Bにパソコンを持ち込み，修理を依頼した。その後，Bは修理を済ませたが，Aは修理代金を支払おうとしないだけでなく，Bに対してパソコンの所有権が自分にあるとして所有権に基づく返還請求をした。たしかに，パソコンの所有権はAにあるため，この請求が認められそうであるが，これが認められると，Bとしては，わずかな修理代金のためにAを相手に訴訟を提起したうえでAの財産に対して強制執行をかけるという面倒な手続をとらなければならない。これでは，修理業者Bは不利である。したがって，このような場合に，修理代金の支払いとパソコンの引渡しとが同時に行われるように，Aが修理代金を支払うまでBにパソコンの引渡しを拒絶できる権利を認めた方がA・B間の公平性にかなうといえる。このように，留置権は，当事者間の公平を図るために認められたものであり，当事者間の合意とは関係なく要件を満たせば法律上当然に成立する法定担保物権の1つである（→WINDOW 9-1）。

2――留置権の成立

1 成立要件

留置権の成立要件は，①他人の物を占有していること，②占有者がその物に関して生じた債権を有していること（以上295条1項本文），③債権が弁済期にあること（同項ただし書），④占有が不法行為によって始まったものではないこと（同条2項）の4つである。

2 他人の物の占有

「他人」とはどのような者をいうか。これは，物に関して生じた債権の債務者に限られず，債務者以外の第三者でもよいとされる。たとえば，所有者Cか

□ WINDOW 9-1

同時履行の抗弁権との異同

留置権と同じく公平の観点から認められるものとして，同時履行の抗弁権（533条）がある。留置権も同時履行の抗弁権も，当事者間の公平性を確保するという点では同じような機能を果たすものである。ここで，両者の違いを確認しておこう。①同時履行の抗弁権は，対価的な関係に立つ双務契約から生じるものであるが，留置権は物に関して債権が生じた場合に発生するものである。つまり，発生原因につき同時履行の抗弁権は双務契約のみに制約されるのに対し，留置権はそのような制約がない。②同時履行の抗弁権により拒絶できる債務の内容はとくに制約がなく，双務契約上発生する多様な債務が該当するが，留置権の内容は，物の引渡しの拒絶のみである。③同時履行の抗弁権は，双務契約の当事者間でのみ行使されるにすぎないが，留置権は，物権として構成されているため，誰に対しても行使できる。

ら借りていたパソコンをＡが修理業者Ｂに修理に出した場合でも，そのパソコンについてＢの留置権が成立する。他人の「物」については，動産でも不動産でもよい。不動産の場合でも，対抗要件として登記は不要であり，占有していればよい。

3 債権と物との牽連関係

たまたま，債権者が債務者の所有する動産を占有していたからといって留置権が認められるものではない。留置権が成立するには，占有者が，留置の目的である物に関して生じた債権を有していることが必要である。これを債権と物との**牽連関係**（けんれん）という。これまで，留置権が認められるかどうかについては，この債権と物との牽連関係があるかどうかを中心に議論されてきた。伝統的にこの牽連関係が認められる場合として，①**債権が物自体から生じた場合**と，②**債権が物の引渡請求権と同一の法律関係または事実関係（生活関係）から生じた場合**，の２つの類型があるとされてきた。

(1)　**債権が物自体から生じた場合**　　たとえば，他人の物を預かっていたかあるいは借りていた際にその物から発生した損害の賠償請求権や，必要費の償還請求権などである。具体的には，他人の物の占有者や賃借人がその物に支出した必要費，有益費の償還請求権（196条・608条）や，受寄者が保管する物の瑕疵によって受けた損害の賠償請求権（661条）などである。

(2)　**債権が物の引渡請求権と同一の法律関係または事実関係から生じた場合**

(a)　たとえば，売主の売買代金債権と買主の目的物引渡請求権は売買契約という同一の法律関係から，また修理業者のパソコン修理代金債権と依頼主のパソコン引渡請求権は請負契約という同一の法律関係から生じているため，この類型に該当する。さらに，AとBが互いに傘をまちがえて持ち帰った場合における双方の傘の返還請求権が同一の生活関係から生じた例として挙げられる。

(b)　問題となるのは，借家における造作買取請求権（借地借家33条），および借地における建物買取請求権（借地借家13条・14条）についてである。そもそも造作買取請求権とは，借家人が賃借家屋に自らの費用で設置したエアコンやガスコンロなどの造作（伝統的には建具・畳・鴨居などが挙げられてきた）について，賃貸借契約終了後に賃貸人に買取りを請求することができる権利である。この借家における造作買取請求権の行使によって発生した造作代金債権に基づいて借家人が建物を留置できるかが問題となる。判例は，この代金債権は造作に関して生じた債権で，建物に関して生じた債権ではないとして，建物について留置権の成立を否定する（大判昭6・1・17民集10巻6頁，最判昭29・1・14民集8巻1号16頁）。しかし，造作によって増加した建物の価値を維持しようとする買取請求権の趣旨や，有益費償還請求権（608条2項）の場合には建物について留置権が認められる点などを考慮し，通説は，判例の立場を批判し，建物について留置権の成立を認めるべきとする。次に，借地における建物買取請求権の行使によって発生した建物代金債権に基づいて借地人または建物譲受人が建物だけでなくその敷地まで留置できるかについて，判例は，建物留置の効力として敷地を留置できるとする（大判昭18・2・18民集22巻91頁）。これについては学説も異論がない。ただし，借地人または建物譲受人は，敷地については占有権原がないため，占有による利得つまり地代相当額を不当利得として地主に返還しなければならない。

4 弁済期の到来

295条1項ただし書に規定されているように，債権の弁済期が到来しない間は，留置権は成立しない。この場合に留置権の成立を認めると，弁済期が到来していない債権の履行を強制することになり，当事者間の公平に反することになるからである。したがって，有益費の償還請求権のように，裁判所が債務者のために相当の期限を許与した場合（196条2項ただし書・608条2項ただし書）も，

□ WINDOW 9-2

建物賃貸借契約解除後の不法占有と295条2項の類推適用

占有開始時は占有権原が存在したが，その後消滅した場合に留置権が認められるかが争われた事案として，建物売買契約が売買代金不払いのために解除されたのちに，買主が建物について必要費や有益費を支出した場合（最判昭41・3・3民集20巻3号386頁），賃料不払いのために建物賃貸借契約が解除されたのちに，賃借人が建物について有益費を支出した場合（最判昭46・7・16民集25巻5号749頁）などがある。判例は，占有者が占有権原のないことを知りながら必要費・有益費を支出したとしても，295条2項を類推適用して留置権を行使することができないとした（不法行為によって占有が始まったわけではないので直接適用はできないが，費用支出した時，不法占有であることを知っていたことから類推適用した）。さらに，権原がないことを過失によって知らなかった場合についても同様とする（最判昭51・6・17民集30巻6号616頁）。学説では，判例を支持するのが多数説であるが，これに批判的な立場も有力に主張されている。

留置権は成立しない。

5 不法行為による占有開始ではないこと

295条2項は，占有が不法行為によって始まった場合には，留置権の成立を認めないとしている。たとえば，他人の自転車を盗んだ者がそれを修理したとしても，修理費について留置権は成立しない。当事者間の公平の確保という趣旨からすれば，このような者に留置権を認める必要はないからである。それでは，占有開始時には占有権原があり，不法行為によって始まっていないが，その後占有権原が消滅し不法に占有している状態の場合に，留置権が成立するのだろうか。この点につき，判例は，295条2項を類推適用し，留置権の成立を否定している（→WINDOW 9-2）。

3――留置権の効力

1 留置的効力

成立要件を満たして発生した留置権はどのような効力を有するのであろうか。295条1項本文では，留置権者は，被担保債権の弁済を受けるまでは物を留置することができるとする。これを**留置的効力**という。この留置的効力は，留置権者が目的物を留置できるだけでなく，物の所有者からの引渡しを拒絶することにより，間接的に債権の弁済を強制することになる。

(1)　**留置の具体的内容**　　留置とは，「引渡しを拒絶」して，「占有を継続すること」とされる。第1の問題は，「引渡しを拒絶」できるのは，債務者に対してはもちろんのことであるが，債務者以外の第三者に対しても拒絶できるかである。これは，C所有のパソコンを借りていたAが修理業者Bに修理のために引き渡した場合，パソコンについてBの留置権が成立するか（債務者以外の第三者の物の上に留置権が成立するか）という問題ではなく，Aが自ら所有するパソコンを修理業者Bに修理のために引き渡した後に，AがパソコンをCに譲渡した場合，Bはパソコンの留置権をCに対しても主張できるかという問題である。判例は，留置権が成立したのち債務者からその目的物を譲り受けた者に対しても，債権者がその留置権を主張しうることは，留置権が物権であることに照らし明らかであるとして，Cに対しても留置権を主張できるとした（最判昭47・11・16民集26巻9号1619頁）。ただし，この場合，Cからの引渡請求訴訟では，修理業者BはAからの修理代金の支払いと引き換えにパソコンをCに引き渡せという**引換給付判決**になる。

第2の問題は，「占有を継続すること」の内容として，留置権者が従来どおりに目的物を継続使用できるかである。たとえば，有益費・必要費を支出した借家人が，留置権の行使として，賃貸借契約の終了後も従来どおり借家に居住することができるのであろうか。この点について，298条2項は，原則，債務者の承諾がない限り継続使用ができないが，例外として留置物の保存に必要な場合には留置権者の継続使用を認める。そして，有益費・必要費を支出した借家人の借家の留置について，判例は，その物の「保存ニ必要ナル使用」に該当するとして継続使用を認める（大判昭10・5・13民集14巻876頁）。ただし，家屋の使用によって得られた利益（家賃相当額）は不当利得として返還しなければならない。

⑵ **不可分性**　296条は，留置権の**不可分性**を定めている。つまり，被担保債権の弁済された額に応じて，留置している目的物を部分的に返還する必要はなく，留置権者は，債権全額の弁済を受けるまで目的物の全部を留置することができる。さらに，目的物の一部を債務者に引き渡した場合でも，債権の全部の弁済を受けるまで，留置物の残部につき留置権を行使することができ，占有を喪失した部分について留置権が消滅し，したがって，被担保債権が縮減されるわけではない（最判平3・7・16民集45巻6号1101頁）。

2 事実上の優先弁済機能

留置権者には目的物を競売にかけ換価して**優先弁済を受ける権利**はない（例外的に民事執行法上，留置権者の競売権が認められている〔民執195条，形式競売〕)。しかし，留置的効力によって事実上優先弁済を受ける機能がある。①不動産については，他の債権者が競売しても留置権は消滅しないので，競売による買受人は留置権の被担保債権を弁済しなければ引渡しを受けられない（民執59条４項・188条)。②動産については，他の債権者が競売しようとしても，留置権者が当該動産の引渡しを拒絶することができるので，競売手続が進行せず（民執124条・190条・192条参照)，結局，他の債権者は留置権の被担保債権を弁済し留置権を消滅させなければ競売手続をとることができない。以上のことから，留置権者には，事実上優先弁済権があるに等しいとされる。なお，留置物から生じる果実に対しては，留置権者にも文字どおりの優先弁済権能が認められる（297条)。

4——留置権者の権利義務

1 果実収取権

留置権者は，留置物から生じる果実を収取し，他の債権者に優先して債権の弁済に充当することができる（297条１項)。この果実の充当方法は，まず債権の利息に充当し，なお残余がある時は元本に充当すると定められている（同条２項)。果実には，天然果実のほか法定果実も含まれる。

2 費用償還請求権

留置権者は，留置物について必要費を支出したとき，所有者にその償還を請求できる（299条１項)。また，有益費を支出したときも，その留置物の価格の増加が現存する場合に限って，支出した金額または増加額の償還を請求できる。支出した金額と増加額のどちらであるかは，これを支払う所有者が選択する（同条２項本文)。ただし，有益費償還請求権については，所有者の請求によって，裁判所は相当の期限を許与することができる（同項ただし書)。この場合，有益費償還請求権を被担保債権とする留置権は成立しないことになる。

3 留置権者の義務

留置権者は，善良な管理者の注意をもって留置物を保管しなければならない

(留置権者の**善管注意義務**，298条１項)。また，留置権者は，原則として債務者の承諾を得なければ，留置物を使用・賃貸・担保供与することができない(同条２項本文)。例外として，その物の保存に必要な使用は，債務者の承諾なしにできる(同項ただし書)。

5――留置権の消滅

1 消滅事由の概観

留置権も，担保物権の１つであるから，目的物の滅失など物権の一般的消滅事由および被担保債権の消滅などの担保物権の一般的消滅事由によって消滅する。しかし，それだけでなく留置権に特有の消滅事由もある。

2 留置権の消滅請求

留置権者が，298条１項の**善管注意義務**を怠った場合，または債務者の承諾を得ないで留置物を使用・賃貸・担保供与した場合には，債務者は留置権の消滅を請求できる(298条３項)。条文では，「債務者は」となっているが，債務者以外の者が留置物を所有している場合には，その留置物の所有者が請求することができる。この請求権は**形成権**であり，債務者あるいは所有者の意思表示のみで当然に留置権が消滅する。

3 債権の消滅時効

留置権の行使は，被担保債権の消滅時効の進行を妨げない(300条)。留置権の行使は，被担保債権そのものの行使ではなく，したがって時効更新事由に該当しないためである。その結果として，被担保債権が時効によって消滅すれば，債権の消滅という担保物権の一般的消滅事由に該当するので，留置権も当然に消滅する。

4 代担保の提供

債務者は，留置物に代えて相当の担保を提供すれば，留置権の消滅を請求できる(301条)。債権額に比べて過大な金額の物が留置されている場合や，どうしても債務者が留置物を使用したい場合，あるいは，使用しなければならない場合，この請求に実益がある。**代担保**は，物的担保でも人的担保でもよいが，298条３項の消滅請求と異なり，代担保の提供には留置権者の承諾が必要である。

5 占有の喪失

留置権は，留置権者が留置物の占有を失うことによって消滅する（302条本文）。留置権者が占有を失えば，目的物を留置して間接的に弁済を促すという留置的効力が機能せず，留置権を認める意味がなくなるからである。占有が奪われた場合，占有回収の訴えにより占有を回復したときには留置権は消滅しない（203条ただし書）。なお，留置権者が目的物を賃貸または質入れしても，留置権者には間接占有が認められるので，留置権は消滅しない（302条ただし書）。

第2節　先取特権

1——先取特権とは何か：先取特権の意義

先取特権は，法律の定める一定の債権を有する者が，債務者の財産から他の債権者に優先して弁済を受けることのできる権利である（303条）。この先取特権には，抵当権，質権と同様に**優先弁済権**が認められているが，これら約定担保物権と異なり，法律が定めた一定の債権を担保するものなので，この一定の債権が発生すれば，法律の規定によって当然に生じる（法定担保物権）。民法では，15種類の先取特権が規定されているが，特別法上も数多くの先取特権が認められている。たとえば国が納税義務者に対して有する租税債権は高い優先権が認められており，その性質は，債務者の総責任財産に成立する一般の先取特権とされる（国税徴収8条）。これら先取特権が法定されている理由もそれぞれ異なる。その具体的な理由としては，債権者間の公平の確保，社会政策的配慮，公益，当事者の意思の推測，特定の産業の保護などが挙げられる。まずはどのような種類の先取特権があるかを説明しよう。

2——先取特権の種類

1 総　　説

先取特権は，その対象となる債務者の財産の種類に応じて，①債務者の総財産を対象とする**一般の先取特権**（306条）と債務者の特定の物を対象とする特別

図表９－１　一般の先取特権

種　類	理　由	被担保債権
共益費用の先取特権（306条１号・307条）	債権者間での公平性の確保	各債権者の共同の利益のために支出された債務者の財産の保存，清算，配当に関する費用
雇用関係の先取特権（306条２号・308条）	社会政策的配慮	給料その他雇用関係に基づいて生じる債権
葬式費用の先取特権（306条３号・309条）	社会政策的配慮	債務者・債務者の扶養すべき親族の葬式費用のうちの相当額
日用品供給の先取特権（306条４号・310条）	社会政策的配慮	債務者・債務者の扶養すべき同居の親族等の生活に必要な最後の６か月間の飲食料品等の供給費用

の先取特権に大別される。特別の先取特権はさらに，②債務者の特定動産を対象とする**動産の先取特権**（311条），③債務者の特定不動産を対象とする**不動産の先取特権**（325条）に分けられる。

2 一般の先取特権

一般の先取特権は，共益費用・雇用関係・葬式費用・日用品供給の４種類が定められている。この一般の先取特権は債務者の総財産を対象とするものであり，動産・不動産のほかに債権その他の財産権もその客体に含まれる。それぞれの先取特権が認められる理由および被担保債権については**図表９－１**を参照。

3 動産の先取特権

民法は，８種類の動産の先取特権を規定している（→図表９－２）。いずれも，被担保債権と目的動産との間に一定の関連性が認められ，その動産から優先弁済を受けさせるべき特別の理由があるものである。以下では，その代表的なものである不動産賃貸の先取特権について説明する。

⑴　**不動産賃貸の先取特権の意義**　　不動産の賃貸人は，賃料債権その他賃貸借関係から生じた債権について，賃借人の動産の上に先取特権を有する（311条１号・312条）。つまり，賃借人が地代・家賃を滞納した場合，地主・家主は目的不動産にある賃借人の動産を換価して未払い賃料に充当することができる。その他の賃貸借関係から生じた債権とは，たとえば賃借人が目的不動産を損傷した場合の損害賠償債権などである。この先取特権が認められる理由として，賃借人が持ち込んだ動産を賃料債権などの担保として考える賃貸人の期待を保護するためとされている。

⑵　**被担保債権の範囲**　　この先取特権によって担保される債権は，原則と

図表9－2　動産の先取特権

種　類	理　由	被担保債権
不動産賃貸の先取特権（311条1号・312条～316条）	当事者の意思の推測	不動産賃料その他の賃貸借関係から生じた債権
旅館宿泊の先取特権（311条2号・317条）	当事者の意思の推測	宿泊客の宿泊料・飲食料
運輸の先取特権（311条3号・318条）	当事者の意思の推測	旅客・荷物の運送賃・付随の費用
動産保存の先取特権（311条4号・320条）	債権者間での公平性の確保	動産の保存に要した費用または動産に関する権利を保存・承認・実行させるために要した費用
動産売買の先取特権（311条5号・321条）	債権者間での公平性の確保	動産の代価および利息
種苗肥料供給の先取特権（311条6号・322条）	債権者間での公平性の確保・農業経営の助長	種苗・肥料の代価および利息
農業労務の先取特権（311条7号・323条）	債権者間での公平性の確保と社会政策的配慮	農業労務に従事した者の最後の1年間の賃金
工業労務の先取特権（311条8号・324条）	債権者間での公平性の確保と社会政策的配慮	工業労務に従事した者の最後の3か月間の賃金

して賃貸借関係から生じる賃貸人の債権すべてである。ただし，その例外として315条・316条が規定されている。①賃借人の財産のすべてを清算する場合（賃借人の破産など）に認められる賃貸人の先取特権は，賃料その他の債務については前期・当期・次期の3期分についてのみ，損害賠償債務については前期と当期に生じた損害についてのみと限定される（315条）。②賃貸人が敷金を受け取っている場合には，その敷金で充当されない部分の債権についてのみ先取特権が認められる（316条）。敷金は未払い賃料債権や目的不動産の損傷等による損害賠償債権を担保するためのものだから，賃貸人はそれらの債権につきまず敷金から弁済を受け，残りの債権が存在した場合に賃借人に請求することになる。そこで，その残りの債権について賃貸人の先取特権を認めているのが本条である。

(3)　**目的物の範囲**　　目的物は賃借人の動産であるが，土地賃貸借の場合と建物賃貸借の場合でその範囲が異なる。①土地賃貸借の場合，その土地またはその利用のための建物に備え付けられた動産，その土地の利用に供された動産，賃借人が占有するその土地の果実が目的物となる（313条1項）。②建物賃貸借の場合，賃借人がその建物に備え付けた動産が目的物である（同条2項）。では，313条2項の「建物に備え付けた動産」とはどこまでの範囲の動産をいうのだろうか。判例は，借家人がその建物内にある期間継続して存置するために持ち込んだ動産を意味するとして，建物内に持ち込まれた金銭・有価証券・宝石なども含まれるとする（大判大3・7・4民録20輯587頁）。しかし，判例の見解は広すぎるとして，学説の多くは，賃借人が建物の常用に供するために常置する動産であると解し，建物の使用と関係のない金銭・有価証券・宝石などは含まれない，とする。

313条において定められた目的物の範囲は，次の2つの場合に拡大される。①賃借権の譲渡・転貸の場合には，賃貸人の先取特権は，譲受人・転借人の動産に及ぶだけでなく，譲受人・転借人が受けるべき金銭にまで及ぶ（314条）。②319条により動産の先取特権については，即時取得の規定が準用されるので，賃借人・転借人・賃借権の譲受人が賃借不動産に備え付けた他人の動産についても，192条の即時取得の要件を満たせば，つまり，その他人の動産を賃借人などの動産と過失なしに信じた賃貸人のために先取特権が成立する。

4 不動産の先取特権

民法は，不動産の保存・工事・売買から生じた債権の担保のために，債務者の当該不動産を目的とする先取特権を定めている（→図表9－3）。不動産の保存のために要した費用とは，ある物件をそのまま放置すれば滅失・損壊等の危険がある場合にこれを防止する行為のために要した費用とされる。具体例としては建物の耐震補強工事などが挙げられる。不動産工事の先取特権は，工事の設計，施工，監理をする者が債務者の不動産に関してした工事の費用のうち，不動産価格の増加が現存している部分について認められる。不動産売買の先取特権は，文字どおり不動産の代価・利息について認められるものである。これら不動産の先取特権は登記をしなければその効力を保存することができない（337条・338条・340条）こともあり，これらの先取特権のいずれも積極的な機能を果たしていない（なお，その効力を保存することができないの意味については後述する。→252頁）。

3——先取特権の順位

先取特権は，債務者の財産から他の債権者に優先して弁済を受ける権利であるが，では，債務者の同一財産の上に複数の先取特権が成立した場合，どちら

図表９－３　不動産の先取特権

種　類	理　由	被担保債権
不動産保存の先取特権（325条１号・326条）	債権者間の公平の確保	不動産の保存のために要した費用または不動産に関する権利の保存，承認，実行のために要した費用
不動産工事の先取特権（325条２号・327条）	債権者間の公平の確保	工事の設計，施工，監理をする者が債務者の不動産に関してした工事の費用のうち，不動産価格の増加が現存している部分
不動産売買の先取特権（325条３号・328条）	債権者間の公平の確保	不動産の代価・利息

が優先するのか。また，質権・抵当権のような他の担保物権の対象となっている財産に先取特権が成立した場合は，どちらが優先するのか。このような場合に，民法はこれら競合する担保物権の優先順位を定めており，この順位に従って優先弁済が受けられることになっている。

1 先取特権相互間の順位づけ

(1)　一般の先取特権相互間の順位づけ　一般の先取特権が互いに競合する場合，その優先権の順位は，306条に掲げた順序に従う（329条１項）。つまり，①共益費用，②雇用関係，③葬式の費用，④日用品の供給の順で優先弁済される。

(2)　一般の先取特権と特別の先取特権の順位づけ　一般の先取特権と特別の先取特権が競合する場合，特別の先取特権が一般の先取特権に優先する（329条２項本文）が，例外として，共益費用の先取特権は，その利益を受けたすべての債権者に優先する（同項ただし書）。したがって，一般の先取特権である共益費用の先取特権については，特別の先取特権にも優先することになる。

(3)　動産の先取特権相互間の順位づけ　(a)　原　則　動産の先取特権相互の優劣については，①不動産賃貸・旅館宿泊・運輸の先取特権，②動産保存の先取特権，③動産売買・種苗肥料供給・農業労務・工業労務の先取特権の順で優先弁済される（330条１項）。なお，②動産保存の先取特権については，同一の動産に数人の保存者がいるときは，のちの保存者が前の保存者に優先する（同項後段）。

(b)　例　外　上記330条１項の順位は，同条２項により以下の２つの例外が定められている。①第１順位の先取特権者が，債権取得の当時第２または第３順位の先取特権が存在することを知っていたときは，これらの者に対して優先権を行使することができない（330条２項前段）。②第１順位の先取特権者のために物を保存した者に対しても，第１順位の先取特権者は優先権を行使できず，その保存した者が優先することになる（同項後段）。なお，果実については，①農業労務従事者，②種苗肥料の供給者，③土地の賃貸人という順位がつけられている（330条３項）。

⑷　**不動産の先取特権相互間の順位**　　同一の不動産について不動産の先取特権が互いに競合する場合，325条に掲げられた順序で優先権の順位が定まる（331条１項）。つまり，①不動産保存，②不動産工事，③不動産売買の順である。なお，同一の不動産がＡからＢ，ＢからＣへと転売され複数の先取特権が成立する場合には，売買契約が先にされた方（つまりB）の先取特権が優先する（同条２項）。

⑸　**同順位の先取特権相互間**　　同一の目的物について同順位の先取特権者が数人あるときは，各債権額の割合に応じて弁済を受ける（332条）。

2 他の担保物権との順位づけ

競合する他の担保物権として留置権，質権，抵当権が挙げられる。

⑴　**留置権との順位づけ**　　留置権には原則として優先弁済権がないから，理論上は先取特権との競合は生じない。しかし，留置権の留置的効力によって事実上優先弁済が認められていることは，留置権の効力（→241頁）でみたとおりである（不動産の場合：民執188条・59条４項参照，動産の場合：民執124条・190条・192条参照）。

⑵　**質権との順位づけ**　　動産の質権と先取特権とが競合する場合，動産質は，330条１項の第１順位の動産先取特権と同順位になる（334条）。不動産の質権と先取特権とが競合する場合，不動産質には抵当権の規定が準用される（361条）ので，先取特権と抵当権が競合する場合と同じと考えられる。

⑶　**抵当権との順位づけ**　　(a)　一般の先取特権と抵当権の競合　　一般の先取特権と抵当権とが競合する場合，両者ともに登記がなければ一般の先取特権が優先する（336条本文）。先取特権に登記がなく，抵当権に登記があれば抵当権が優先する（同条ただし書）。両者ともに登記があれば177条の原則どおり，登記の先後により決まる。

(b)　不動産先取特権と抵当権の競合　　不動産先取特権のうち，不動産保存および不動産工事の先取特権は，337条・338条に定める登記を備えたものであればつねに抵当権に優先する（339条）。

4――先取特権の効力

1 優先弁済的効力

先取特権者は，債務者の財産について，他の債権者に先立って自己の債権の弁済を受ける権利を有する（303条）。つまり，先取特権は**優先弁済的効力**を有するので，債務者の弁済がない場合に先取特権者は，債務者の目的財産を競売してその売買代金から優先弁済を受けることができる。また，不動産の先取特権については，担保不動産収益執行の方法もとることができる（民執180条）。

⑴　**先取特権者による競売**　　先取特権者は，自ら債務者の目的財産を競売してその売却代金から優先弁済を受けることが可能である（民執188条・192条・193条）。目的財産が，動産の場合（民執190条），不動産の場合（民執180条・181条），債権その他の財産権の場合（民執193条・143条・167条）とそれぞれの場合で競売の手続が異なる。

⑵　**他の債権者による競売**　　先取特権の目的財産について他の債権者が執行してきた場合，たとえば，先取特権の目的財産について一般債権者が強制執行してきた場合や，ほかの担保権者が担保権の実行として競売をしてきた場合，先取特権者は配当要求により，売却代金から優先弁済を受けることができる（民執51条１項・87条１項・133条・154条１項・188条・192条・193条２項）。

2 物上代位性

⑴　**意　義**　　先取特権には304条により**物上代位性**が認められている。したがって，①目的物の売却・賃貸・滅失または損傷によって債務者が受けるべき金銭その他の物，および②債務者が先取特権の目的物につき設定した物権の対価に対しても，先取特権の効力が及ぶ（304条１項本文・２項）。この物上代位性については，抵当権の物上代位性（372条が304条を準用）としてすでに説明されている（→178頁以下）ため，先取特権の物上代位に関する問題についてのみ取り上げる。

⑵　**問題点**　　まず，各種先取特権のうち先取特権の物上代位が意義を有するのは，動産の先取特権である。というのも，①一般の先取特権は，債務者の総財産を対象とするものであるから，物上代位性は問題にならない。具体例で

説明しよう。一般の先取特権者Aは，債務者Bが自己の所有する腕時計（時価50万円相当）を売却したとしても，売却代金の50万円が債務者Bの総財産の一部となるので，その50万円にも当然にAの一般先取特権の効力が及ぶことになる。つまり，304条によってあえて売却によって債務者が受けるべき金銭に対して先取特権が行使できるとしなくとも，当然に一般の先取特権の対象となるために，物上代位性が問題にならないのである。②次に，不動産の先取特権については，その登記があるときは，目的不動産が第三者に売却されて引き渡されても，目的不動産に対して先取特権を行使することができる。つまり，目的不動産を競売により換価すれば先取特権の被担保債権は弁済されうる。③これに対して，動産の先取特権の場合，目的動産が売却されて引き渡されたときには目的物に対して先取特権を行使できなくなる（333条）ため，売却代金への物上代位を認めることの意義が大きい。そこで問題となるのが，304条1項ただし書の「払渡し又は引渡しの前に差押えをしなければならない」という要件である。

⑶　**304条1項ただし書の趣旨**　　304条1項ただし書は，なぜ，**払渡し**または**引渡し**の前に差押えが必要とするのか。この点について考え方が異なれば，物上代位が認められるかどうかという結論に大きく影響する（詳しくは，→184頁以下）。判例は，目的債権の特定性の保持による物上代位権の効力の保全のために意義があるとするだけでなく，債権の譲受人・転付命令を得た差押債権者などの第三者の保護のためにも差押えの意義があるとしている（→WINDOW 9-3）。

3 先取特権と第三取得者との関係

先取特権の目的物が動産の場合，したがって，一般の先取特権および動産の先取特権の場合，その目的である動産を債務者が第三者に売却しこれを引き渡すと，その動産には先取特権の効力（**追及力**）が及ばない（333条）。これは，公示のない先取特権の追及効を遮断することで取引の安全を図る趣旨である。

333条は「第三取得者」とあるが，これは債務者から所有権を取得した者のことであり，賃借人や受寄者，質権者は含まれない。譲渡担保権者は第三取得者に含まれると解するのが判例である（最判昭62・11・10民集41巻8号1559頁）。また，引渡しは，所有権取得の対抗要件（178条）の意味であるから，占有改定も

□ WINDOW 9-3

先取特権の物上代位が争われた判例

先取特権の物上代位が争われた事案は，売主Ａが買主Ｂに動産を売却したのち，ＢがＣにその動産を転売し，その転売代金に対してＡが先取特権を行使したというものである。争点となったのは，①Ｂが破産開始決定を受けたのちにＡが目的債権を差し押さえたが，この破産開始決定が304条１項ただし書の「払渡し」に該当するか（最判昭59・2・2民集38巻３号431頁），②Ａの差押えの前に，Ｂの一般債権者Ｄが目的債権を差し押さえた場合に，Ａの物上代位が認められるか（最判昭60・7・19民集39巻５号1326頁），③Ａの差押えの前に，Ｂが目的債権をＥに譲渡し譲渡につき対抗要件を備えた場合に，Ａの物上代位が認められるか（最判平17・2・22民集59巻２号314頁），などがある。結論としては，①・②は先取特権の行使が認められ，③は認められなかった。とくに，③については抵当権の物上代位につき，同じく対抗要件を具備した債権譲渡ののちに抵当権者が目的債権を差し押さえて物上代位権を行使した事案で，抵当権者の物上代位権を認めている（最判平10・1・30民集52巻１号１頁）ため，抵当権の物上代位と先取特権の物上代位とで結論が異なる。したがって，差押えの意義についても異なる点に注意が必要である。

含まれる（大判大6・7・26民録23輯1203頁）。

4 一般の先取特権に特有の効力

(1)　**一般の先取特権の対抗力**　　一般の先取特権者は，不動産について登記をしなくても一般債権者に対抗することができる（336条本文）。ただし，登記を備えた特別担保を有する者（抵当権者や不動産質権者など）に対しては，登記のない一般の先取特権は対抗できない（同条ただし書）。

(2)　**優先弁済の順序**　　一般の先取特権は，債務者の総財産を対象とするものであるから，債務者の総財産が動産や不動産など複数ある場合に，どの財産からでも自由に優先弁済を受けることができるとすると，他の債権者を害するおそれがある。そこで，335条は一般の先取特権者が優先弁済を受ける順序を定めている。①まず不動産以外の財産から弁済を受け，それでも不足があるのでなければ，不動産から弁済を受けることができない（335条１項）。②次に，不動産から優先弁済を受ける場合でも，特別担保の目的とされていない不動産から弁済を受けなければならない（同条２項）。①・②の順で配当加入することを怠った一般先取特権者は，その配当加入をすれば受けられたはずの配当額について，登記をした第三者（不動産質権者・抵当権者・第三取得者など）に対して先取特権を行使できない（同条３項）。もっとも，不動産以外の財産より先に不動産の代価が配当されたり，特別担保の目的でない不動産よりも先に特別担保の目的である不動産の代価が配当されるときは，一般先取特権者は，以上の制限を受けることなく配当を受けることができる（同条４項）。

5 不動産先取特権の登記

不動産の先取特権の成立は，不動産についての法定担保物権の取得であるから，「不動産に関する物権の得喪及び変更」に該当し177条により登記をしなければ第三者に対抗できない。民法は，不動産先取特権の登記の時期および登記する事項について特別な規定を置いている。①不動産保存の先取特権は，保存行為の完了後直ちに登記をすることによって，その効力を保存する（337条）。②不動産工事の先取特権は，工事を始める前に費用の予算額を登記することによって，その効力を保存する（338条１項前段）。ただし，工事費用が予算額を超えた場合には，その超過額について先取特権は認められない（同項後段）。③不動産売買の先取特権は，売買契約と同時にまだ代価またはその利息の弁済がない旨を登記することによって，その効力を保存する（340条）。この３つの規定に共通する「その効力を保存する」の意味について，判例は登記によって先取特権の効力が生じると解する（大判大６・２・９民録23輯244頁・効力要件説）。しかし，現実にはこれらの登記はほとんどされることはないため，判例の見解では不動産の先取特権の成立自体がほとんど認められないという結果になる。そこで学説は登記をしなければ第三者に対抗できない意味（対抗要件説）と解するのが通説である。

6 抵当権の規定の準用

先取特権は，目的物の占有を要件としない点で抵当権に似ている。そこで，先取特権の効力について先取特権の性質に反しないものについては抵当権の規定が準用される（341条）。

第10章 非典型担保

●本章で学ぶこと

本章で学習する非典型担保は，取引実務において段階的に形成されてきた担保であり，民法典には規定されていない。たとえば，工場機械（動産）を担保とする場合，民法典によれば，質権を設定することになるが，この方法によると債務者は動産を債権者に引き渡さなければならない。そのため利用を継続したまま担保化できる仕組みが生み出された（動産譲渡担保）。このように，実務における需要を満たすためにさまざまな担保が生み出されてきた。

最も多く用いられているのは譲渡担保である。動産だけでなく，不動産，債権，集合動産・集合債権を担保化することができる。仮登記担保は仮登記ができる財産を担保化できる制度である。譲渡担保と同じく実務で発展してきた担保であるが，1978年に法律によって規律された。ただ，実務にとって使いにくい法律となってしまったため，現在ではほとんど利用されなくなっている。所有権留保は主に信用販売（例：割賦販売）で利用される担保である。これにより売主は物を先に引き渡しても，代金回収を確実にできる。

本章では，これらの非典型担保の特色と意義を説明したあと，各種の担保についてその意義，内容，要件，効果などを説明する。

第1節 非典型担保の特色と意義

1 非典型担保とは

民法典には規定されていないが，金融実務で用いられ，判例・学説によって段階的に形成されてきた担保を，民法典に規定されている典型担保に対して，**非典型担保**（変則担保，変態担保）という。とくに，**譲渡担保**，**仮登記担保**，**所有権留保**が重要である。以下では基本的にこれらの3つを念頭に置いて非典型担保という用語を用いる。

2 特　色

典型担保が目的物の所有権を制限するタイプ（制限物権型）であるのに対して，これらの非典型担保は，**権利移転型**と呼ばれる。たとえば，譲渡担保では，ある債権（被担保債権）を担保するために，債務者や第三者の所有する物の所有権が債権者に移転するという形式（不動産ならば所有権の登記が移転する）がとられる（ただし，担保権者の持つ権利の性質については争いがある）。また，これらの非典型担保は，**非占有型**であり，債権者が目的物を直接占有しない。したがって，融資を受けた方が目的物を直接占有し，使用・収益を継続しながら債務を返済できるため，経済活動や生活に必要な物を担保にしようとする債務者にとっては便利である。さらに，これらの非典型担保の実行は，執行機関（裁判所，動産の場合は執行官）を通じた競売という方法をとらずに，原則として**私的実行**に委ねられる（例外として，たとえば→272頁）。つまり，債務の弁済がない場合，債権者が目的物の所有権を確定的に取得して債権回収を図る，または第三者に売却処分し，この売却代金から債権回収を図るという方法がとられる（→図表10−1）。

3 非典型担保の意義

①動産の担保化　　民法典には，動産を担保化する方法として質権が用意されているが，質権設定は，質権者への質物の引渡しが必要とされ（182条），設定者が引き続き目的物を利用することができなくなる。これでは，融資を受ける際の担保が工作機械くらいしかないという小さな工場の場合には，工場の運転ができなくなる。そこで，債務者が動産を利用し続けながら担保とする方法

が実務で生み出された。

図表10－1　譲渡担保（非典型担保）

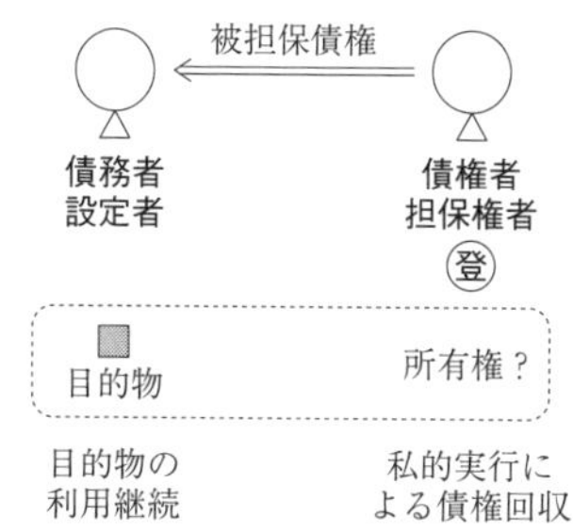

②典型担保の設定に向かない財産権　非典型担保では，典型担保の設定が困難な，流動集合動産（特定の倉庫内の入れ替わりのある在庫一式など），ゴルフ会員権（契約上の地位），のれん，ソフトウェアなどの財産権も，譲渡可能であれば，譲渡担保を設定することができる。もちろん，典型担保の設定が可能な動産・不動産・知的財産権などにも設定できる。

③実行の容易さ　典型担保の場合，換価は民事執行法に従って行われる。しかし，この場合の競売手続は，煩雑で時間もかかり（近年はだいぶ改善されている），換価金額も市場価格より相当低くなることがある。非典型担保を用いれば，このような競売手続を回避することができる。

④典型担保の制約回避　たとえば，抵当権には被担保債権の範囲制限（375条），抵当権消滅請求権（379条以下），建物賃借人の引渡猶予期間（395条）といった制約がある（→174頁，209頁，212頁参照）。これらを回避するためにも非典型担保が用いられる。

第2節　譲渡担保

1――譲渡担保とは何か

1 譲渡担保とは

非典型担保の内で最も重要なものが譲渡担保である。これは，実質的に抵当権と同様の担保の機能を営む制度である。たとえば，中小企業Aが金融業者Bから300万円を借りる契約（金銭消費貸借契約）をする際に，A（譲渡担保権設定者）所有の機械甲の所有権をB（譲渡担保権者）に移転する。Aが期日までに債務を履行すれば，甲の所有権はAに戻るが，弁済がない場合には，Bは甲の所有権を確定的に取得して，これを他に売却するなどして貸金の回収を図ることができる。以下では，譲渡担保権設定者を「設定者」，譲渡担保権者を「担保権者」と表記する。またとくに断りのない限り，設定者は債務者とする。

2 譲渡担保の意義

非典型担保の意義の説明と重複するが，譲渡担保の実務的な意義は以下の点にある。

①動産抵当の実質的実現　　動産を担保にして融資を得る場合に好都合である。動産譲渡担保の場合，引渡しが第三者対抗要件となるが，その要件は占有改定（183条）で満たされ（→80頁），占有の現実的移転を要しない。そのため，先ほどの例でも，Aは占有改定による引渡しをすることで甲を直接占有し続けることができる。

②簡易迅速な私的実行　　不動産を担保とする場合，民法典に規定されている抵当権を用いると，担保不動産競売（民執180条）という手続により抵当不動産を換価して，優先弁済を受けることになり，手間や費用がかかる（→171頁）。これに対して，譲渡担保は，担保権者が任意に担保目的物を処分することができるので，簡易迅速に換価ができる。

ところで，私的実行によると，担保権者は目的物の所有権を取得することができる。そのため，かつては，債権者（設定者）が，典型担保における清算義務を回避し，被担保債権額を超える物を担保の目的とし，その差額を取得する目的で譲渡担保が利用されていた。しかし，担保である以上，このような暴利を認めるべきではなく，判例により**清算義務**が確立された（最判昭46・3・25民集25巻2号208頁）。もっとも，担保権者がこの義務の履行を怠る場合，設定者は裁判所に訴えて救済を求めることになる。

3 譲渡担保の有効性

(1)　**虚偽表示の可能性**　　かつては，譲渡担保が実態と法形式（売買）が一致しない虚偽表示（94条）に当たるかが問題であった。しかし，判例によれば，譲渡担保は，担保の方法として所有権を移転するという意思で売買・譲渡をしているため，虚偽表示ではないと理解されている（大判大3・11・2民録20輯865頁）。ただし，第三者との関係で94条2項の類推適用が問題になることがある（→263頁）。

(2)　**脱法行為の疑い**　　譲渡担保はまた，質権における占有改定による引渡しの禁止（345条），流質契約禁止（349条。→228頁）をかいくぐる脱法行為ではないかと疑われたこともあった。しかし，前掲大正３年判決は，これらは質権固有の規定であって，譲渡担保は脱法行為に当たらないとした。

⑶　**物権法定主義との関係**　物権として扱われる譲渡担保権は，物権法定主義（175条。→４頁）に反するのではないだろうか。しかし，譲渡担保権は，慣習法として認められる程度の確信に支えられており，その内容も明確かつ合理的で，公示の方法も存在していることを理由に，**慣習上の物権**として認められている（前掲大判大３・11・２など）。

4 法的構成

譲渡担保は，実質的には債権を担保するものだが，法形式としては目的物の（主として）所有権が担保権者に移転する。したがって，とくに第三者との関係で当事者の法的地位をどのように考えるのかが問題となる。細かく考察すると学説は多岐に分かれているが，所有権的構成と担保的構成という２つに大別することができる。

たとえば，ＡがＢから融資を得るために不動産甲を担保としてＢに譲渡し，弁済期限前にＢが甲をＣに売却した場合に，ＡとＣとの法律関係はどうなるのだろうか。法形式を重視すれば，Ａ・Ｂ間ではＢに弁済期前に目的物を担保目的以外に処分してはならないという債権的制約が課されるものの，所有権はＢに移転すると考えられる（**所有権的構成**。→**図表10-２**）。この場合，所有権者Ｂから目的物を譲り受けたＣも所有権者となるため，Ｃから引渡しの請求があれば，Ａはその請求に応じなければならない（ＡはＢに対して清算金の支払請求はできる）。他方で，債権担保という実質を重視すれば，Ｂは譲渡担保権という担保権を取得するに留まり，目的物の所有権は依然としてＡのところに残ると考えられる（**担保的構成①**。→**図表10-３**）。ＣがＢから目的物を譲り受けても，Ｃは譲渡担保権を取得するにとどまる。ただし，場合によっては所有権を取得することもできる（→263頁。WINDOW 10-1も参照）。

2――譲渡担保の設定

譲渡担保は，設定者（通常は債務者）と債権者（担保権者）との間の合意によって設定される諾成・不要式の契約である。契約書では「債務の支払いを担保す

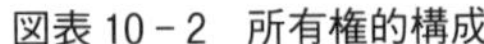
図表 10－2　所有権的構成

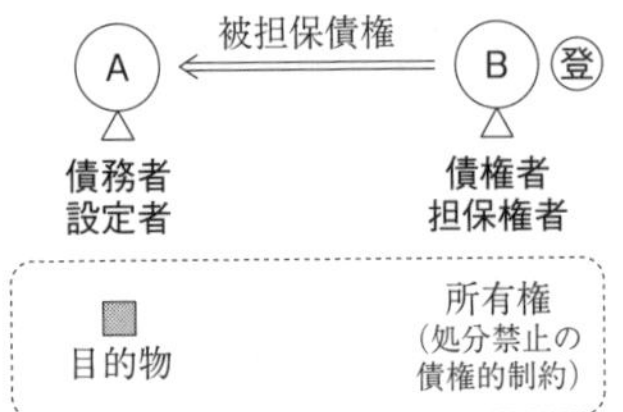

図表 10－3　担保的構成①

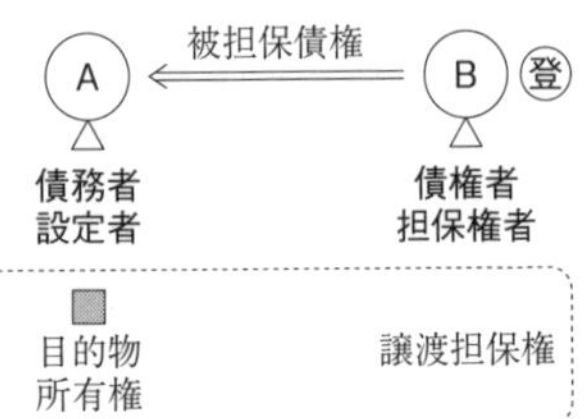

るために，所有する物件を○○に譲渡する」などと記載される。売買契約の形式をとることもある（売渡担保。→WINDOW 10-2）。

1 被担保債権

被担保債権にはとくに制限はなく，金銭債権以外の債権でもよい。また将来債権や不特定多数の債権にも設定できると理解されている（根（ね）譲渡担保）。

2 譲渡担保の目的物

土地建物などの不動産，機械器具などの動産のほか，無形の財産（のれんなど），ゴルフ会員権，ソフトウェアなども**譲渡が可能な財産権**であれば担保とすることができる。また，集合動産や集合債権も譲渡担保の対象となりうる（→266頁）。

3 公示方法・対抗要件

不動産の場合には**所有権移転登記**が対抗要件である。売買や贈与だけでなく「譲渡担保」を登記原因とすることもできる。ただし，抵当権と異なり被担保債権額や利息等は登記されない。

動産の場合は，**引渡し**（178条）が対抗要件となる。通常は，設定者が直接占有を継続できる**占有改定**（183条）による（最判昭30・6・2民集9巻7号855頁）。占有改定は公示としては不十分なので，設定者からの譲受人に即時取得（192条）されるおそれがある。そこで実務上は，目的物に**ネームプレート**（→WINDOW 10-3）を貼り付けるなどの対応が行われる。動産債権譲渡特例法（2004年）により，**法人**が譲渡人（設定者）である動産譲渡の場合には，登記によって動産譲渡の公示が可能となっている。**動産譲渡登記ファイルに登記**がされると，178条の引渡しがあったものとみなされる（動産債権譲渡特例法3条）。この登記と民法の引渡しが競合したときは，その先後で優劣が決まる（登記が優先するわけでは

□ WINDOW 10-1

所有権的構成と担保的構成

担保的構成②

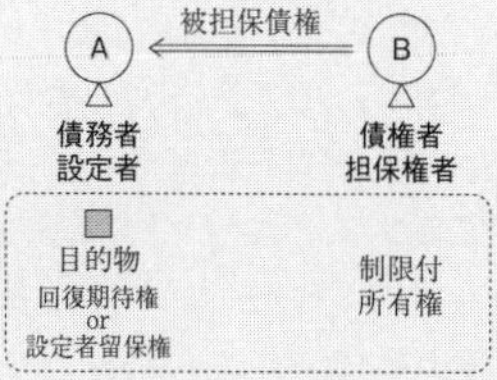

A ⟸ 被担保債権 ⟹ B

債務者
設定者

債権者
担保権者

目的物
回復期待権
or
設定者留保権

制限付
所有権

学説の多くは担保的構成を支持している。ただし，その中でも複数の考え方がある。本文で述べた考え方の他に，設定者Aから担保権者Bに所有権は移転するが，Aにも何らかの物権的な権利（たとえば，弁済期までに返済すれば所有権を受け戻せるという回復期待権，所有権から債権担保の目的に応じた部分を引いた目的物に対する物権〔設定者留保権〕など）が認められると考えるものがある。この見解は一般的には**担保的構成**として整理されている。

判例は，一般に所有権的構成に立ちつつ，担保権としての実質に即した処理をしていると評価されている。たとえば，最判昭56・12・17民集35巻9号1328頁（→262頁），最判昭62・11・12判時1261号71頁（→263頁）などは所有権的構成を採用していると考えられる。他方で，「債権担保のために目的物件の所有権を移転するものであるが，右所有権移転の効力は債権担保の目的を達するのに必要な範囲内においてのみ認められる」（傍点筆者）と述べる最判昭57・9・28判時1062号81頁は，担保的構成（とくに②）に親和的である（なおこの一般論は，最判平5・2・26民集47巻2号1653頁，最判平7・11・10民集49巻9号2953頁でも確認されている）。また，譲渡担保権を会社更生法の更生担保権として扱う最判昭41・4・28民集20巻4号900頁，物上代位を認める最決平11・5・17民集53巻5号863頁，多重の譲渡担保設定を認める最判平18・7・20民集60巻6号2499頁のように譲渡担保権を担保権だと考える方がなじみやすい判決もある。

ただ，いずれの判決においてもいずれかの法的構成から演繹的に結論を導いているのではなく，具体的事案に即した解決を目指しているとみるべきだろう。

□ WINDOW 10-2

狭義の譲渡担保と売渡担保

AがBから融資を受ける際に，金銭消費貸借契約を締結し，その貸金債権の担保としてAの所有物の所有権を移転する方法は**狭義の譲渡担保**と呼ばれることがある。これに対して，Aが所有物をBに売却し，代金がBからAに交付され，一定期間内にその代金をBに返還すれば所有権を取り戻すことができる方法を**売渡担保**（うりわたし）という。売渡担保は，形式的には被担保債権が存在しない点，所有物の取戻方法として，買戻し（579条以下）や再売買の予約（556条）が用いられる点で，狭義の譲渡担保と異なる。それゆえに，かつては別々の制度として扱うべきだという見解が存在したが（大判昭8・4・26民集12巻767頁），現在では，売渡担保も事実上，債権担保目的であるので「譲渡担保」として扱うべきであると学説では理解されている。たとえば，買戻しという形式をとる場合，一定期間経過後に買戻権は清算（目的物価格と買戻し代金との差額）を伴うことなく消滅するのが通常だが，実質が担保である以上はこれを認めるべきではないということである。なお，本章ではとくに断りのない限り，両者を含めて「譲渡担保」と呼んでいる。

□ WINDOW 10-3

ネームプレート

第三者による即時取得を防ぐために，目的物にそれが譲渡担保の目的物であることを示すネームプレートを貼り付け（担保権者の名前や住所などの連絡先を記すことが多いとされる），第三者を悪意または有過失にすることが実務では行われている。もっとも，設定者としては，工場の機械などでこのような措置がされると，信用が損なわれるので嫌がることも多いという。学説には，こうした明認方法を対抗要件と理解するべき旨の見解もある。

ない)。

債権譲渡担保の場合には，債権譲渡の場合と同様，譲渡人からの確定日付ある証書による通知または債務者からの承諾が対抗要件となる（467条）。預託金会員制ゴルフ会員権の対抗要件も債権譲渡に準じるとされる（最判平8・7・12民集50巻7号1918頁）。なお，**法人**が債権に譲渡担保を設定する場合，債権譲渡登記ファイルに債権譲渡の登記をすることができる。この登記がされると，目的債権の債務者以外の第三者に対しては，467条の通知があったものとみなされる（動産債権譲渡特例4条1項）。

3——譲渡担保の効力

1 効力の及ぶ範囲

(1) **付加一体物**　通説によれば，譲渡担保は実質的には担保であることを理由に，抵当権に関する370条（→175頁）が類推適用され，付加一体物にも譲渡担保の効力が及ぶとされる。借地上の建物が譲渡担保の目的物である場合，従たる権利である賃借権にも譲渡担保の効力は及ぶ（最判昭51・9・21判時833号69頁）。

(2) **物上代位**　譲渡担保には，**物上代位性**（→179頁）も認められる（動産譲渡担保について最決平11・5・17民集53巻5号863頁）。設定者Ａによる商品（動産）購入の代金を担保権者Ｂが融資し，その商品にＢのための譲渡担保権が設定された場合に，商品の所有権を有していたＢは，その処分権限をＡに付与し，Ａはそれをもとに第三者Ｃに商品を売却したが，代金を受け取る前にＡが破産の申立てをしたという事案で，Ｂは，ＡのＣに対する売却代金債権に対して自己の譲渡担保権に基づく物上代位権の行使ができると判断された。

2 被担保債権の範囲

抵当権の場合と同様に将来債権なども被担保債権となりうる。ただし，通説によれば，優先的に弁済を受けられる被担保債権の範囲は，元本，利息，遅延損害金の全額であるとされる。つまり**375条**（→174頁）**は類推適用されない**（最判昭61・7・15判時1209号23頁）。後順位担保権者や一般債権者の立場を考慮する必要が乏しいことが理由とされる。

3 内部関係

(1)　**目的物の利用**　　設定者は，担保権設定後も目的物を直接占有し，有償または無償で利用を継続できる。通常は，契約書において「担保権者が設定者に目的物を弁済期まで無償で貸与する」などと記載されているが，担保的構成によれば，こうした約定がなくても設定者には利用権が当然に認められる。

(2)　**目的物の侵害**　　(a)　設定者による侵害　　設定者が目的物を滅失・損傷した場合，とくに動産において第三者に処分し同人が即時取得した場合，設定者は保管義務の不履行または所有権（担保的構成によれば譲渡担保権）侵害に基づいて損害賠償義務を負う。設定者が債務者の場合，抵当権の場合と同様に，期限の利益を喪失し，増担保の義務を負うと考えられている（→189頁，190頁）。

(b)　担保権者による侵害　　担保権者が目的物を滅失・損傷させたり，とくに不動産において第三者に処分し同人が所有権を取得したりする場合，担保権者は損害賠償責任を負う。判例は，所有権的構成に立ち債務不履行責任（担保目的以外に所有権を行使しないという義務違反）と理解している（最判昭35・12・15民集14巻14号3060頁）。担保的構成に立つ場合，債務不履行責任（担保物保管義務違反）・不法行為責任（設定者留保権や物権的期待権の侵害）が競合的に成立する。

4 対外関係

(1)　**担保権者vs.設定者からの譲受人**　　設定者Ａから目的物（動産）が第三者Ｃに譲渡された場合，担保権者ＢはＣに対して譲渡担保権を主張できるだろうか。なお，不動産の場合は登記名義がＢにあるため，このような問題は起こらない。

担保権的構成によれば，Ｃは譲渡担保権付の所有権を取得することになる。譲渡担保の目的動産であることにつきＣが善意無過失ならば，即時取得（192条）により担保権の負担のない動産を取得できる。他方で，所有権的構成によ

図表 10－4　二重譲渡担保

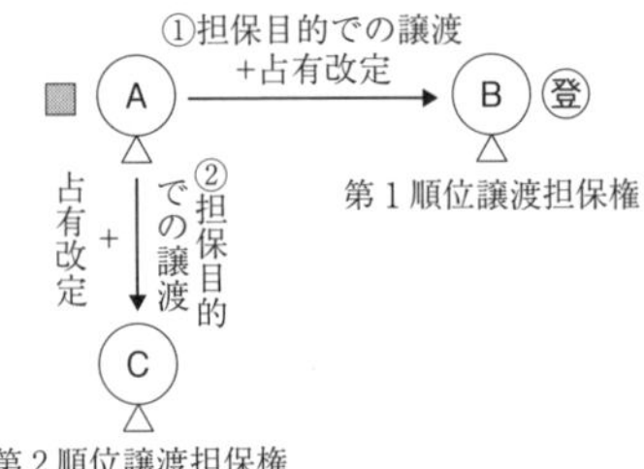

図表 10－5　Aの債権者による差押え

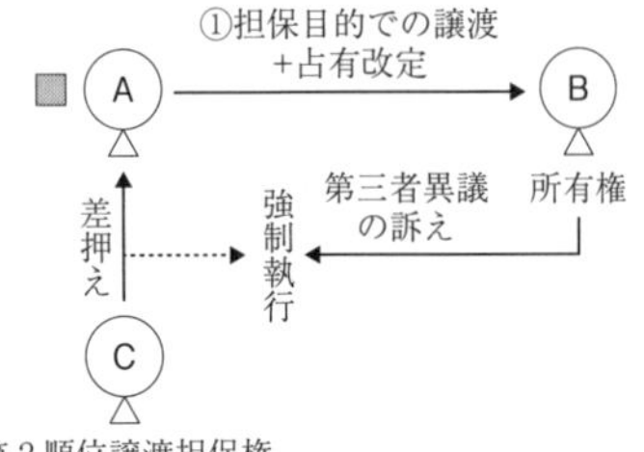

れば，Aの譲渡は無権限のものであり，Cは即時取得（192条）が成立しない限り所有権を取得できない。判例によれば，即時取得の成立には占有改定による引渡しでは足りないとされる（→87頁）。したがって，Cは現実の引渡しを受けている必要がある（さらにこの時点で善意・無過失でなければならない）。

Cへの譲渡が担保目的である場合（二重譲渡担保の設定），引渡しが占有改定であればCの即時取得は否定されるが，第2順位の譲渡担保権が成立する（最判平18・7・20民集60巻6号2499頁。→図表10－4）。この判例は担保的構成に親和的である。他方で，所有権的構成による場合，AによるCのための譲渡担保設定は無権限のものであり，原則としてCは譲渡担保権を取得できない。Cには即時取得（192条）により譲渡担保権を取得できる余地が残されるのみである。

⑵　設定者の債権者による差押え　設定者Aの債権者Cが目的物（動産）を差し押さえた場合，担保権者BはCに対に対して譲渡担保権を主張できるか。所有権的構成によれば，Bは第三者異議の訴え（民執38条）により差押えを排除できる（最判昭56・12・17民集35巻9号1328頁）（→図表10－5）。CはAの受け取るべき清算金から債権回収を図ることになる。他方で，担保的構成による場合，Bは，Cによる強制執行手続の中で優先弁済を受けることができれば十分ということになる（仮登記担保法はこの立場である）。しかし，民事執行法ではこうした権利が認められているのは先取特権者と質権者だけである（民執133条）。そこで学説では，設定者留保権付きの所有権に基づいてあるいは私的実行についてのBの利益を考慮して，Bが第三者異議の訴えによってCの強制執行を阻止できると考えられている。なお不動産の場合には，所有権の登記名義が担保権者となるので設定者に対する差押えは制度上できない（民執規則23条1号）。

(3)　設定者vs.担保権者からの譲受人　担保権者Bが，弁済期前に目的物（不動産）を第三者Cに売却する場合，Cは不動産の所有権を取得できるか（→図表10－6）。とくに不動産の場合は登記名義がBであるため，このような問題が生じることが少なくない。

図表10－6　担保権者から譲受人への譲渡

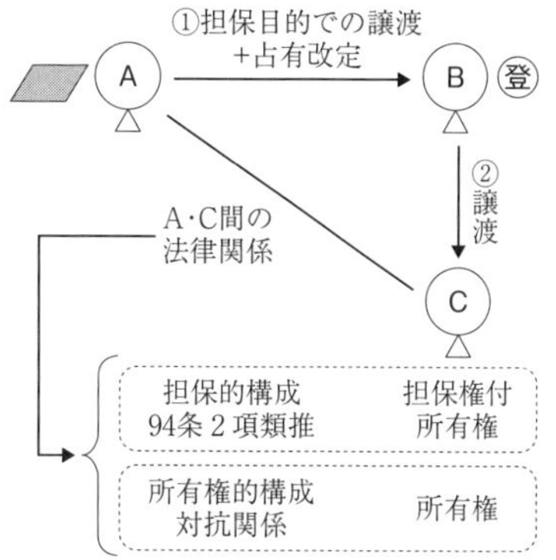

担保的構成によれば，Bは処分権限を有しないので，原則としてCは所有権を取得できない（担保権または設定者留保権付の所有権を取得する）。したがってAはCからの引渡し請求を拒むことができる。ただし，CがBの権利が譲渡担保権であることについて善意であるならば，94条2項の類推適用（→新プリメール民法1）により，Cには目的物の所有権を取得できる可能性がある。もっとも，この点については学説に争いがある。所有権的構成による場合，Cは有効に所有権を取得する（大判大9・9・25民録26輯1389頁）。なお，Aは受戻権（→265頁）を行使することができ，その場合，A・C間は対抗関係になると考えられる。

Aが弁済後に登記を回復することを放置していたところ，BがCに目的物を譲渡したという場合には，B→C，B→AというBを起点とした二重譲渡の関係が生じるので，A・Cの優劣は対抗要件の具備の先後により決まる。判例によれば，Cが背信的悪意者でない場合は，Aは登記がなければ対抗できない（最判昭62・11・12判時1261号71頁）。この判決は所有権的構成に親和的である。担保的構成によれば，Cは目的物の所有権を取得できないが，Aが自己名義の登記を回復することを怠っていた場合，94条2項類推適用の余地がある。

なお，弁済期後にBが目的物をCに売却した場合は，判例によれば，Bによる処分の時点でAは弁済して目的物を受け戻す権利（受戻権）を失うので，Cは目的物を取得することができる（最判平6・2・22民集48巻2号414頁）。これについては本節**4**で詳しく説明する。

(4)　担保権者の債権者による差押え　強制執行は外形的な事実（登記，占有）を基準とすることから，たとえば，担保権者Bの債権者Cが譲渡担保の目的物（不動産）を差し押えることがある。このとき設定者Aは，**弁済期前**に債務を弁済し目的物を受け戻したときは，第三者異議の訴え（民執38条）により，Cの差押えを排除することができる（最判平18・10・20民集60巻8号3098頁傍論）。この段階ではまだBに処分権限がないからである。この判決は担保的構成に親和的である。所有権的構成によればAはCの強制執行手続を排除しえない。

4——譲渡担保の実行

担保権者は，債務者が履行遅滞（債務不履行）に陥ったときは，譲渡担保権を実行して優先的に債権を回収することができる（**私的実行**）。すでに説明したように，担保目的物の価格が被担保債権額を上回るときは，担保権者には設定者に対する**清算義務**が課されている。また，設定者は一定の時期までは，被担保債権額を弁済して目的物を**受け戻す**ことが認められる。**図表10-7**を参照しながら以下の説明を読んでほしい。

1 実行と清算

設定者の債務不履行の後，担保権者が**実行の通知**をすることによって担保権は実行される。目的物の換価方法には，次の2つがある（最判昭62・2・12民集41巻1号67頁）。

(1) **帰属清算方式**　担保権者が目的物を適正に評価し，その所有権を取得することによって，代物弁済的に債権の満足を得る。担保権者からの清算金の支払いと設定者の目的物の引渡しは**同時履行**の関係に立ち（最判昭46・3・25民集25巻2号208頁），これによって，設定者は清算金を確保することができる。

(2) **処分清算方式**　担保権者が目的物を第三者に売却するなど換価処分をしてその代金等を債権の優先弁済に充てる。なお，この方式によると，設定者は清算金の支払いを受ける前に目的物を第三者に引き渡さなければならなくなるとされる（ただし，判例は不動産に関して清算金と引渡しの同時履行を要求し，また設定者に留置権を認めている）。

たとえば，Aの債務が100万円で目的物が150万円の動産甲である場合，帰属清算方式によれば，担保権者Bは甲を取得し，清算金として50万円をAに支払う。処分清算方式によれば，Bは甲を150万円で売却し，100万円を自己の債権に充当し，残金50万円をAに支払う。

図表 10－7　譲渡担保の実行

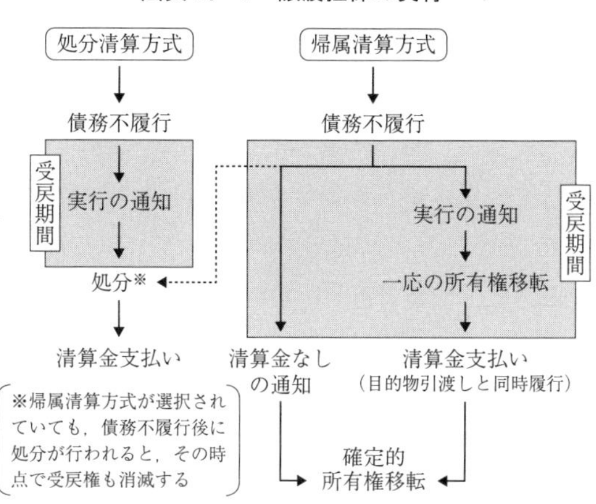

判例によれば，設定契約で帰属清算方式による旨が定められていたとしても，担保権者は弁済期到来後には**目的物を処分する権限を取得**するため，担保権者が目的物を第三者に処分した場合はつねに受戻権は消滅するという（前掲最判平6・2・22)。つまり，契約上の方式がどう定まっていても，弁済期到来後には，担保権者は事実上**帰属清算方式でも処分清算方式でも自由に選択**できるということになる。これに対して，学説では，設定者にとって有利な帰属清算方式（清算金確保可能＋清算金の支払いを受けるまで受戻し可能）を原則として，処分清算方式はその旨が特約されていた場合に限定されるという見解が有力である。

2 同時履行

設定者が目的物を占有している場合，担保権者は目的物の引渡請求または権利移転に必要な行為（ゴルフ会員権の場合，クラブ理事会への承諾の申請手続への協力請求）の請求ができる。こうした行為の履行は，帰属清算方式であれ処分清算方式であれ，特段の事情のない限り，清算金の支払いと同時履行の関係に立つ（不動産に関して，前掲最判昭46・3・25)。

3 留置権

担保権者が担保権の実行として目的物を譲渡したときは，設定者は譲受人からの引渡請求に対して，担保権者に対する**清算金債権を被担保債権**として目的物を留置できる（最判平9・4・11集民183号241頁)。もっとも清算金債権は通常は処分によってはじめて生じるので，牽連関係（295条1項。→237頁）があるといえるかは疑問だという見解もある。

4 受戻し

弁済期を過ぎても，設定者は担保権実行が完了するまでに債務を弁済して譲渡担保権を消滅させ，目的物を取り戻すことができる（最判昭47・11・24金法673号24頁）。これは**受戻権**と呼ばれる。

⑴　**行使期間**　設定者が目的物を受け戻すことができる時期は，帰属清算方式では，目的物の適正評価額が債務額を上回る場合には，**清算金の支払い**またはその提供があるまでの間，上回らない場合は，その**通知**があるまで，処分清算方式では，その**処分の時**までである（前掲最判昭62・2・12）。受戻権が消滅したときに，設定者は目的物の所有権を終局的に失い，**被担保債権が消滅**する。この点，仮登記担保の受戻権（所有権移転後も受け戻せる）とは異なる（→271頁）。

受戻しの請求は，166条2項の消滅時効にかからない。したがって，弁済期から20年経過して被担保債権を完済して目的物の受戻権を行使することもできる（最判昭57・1・22民集36巻1号92頁）。この点でも，仮登記担保の受戻権（所有権移転＋被担保債権消滅後に問題となる）とは異なる（→271頁）。

⑵　**放　棄**　設定者が受戻権を放棄して清算の請求ができるかについて，判例は否定する（最判平8・11・22民集50巻10号2702頁）。受戻権と清算金支払請求権は別個の権利であるし，仮にこのような請求を認めると，担保権者が実行の時期を制約されてしまうからである。

5 弁済期後の目的物譲渡

弁済期到来後，設定者Aからの弁済がないので，担保権者Bが目的物（不動産）を第三者Cに売却した場合，処分清算方式によれば，Aはもはや受け戻すことはできないので，Cは有効に不動産を取得できる。帰属清算方式が約定されていた場合でも，Aが債務を弁済する前に，BがCに目的物を譲渡した場合，上記の清算金の支払い・提供あるいは通知がなくても，その時点でAは**受戻権を失い**，被担保債権が消滅し，その時点を基準に清算金の有無および額が確定される（前掲最判昭62・2・12）。

5——集合動産・集合債権の譲渡担保

1 集合動産譲渡担保

⑴　**意　義**　「特定倉庫にある商品在庫全部」「生簀（いけす）の養殖魚」といったように，企業活動に伴い絶えず中身が入れ替わる動産をまとめて譲渡担保の対象とすることができる。このような個々の独立した動産が集まった集合体を**集合動産**と

呼び，とくに流入と流出を繰り返すものを**流動集合動産**と呼ぶ。たとえば，家電販売店Ａが店内の商品一切を譲渡担保とする場合，その商品は次々と販売され，また新たな商品が仕入れられるというように，集合物を構成する個々の物は変動することが予定されている。したがって，Ａには**通常の営業の範囲内**で目的動産を処分する権限があり，またその限りで新たな動産を補充する義務も課される。

設定者が債務不履行に陥り，担保権者が集合動産譲渡担保権を実行する場合，担保権者が実行の通知をすることによって，流動的な集合物の内容は固定される。これにより，設定者の処分権限は失われ，その時点で特定された動産だけが目的物となる。

集合動産譲渡担保が行われる理由は，次の点にある。①１つ１つは担保価値が乏しい動産をまとめて扱うことで相当の価値を持つ集合動産として担保化できる。②集合動産の一部を事業活動に用いながら被担保債権を弁済することができる。

⑵　**法的性質**　　設定者Ａの特定の倉庫にある「商品在庫一切」を担保としてＢから融資を受ける場合，商品１つ１つに譲渡担保が設定されるのだろうか，それとも商品全体を１つの集合物とみなして譲渡担保が設定されるのだろうか。前者の考え方を**分析論**，後者を**集合物論**という。分析論は，集合物を構成している個々の動産の上に譲渡担保が成立すると考える。つまり，集合体に組み入れられることを停止条件として担保の目的物となり，集合体から分離されることを解除条件として譲渡担保の目的物から外れる。一物一権主義に即した技巧的な説明である。他方で，学説では，流動する動産を１つの集合物とみる集合物論が支持されており，判例もこの考え方をとる（最判昭54・2・15民集33巻１号51頁）。集合物論の利点としては，設定者が経済的危機に陥った時期以降に集合物への動産の組み入れがあっても，新たな担保の供与にならず，詐害行為取消し（424条）などの対象にならないことが挙げられる（分析論によると詐害行為取消しの対象となる）。

流動集合動産では目的物が変動するため，**集合物の範囲の特定**が重要になる。判例によれば，目的動産の「種類，所在場所及び量的範囲を指定するなど」の方法によって特定される（前掲最判昭54・2・15）。たとえば，「Ａ会社の第一倉庫内にある普通棒鋼，異形棒鋼等一切の在庫商品」（最判昭62・11・10民集41巻８号

1559頁）という具合である。他方で，「倉庫内の乾燥ネギフレーク44トン中28トン」という指定方法では不十分とされる（前掲最判昭54・2・15）。集合物を構成する部分とそうでない部分を明確に区別し，その所在を具体的に示す必要がある。

2 集合債権譲渡担保

たとえば，リース会社は，運用資金を得る際に，顧客に対するリース料債権が資産の主要部分であることが少なくない。そこで，リース会社（消費者金融会社，割賦販売会社など）は，顧客に対して現在有している多数の債権（リース料）や将来発生する多数の債権（将来債権）を一括して譲渡担保の目的とすることができる。これを集合債権譲渡担保という。将来債権の譲渡は一定の範囲で認められる（466条の６）。

集合動産の場合と同様，担保の目的となる債権の範囲を特定する必要がある（最判平12・4・21民集54巻４号1562頁）。目的債権の特定には，債権の発生原因，債権の発生時期，金額，第三債務者など債権を特定するために必要な事項の**全部または一部**が基準として用いられるが，当事者間で目的債権かどうかが明らかになっていれば特定性は満たされる。

6 ——譲渡担保の消滅

被担保債権が弁済や消滅時効の完成によって消滅すると，これを担保する譲渡担保も目的を失い消滅する。また物権に共通の消滅原因（目的物滅失，放棄，混同）によっても譲渡担保は消滅する。不動産譲渡担保では，登記名義が担保権者にあり，不動産の第三取得者は登場しないので，抵当権に関する代価弁済（378条），抵当権消滅請求（379条以下）は類推適用されないと解されている。

第3節 仮登記担保

1 ——仮登記担保とは何か

たとえば，ＡがＢから金銭を借り受けるにあたり，期日にＡが返済しない場合にはＡが所有する不動産でもって代物弁済（482条）をするという予約をする。Aが債務不履行に陥るとBは予約完結の意思表示（556条）をして不動産の所有権を取得できる。この不動産に対するBの予約による権利を保全するために，所有権移転請求権保全の仮登記（不登105条2号）が行われる（→46頁）。このため，仮登記担保と呼ばれる。代物弁済予約だけでなく，売買の予約や停止条件付代物弁済契約という形がとられることもある（→図表10−8）。

図表10−8　仮登記担保

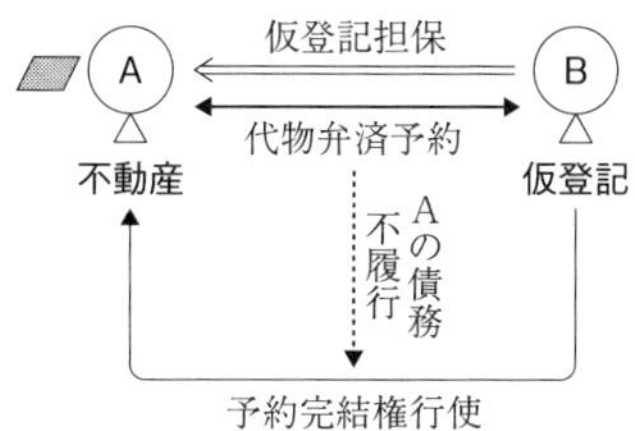

仮登記担保は，判例によりその法理が段階的に形成され（とくに最大判昭49・10・23民集28巻7号1473頁），1978（昭和53）年に仮登記担保契約に関する法律（以下，「仮登記担保法」とする）として立法化された。

仮登記担保の実行は譲渡担保と同様に，私的実行ができるので，手間・費用を省き迅速に実行することができる。かつては被担保債権額を大きく超える価値のある不動産が目的物とされ，担保権者にはその「剰余」を丸取りできるうまみがあったが，判例により担保権者に清算義務が課され，また仮登記担保法の制定によりルールが明確化された。

現在では，仮登記担保は金融実務においてほとんどみられなくなった。その理由は，主として，上記の仮登記担保法の立法により債権者にとっての利点が相対的に減少した点（たとえば目的物を処分する前の清算金支払いの義務化，清算金支払い前の競売手続の優先〔→271頁，272頁〕）にある。さらに，2003（平成15）年の民法改正により抵当権の抱えていた難点が緩和（短期賃貸借保護制度の廃止，滌除の抵当権消滅請求権への修正）されたことも追い打ちとなった。

2——仮登記担保権の設定

仮登記担保は仮登記担保契約によって設定される（諾成・無方式）。契約の当事者は，債権者と設定者（債務者または物上保証人）である。この契約は以下の要件を満たす必要がある。①金銭債権を担保する目的，②債務不履行時には債権者に債務者・第三者の権利を移転することなどを目的とした代物弁済予約や停止条件付代物弁済などの契約，③その契約による権利が仮登記または仮登録ができること，である（仮登記担保1条）。

1 目的物

通常は，**不動産**（土地・建物）である。用益物権（地上権・地役権・永小作権）や賃借権，あるいは採掘権，登録可能な船舶なども対象となるが，実務上はほとんど用いられない。

2 公　示

仮登記または仮登録（**担保仮登記**と呼ばれる〔仮登記担保４条１項〕）が公示方法である。担保仮登記は順位保全効（不登106条）のほかに，一定の場合に抵当権設定登記とみなされ，優先弁済を受ける順位を決定する効力も有する（仮登記担保13条１項・20条）。不動産が他の債権者によって競売にかけられた場合，仮登記担保権者は，仮登記のままで順位に応じた**優先弁済権**を行使することができる（仮登記担保13条１項・15条１項）。

3――仮登記担保の実行

仮登記担保権者は，債務が履行されない場合，競売手続を経ずに，仮登記を本登記に改め目的物の所有権を取得することができる（私的実行）。これにより債権回収が図られる。また，他の債権者が申し立てた競売手続に参加して仮登記担保を抵当権とみなしてもらい，**優先弁済**を受けることも可能である。**図表10－９**を参照しながら以下の説明を読んでほしい。

1 私的実行

私的実行は仮登記担保権者が所有権を取得することによってのみ行われる（帰属清算方式）。私的実行を開始するには，債務者の履行遅滞，仮登記担保契約で仮登記担保権者が所有権の取得を予定している日（代物弁済予約であれば予約完結の意思表示の日）の到来が必要である（→**図表10－９①**）。また所有権を取得するには，**清算金の見積額を設定者に通知**する必要がある（→**図表10－９②**）。清算金がない場合はその旨の通知が必要である。この通知の到達から**２か月**（**清算期間**）が経過してはじめて（→**図表10－９③**），仮登記担保権者は**所有権を取得**する（仮登記担保２条１項）（→**図表10－９④**）。これにより設定者の債務（被担保債権）は目的物の価額の限度で消滅する（仮登記担保９条）。このような通知を債権者に課すことで，抵当権と比べた場合の不均衡を是正し，債務者等の受戻しの機会が保証される。なお，清算期間経過前は，当然に，債務者は債務を弁済し仮登記担保権を消滅させることができる。

この通知到達時に，後順位の担保権者（抵当権者，仮登記担保権者など）がいるときは，債権者は遅滞なくこれらの者に対しても所定の通知をしなければならない（仮登記担保5条）（→図表10－9②）。これにより後順位担保権者の利害関係が調整される。

図表10－9　仮登記担保の実行

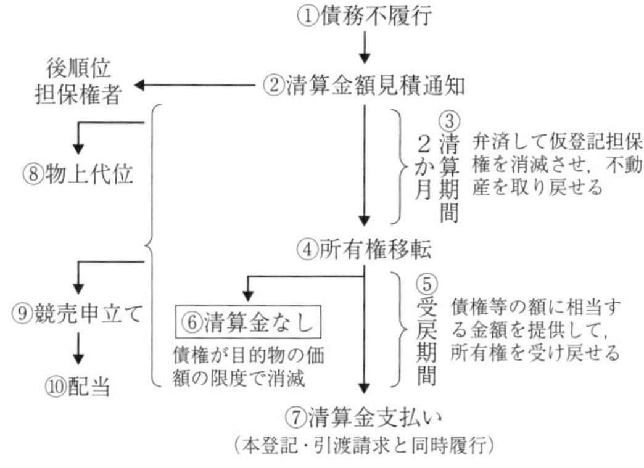

2 清 算 金

目的物の価額が債権額に満たない場合，債権は価額の限度で消滅する（仮登記担保9条）（→図表10－9⑥）。他方で，債権額を上回るときは，債権が消滅したうえで，債権者は差額分の**清算義務**を負い（仮登記担保3条1項），同時に本登記請求権，目的物引渡権を有する。清算金の支払いの実効性を確保するために，清算債務の履行と本登記・引渡債務の履行は**同時履行**となる（同条2項）（→図表10－9⑦）。また，目的物が第三者に譲渡された場合，設定者には留置権も認められている（最判昭58・3・31民集37巻2号152頁）。

後順位担保権者には，清算金（正確には清算金請求権）に対する**物上代位**が認められている（仮登記担保4条）（→図表10－9⑧）。仮登記担保権者が設定者に**清算金を支払う前に差し押さえる**必要があり（304条と同趣旨。→184頁），後順位担保権者が複数いる場合は，その権利の順位で優劣が決まる。

3 受 戻 し

設定者は，清算期間開始後から清算金を受け取るまでは，債権等の額に相当する金銭を提供して，目的物の所有権を取り戻す**受戻権**が認められている（仮登記担保11条）（→図表10－9⑤）。なお，所有権が仮登記担保権者に移転することで債務は消滅しているので，この金銭の支払いは債務の弁済ではない。受戻権は形成権であるが，清算期間経過後**5年**で消滅する（仮登記担保11条ただし書）。

□ WINDOW 10-4

仮登記担保権の性質

仮登記担保法によれば，第三者が仮登記担保の目的物に対して強制競売などの手続を行った場合，権利者は仮登記の順位で優先弁済を受けることができ（仮登記担保13条），またその権利は破産手続では別除権（仮登記担保19条1項），更生手続では更生担保権（同条4項）として扱われる。こうした点は，担保物権にみられる特有の効力である。また，仮登記担保権者が目的物の所有権を取得するといっても，清算義務があるために，実質的には，被担保債権額の範囲内で価値を取得するにとどまる。こう考えると，仮登記担保権者の有する権利は仮登記担保権という「担保物権」ということになる。

これに対して，仮登記担保法は，同法1条所定の契約が締結された場合に，その契約の効力について同法所定の規制をする趣旨であり，新たに仮登記担保権なる独立の担保物権を認めたものではないという見解もある。つまり，仮登記は，担保目的であれ本来の目的であれ，外形上は差がないため，それによって担保物権が公示されているとみることはできない。そのために，競売手続，倒産手続の効力について，わざわざ「物権的」効力が付与されているのだという。この学説では，仮登記担保権者は，条文の言葉を用いて「担保仮登記権利者」とも呼ばれる。

この点，消滅時効にかからないとされる譲渡担保における受戻権とは異なる。

4 競売手続

後順位担保権者に認められる物上代位権行使の範囲は，清算金見積額の限度内であり（仮登記担保4条1項），この額が不当であれば，後順位担保権者（仮登記担保権者を除く）は，私的実行がされた後でも，清算金の支払いまでに競売手続の請求ができる（仮登記担保12条）（→図表10-9⑨）。競売手続において，仮登記担保権は**抵当権とみなされ**，仮登記担保権者はその順位（担保仮登記時が抵当権設定時とみなされる）に応じて**優先弁済**を受けることができる（仮登記担保13条）（→図表10-9⑩）。この場合，仮登記担保権者は，仮登記を本登記に改めることはできない（仮登記担保15条）。つまり，**競売手続の方が私的実行よりも重視**されている。

5 法定借地権

A所有の土地（その上にはA所有の建物がある）に仮登記担保が設定され，Bが私的実行により土地の所有権を取得した場合，Aのために建物所有を目的とする土地賃借権（地上権ではない！）が成立する（仮登記担保10条）。これを**法定借地権**という。このような権利が認められるのは，土地建物の所有者は，土地所有権が仮登記担保権者に取得される事態に備えて予め自己の土地に利用権を設定する手段がないためである（仮登記ができない）。他方で，仮登記担保権者が建物だけを取得する場合には，予め敷地の利用権を確保して，その旨を仮登記しておけるので，法定借地権は認められない。この点は，抵当権における法定地上権とは異なる（→193頁）。

4 ――仮登記担保の消滅

被担保債権の消滅（弁済や時効など）によって仮登記担保も消滅する。また，仮登記担保の私的実行や他の債権者による目的物の競売によっても消滅する。

第4節　所有権留保

1 ――所有権留保とは何か

たとえば，BがAに自動車を売却する際に，自動車を先にAに引渡し，代金は分割払いとした。Aにとっては一括で代金を払わなくてよい利点があり，Bも販路を拡大できる。しかし，Aが残代金を支払わないおそれがある。そこで，代金の回収を確実にするために，代金完済まで目的物の所有権がBに留保（所有権が売主に留まっている）されるという特約（留保特約）が結ばれることがある。このような担保手段を**所有権留保**という。代金の支払いが遅滞する場合，売主は所有権に基づいて目的物を取り戻し，そこから残代金を回収する（→図表10-10）。

所有権留保と譲渡担保が競合する場合，所有権留保が優先する。たとえば，代金額が期間ごとに算定される売買代金を確保する限度で目的物の所有権が留保されている場合，留保買主が代金未払いの目的物を集合動産譲渡担保に供しても，譲渡担保の効力は認められない（最判平30・12・7民集72巻6号1044頁）。

1 所有権留保の利用

主として，消費財（自動車，家具など）の割賦販売において利用される。なお，割賦販売法では，同法が適用される売買契約について，所有権が業者に留保さ

図表 10－10　所有権留保（所有権的構成）

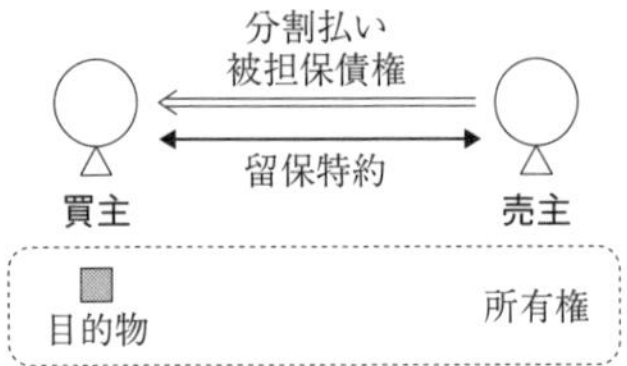

図表 10－11　所有権留保（担保的構成）

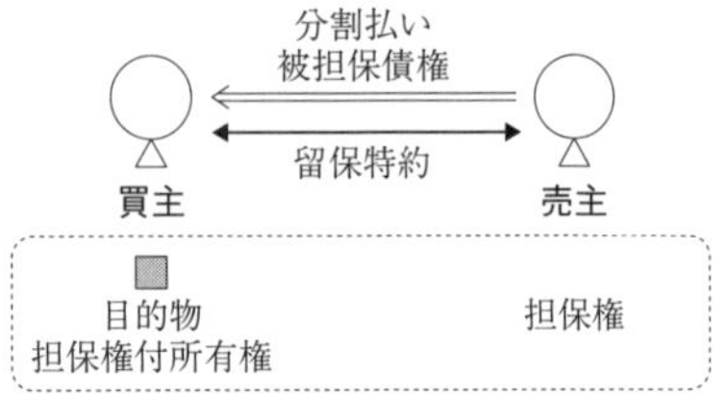

れると推定されている（割賦7条）。土地や建物にも所有権留保は利用されるが，**宅地建物取引業者が売主として行う**割賦販売では，代金額の10分の3以上の支払いがある場合は，**所有権留保が禁止**されている（宅建43条）。

2 公　示

所有権の移転がないため所有権留保の公示は不要とされる（通説）。担保的構成によれば，占有改定による引渡しや留保所有権者名義での登録が公示とされる。いずれにせよ，実務では機械などの目的物にネームプレートを付け，留保物件であることを表示して，買主からの転得者の即時取得を防ぐ対策がとられている。

3 法律構成

所有権留保は，従来，停止条件付権利移転だと理解されていた（**所有権的構成**）。つまり，代金の完済までは売主に目的物の所有権が帰属し，代金完済（条件成就）によって，所有権が買主に移転するというものである。そのため，代金完済までは買主には目的物利用権と期待権（128条・129条）があるにすぎない。ところが，近時では，所有権留保の担保的側面を強調し，債権者である売主が担保目的で所有権を有しているのだから，売主の権利は担保権として構成するべきだという見解が支配的になっている（**担保的構成**）。この考え方によれば，売買契約によって所有権（担保権付所有権）は買主に移転するが，留保特約により，売主は代金債権を被担保債権とする担保権（留保所有権）を取得することになる（→図表10-11）。

2――所有権留保の効力

1 内部関係

上記のどちらの法的構成によっても，結論に大きな差はない。買主は売買契約（担保的構成では担保権付所有権）に基づいて，自由に目的物を使用収益することができる。また，買主が目的物を滅失・損傷または第三者に処分した場合，売主の所有権侵害（担保的構成では担保権）に基づく不法行為責任を負う。特約があれば債務不履行責任も生じる。

2 受 戻 し

買主は清算金の提供または支払いがあるまでに残代金を支払って，売主の留保所有権を消滅させることができる。

3 対外関係

⑴　**買主から転得した第三者との関係**　　買主が第三者に目的物を転売した場合，所有権的構成によれば，買主には所有権はないので，相手方が即時取得（192条）の要件を満たした場合のみ，売主は所有権を喪失する（最判昭42・4・27判時492号55頁）。担保的構成によれば，買主は担保権付の所有権を取得するので，相手方は，この権利を取得することになる。即時取得の要件を満たせば，完全な所有権を取得できる。

所有権留保が用いられた自動車の転売のケースで，ディーラー（正規販売業者）の権利行使が権利濫用とされた事例がある（最判昭50・2・28民集29巻2号193頁ほか）。自動車ディーラーAがサブディーラー（非正規販売業者）Bに所有権を留保して自動車を売却し，Bが顧客Cにその自動車を売却し引き渡した（履行に際してAは協力している）という事案で，CはBに代金を完済しているにもかかわらず，BがAに代金支払いを怠っていたために，AはCに対して自動車を引き渡すよう請求した（なお，登録制度がある自動車は原則として即時取得は認められない〔→84頁〕）。Aが履行に協力していること，不測の損害（Aの代金回収不能という危険）をCに被らせることは妥当ではないとして，Aの請求が**権利濫用**とされた。ただし，判例の考えによるとCは所有権を取得できないので，学説では，AからBに**転売授権**（**権限の授与**）があったとみて（BをAの代理人とみて），Cは代金を完済すれば所有権を取得できると考えられている。

また，買主が所有権留保の目的物を他人の土地に放置し続けた場合，売主（留保所有権者）は，弁済期後には撤去義務を負う（最判平21・3・10民集63巻3号385頁）。売主は，弁済期が経過すると目的物の処分権能を取得するからである。

⑵ **買主の債権者との関係**　買主の債権者との関係では，信販会社が自動車の買主の代金を立て替える場合，買主に対して立替金債権等を有する信販会社には所有権留保が認められ，この留保所有権は，買主の倒産手続において別除権（→14頁）として扱われる（最判平22・6・4民集64巻4号1107頁）。ただし，留保所有権の被担保債権が信販会社の立替金等である場合，信販会社は対抗要件を備えなければ別除権の行使ができないが（上記最判平22・6・4），約款により販売会社の有していた債権を被担保債権とする場合，販売会社が対抗要件を備えていれば，法定代位により（→新プリメール民法4），信販会社は対抗要件を備えていなくても別除権の行使ができる（最判平29・12・7民集71巻10号1925頁）。破産手続開始時に販売会社が所有者として登録されている自動車については，所有権が留保されていると予測できるなどの理由による。

代金完済までに買主の一般債権者が目的物に強制執行をした場合，売主（または売主からの譲受人）は，所有権を主張して第三者異議の訴えを提起できる（最判昭49・7・18民集28巻5号743頁）。

3——所有権留保の実行

買主が債務を履行しないとき，売主は売買契約を解除し，目的物を取り戻すことで，債権を回収する。しかし，この場合の解除は担保権の実行であるので，売主には**清算の義務**がある。具体的には，すでに支払いを受けた代金額から損害金・違約金などを差し引いた額を買主に返還する。この清算金の支払いと目的物の引渡しは同時履行の関係に立ち，買主には留置権も認められる。もっとも動産は使用による減価があるので，清算義務が生じないことも少なくない。

第5節　その他の非典型担保

非典型担保には権利移転を含まないものもある。以下では，代理受領と振込指定を取り上げる。

1 代理受領

代理受領とは，債務者A（建設業者など）が債権者Bの債務の担保として，Aが第三者C（国や公共団体）に対して有する債権（工事請負代金債権など。便宜上，**譲渡・質入れ禁止**がされていることが多く譲渡担保は使えない）の支払いを受領する権限（**代理受領権**）をBに与え，Cがこれを**承認**するという場合である。Bが受領した金銭を，Aの債務と相殺することで債権回収が図られる。この場合，Cが承諾の趣旨に反してAに支払いをすると，Cの不法行為責任が成立する（最判昭44・3・4民集23巻3号561頁）。CはBの担保的利益につき正当な理由なく侵害しない義務を負うと解されている。

2 振込指定

債権者B（銀行）が，債務者Aの債務の担保として，Aが第三者C（第三債務者）に対して持つ債権（工事請負代金債権など）の支払いにつき，CにB銀行にあるAの預金口座に振り込むよう依頼し，これをCが承諾する場合である。代理受領と同様に，Bは振り込まれた預金債権とAに対する債権を相殺して債権回収を図る。

参考文献ガイド

1　教科書・基本書

■物権・担保物権法を一冊に収めた標準的教科書として，

淡路剛久・鎌田薫・原田純孝・生熊長幸『民法Ⅱ物権〔第５版〕(有斐閣Ｓシリーズ)』(有斐閣，2022年)

伝統のあるシリーズの一冊。本書から少し先に進みたい人向け。

安永正昭『講義 物権・担保物権法〔第４版〕』(有斐閣，2021年)

判例・通説を踏まえたオーソドックスな教科書。１人の著者によるもので，首尾一貫している。

石田剛・武川幸嗣・占部洋之・田髙寛貴・秋山靖浩『民法Ⅱ物権〔第４版〕(LEGAL QUEST)』(有斐閣，2022年)

最近注目されている教科書。ポイント毎に演習問題が用意されている点が特徴的。

■物権法のみを扱う標準的教科書として，

佐久間毅『民法の基礎２ 物権〔第２版〕』(有斐閣，2019年)

基本と発展がしっかりと分かれている教科書。発展部分は司法試験にも対応可能。

河上正二『物権法講義（法セミ LAW CLASS シリーズ)』(日本評論社，2012年)

沿革などを踏まえた詳細な叙述と文献案内が特徴的。重要判決は直接引用されている。

平野裕之『物権法』(日本評論社，2016年)

通説や多数説だけでなく，さまざまな学説の紹介が丁寧になされている教科書。判例の紹介も詳しい。

松岡久和『法学叢書９ 物権法』(成文堂，2017年)

設例を前提に叙述を進める教科書。意欲的な解釈論を提示する。

■担保物権法のみを扱う標準的教科書として，

高木多喜男『担保物権法〔第４版〕(有斐閣法学叢書２)』(有斐閣，2005年)

代表的な体系書。担保物権法を深く学習する際に，まず読むべき一冊。

高橋眞『担保物権法〔第２版〕(法学叢書６)』(成文堂，2010年)

判例だけでなく学説の整理も行き届いている。叙述も平易で読みやすい。

松井宏興『民法講義３ 担保物権法〔補訂第２版〕』(成文堂，2011年)

豊富な事例で具体的に学べる教科書。当該条文がどのような事例に適用されるのかを知るのに最適。

河上正二『担保物権法講義（法セミ LAW CLASS シリーズ）』（日本評論社，2015年）
松岡久和『担保物権法（法セミ LAW CLASSシリーズ）』（日本評論社，2017年）
設例を用いた叙述。通説・判例に即しているが，いくつか重要論点で自説を展開。
道垣内弘人『担保物権法〔第４版〕（現代民法Ⅲ）』（有斐閣，2017年）
担保物権の代表的教科書の１つ。通説への批判も鋭く読み応えがある。
平野裕之『担保物権法』（日本評論社，2017年）

２　副読本

解釈論に親しむための読み物として，
我妻榮著，幾代通・川井健補訂『民法案内３　物権法上』（勁草書房，2006年）
我妻榮著，幾代通・川井健補訂『民法案内４　物権法下』（勁草書房，2006年）
我妻榮著，川井健補訂『民法案内５　担保物権法上』（勁草書房，2007年）
我妻榮著，清水誠・川井健補訂『民法案内６　担保物権法下』（勁草書房，2007年）

３　古典的著作・体系書

従来の「通説」や「有力説」を直接に知るための文献として，
末川博『物権法』（日本評論社，1956年）
舟橋諄一『物権法（法律学全集18）』（有斐閣，1960年）
我妻栄著，有泉亨補訂『新訂物権法』（岩波書店，2004年）
広中俊雄『物権法〔第２版増補〕（現代法律学全集６）』（青林書院，1987年）
我妻栄『新訂担保物権法（民法講義Ⅲ）』（岩波書店，1968年）
柚木馨・高木多喜男『担保物権法〔第３版〕』（有斐閣，1982年）
鈴木禄弥『物権法講義〔５訂版〕』（創文社，2007年）

４　注釈書

松岡久和・中田邦博編『新・コンメンタール民法（財産法）〔第２版〕』（日本評論社，2020年）
比較的新しい学説を盛り込んで，学習用に作られた注釈書。
我妻榮・有泉亨・清水誠・田山輝明『我妻・有泉コンメンタール民法　総則・物権・債権〔第７版〕』（日本評論社，2021年）
古くから定評のある注釈書の合本版。

能見善久・加藤新太郎編『論点体系判例民法2　物権〔第3版〕』(第一法規，2018年)
能見善久・加藤新太郎編『論点体系判例民法3　担保物権〔第3版〕』(第一法規，2018年)
　上記2点は，条文を判例中心に解説。
『新版注釈民法(6)・(7)・(9)』(有斐閣，2009年，2007年，2015年)
　最も詳細な注釈書。

5　判例集・判例解説

松本恒男・潮見佳男・下村信江編『判例プラクティス民法Ⅰ総則・物権〔第2版〕』(信山社，2022年)
　掲載判例数は類書の中で最も多い。
潮見佳男・道垣内弘人編『民法判例百選Ⅰ総則・物権〔第8版〕』(有斐閣，2018年)
　定評ある判例解説書。
水津太郎・鳥山泰志・藤澤治奈『民法2　物権 判例30！』(有斐閣，2017年)
　最重要の判決に絞って易しく解説。

《巻末資料》不動産登記簿記載例

土地登記簿

京都府京都市北区○○町２６５－５　　　　全部事項証明書　　（土地）

表　題　部　（土地の表示）	調　製	余　白	不動産番号	１６０２ＸＸＸＸＸＸＸＸＸ
地図番号	余　白	筆界特定	余　白	
所　在	京都市北区○○町		余　白	

①　地　番	②地　目	③　地　積　㎡	原因及びその日付〔登記の日付〕
２６５番５	宅　地	１６３　０５	２６５番１から分筆 〔令和３年４月１２日〕
余　白	余　白	１６９　０８	③２６５番８、２６７番３を合筆 〔令和３年５月１９日〕

表示に関する登記はここに記載される（↓47頁）。

権　利　部　（甲区）（所有権に関する事項）			
順位番号	登記の目的	受付年月日・受付番号	権　利　者　そ　の　他　の　事　項
1	合併による所有権登記	令和３年２月２６日 第１８３７号	所有者　京都府京都市中京区○○町○○番地 有限会社　△△△開発 順位４番の登記を転写 令和３年４月１２日受付 第３２７１号
2	合併による所有権登記	令和３年５月１９日 第４５９４号	所有者　京都府京都市中京区○○町○○番地 有限会社　△△△開発
3	所有権移転	令和３年１２月１６日 第１１４４５号	原因　令和３年１２月１６日売買 所有者　京都府京都市左京区○○○町（２０１号） 法　律　太　郎
付記１号	３番登記名義人住所変更	令和４年４月２６日 第４００９号	原因　令和４年４月１６日住所移転 住所　京都府京都市北区○○町２６５番地５

登記移転原因はこのように記載される。

権　利　部　（乙区）（所有権以外の権利に関する事項）			
順位番号	登記の目的	受付年月日・受付番号	権　利　者　そ　の　他　の　事　項
1	根抵当権設定	令和２年１２月１５日 第１２１６１号	原因　令和２年１２月１５日設定 極度額　金３，０００万円 債権の範囲　信用金庫取引　手形債権　小切手債権 債務者　京都府京都市中京区○○町○○番地 有限会社　△△△開発 根抵当権者　京都府京都市下京区○○○町○番地 ○○○○信用金庫 共同担保　目録(せ)第４８４１号 順位１番の登記を転写 令和３年４月１２日受付 第３２７１号
2	１番根抵当権抹消	令和３年５月７日 第４２０８号	原因　令和３年５月７日解除
3	根抵当権設定	令和３年６月１日 第５０１２号	原因　令和３年６月１日設定 極度額　金３，０００万円 債権の範囲　信用金庫取引　手形債権　小切手債権 債務者　京都府京都市中京区○○町○○番地 有限会社　△△△開発 根抵当権者　京都府京都市下京区○○○町○番地 ○○○○信用金庫 共同担保　目録(せ)第４８４１号
4	３番根抵当権抹消	令和３年１２月１６日 第１１４４４号	原因　令和３年１２月１６日解除
5	抵当権設定	令和３年１２月１６日 第１１４４６号	原因　令和３年１２月１６日保証委託契約による求償債権 令和３年１２月１６日設定 債権額　金３，７００万円 損害金　年１４・００％（年３６５日日割計算） 債務者　京都府京都市左京区○○○町（２０１号） 法　律　太　郎 抵当権者　大阪市中央区○○○○３番５号 □□□□信用株式会社
付記１号	５番抵当権変更	令和４年４月２６日 第４０１０号	原因　令和４年４月１６日住所移転 債務者の住所　京都府京都市北区○○町２６５番地５
付記２号	５番抵当権担保追加	余　白	共同担保　目録(せ)第６５４６号 令和４年４月２６日付記

付記登記はこのように記載される（↓48頁）。

共　同　担　保　目　録			
記号及び番号	(せ)第６５４６号	調製	令和４年４月２６日
番　号	担保の目的である権利の表示	順位番号	予　　備
1	京都市北区○○町　２６５番地５　家屋番号 ２６５番５の建物	1	余　白
2	京都市北区○○町　２６５番地５の土地	5	余　白

※下線のあるものは抹消事項であることを示す。

建物登記簿

京都府京都市北区○○町２６５−５　　　全部事項証明書　　　（建物）

表　題　部（主である建物の表示）			調　製	余　白	不動産番号	１６０２ＸＸＸＸＸＸＸＸＸ
所在図番号	余　白					
所　　在	京都市北区○○町　２６５番地５				余　白	
家屋番号	２６５番５				余　白	
①　種　類	②　構　造	③　床　面　積　㎡			原因及びその日付〔登記の日付〕	
居　　宅	木造スレートぶき２階建	１階　　６４｜５０ ２階　　６１｜５０			令和４年４月７日新築 〔令和４年４月１５日〕	
所　有　者	京都府京都市北区○○町２６５番地５　　法　律　太　郎					

所有権保存登記はここに記載される（→35頁）。

権　利　部（甲区）（所有権に関する事項）			
順位番号	登　記　の　目　的	受付年月日・受付番号	権　利　者　そ　の　他　の　事　項
１	所有権保存	令和４年４月２６日 第４０１１号	所有者　京都府京都市北区○○町２６５番地５ 法　律　太　郎

権　利　部（乙区）（所有権以外の権利に関する事項）			
順位番号	登　記　の　目　的	受付年月日・受付番号	権　利　者　そ　の　他　の　事　項
１	抵当権設定	令和４年４月２６日 第４０１２号	原因　令和３年１２月１６日保証委託契約による求償債権令和４年４月２６日設定 債権額　金３，７００万円 損害金　年１４・００％（年３６５日日割計算） 債務者　京都府京都市北区○○町２６５番地５ 法　律　太　郎 抵当権者　大阪市中央区○○○○３番５号 □□□□信用株式会社 共同担保　目録(せ)第６５４６号

共　同　担　保　目　録			
記号及び番号	(せ)第６５４６号	調　製	令和４年４月２６日
番　号	担保の目的である権利の表示	順位番号	予　　備
１	京都市北区○○町　２６５番地５　家屋番号 ２６５番５の建物	１	余　白
２	京都市北区○○町　２６５番５の土地	５	余　白

これは登記記録に記録されている事項の全部を証明した書面である。
令和４年５月６日
京都地方法務局　　　　登記官　　

整理番号　Ｋ７１ＸＸＸ

※下線のあるものは抹消事項であることを示す。

で示した箇所は土地登記簿の下部にも入ります。

解説　不動産登記簿は，紙媒体から電子媒体に移行した今日でも，土地と建物のそれぞれに分かれている。上記の記載例では，まず，土地登記簿から，分筆，合筆を重ねた宅地（表題部）の現所有者は，甲区順位番号３の登記名義人であることがわかる。また，建物登記簿から，同名義人は，その土地上に新築した建物に入居し，建物所有権保存登記（甲区），住所変更の登記（土地登記簿甲区の順位番号３付記登記）を済ませたこともわかる。したがって，記載例の土地・建物は同一所有者に属するが，土地・建物各登記簿乙区の抵当権設定登記から，土地とその地上建物の両方に抵当権が存在する点に注意しよう（共同担保目録あり）。なお，土地上の先順位根抵当権はすべて抹消登記済み。

区分所有建物の場合（抜粋）

専有部分の家屋番号	２３８－１　～　２３８－３　２３８－１０１　２３８－１０２　２３８－２０１　～　２３８－２０７　２３８－３０１　～　２３８－３０７　２３８－４０１　～　２３８－４０７　２３８－５０１　～　２３８－５０７　２３８－６０１　～　２３８－６０７　２３８－７０１　～　２３８－７０７　２３８－８０１　～　２３８－８０６　２３８－９０１　～　２３８－９０６　２３８－１００１　２３８－１００２　２３８－１１０１　２３８－１１０２　２３８－１２０１　２３８－１２０２　２３８－１３０１　２３８－１３０２

表　題　部　（一棟の建物の表示）	調製	余　白	所在図番号	余　白

所　在	大津市〇〇〇〇町　２３８番地	余　白
建物の名称	〇〇〇〇	余　白

①　構　造	②　床　面　積　㎡	原因及びその日付〔登記の日付〕
鉄筋コンクリート造陸屋根地下１階付１３階建	１階　５３７：７１ ２階　５７２：１１ ３階　５７２：１１ ４階　５７２：１１ ５階　５７２：１１ ６階　５７２：１１ ７階　５５０：２６ ８階　５０４：１２ ９階　４０１：２９ １０階　３２１：４８ １１階　１７９：７６ １２階　１７９：７６ １３階　１７９：７６ 地下１階　４４：０３	〔令和４年２月１４日〕

表　題　部　（敷地権の目的である土地の表示）

①土地の符号	②　所　在　及　び　地　番	③地　目	④　地　積　㎡	登　記　の　日　付
１	大津市〇〇〇〇町　２３８番	宅地	１３８１：７６	令和４年２月１４日

表　題　部　（専有部分の建物の表示）	不動産番号	１６１７ＸＸＸＸＸＸＸＸＸ

家屋番号	〇〇〇〇町　２３８番の３０６	余　白
建物の名称	３０６	余　白

①　種　類	②　構　造	③　床　面　積　㎡	原因及びその日付〔登記の日付〕
居宅	鉄筋コンクリート造１階建	３階部分　７７：００ ：	令和４年２月８日新築 〔令和４年２月１４日〕

表　題　部　（敷地権の表示）

①土地の符号	②敷地権の種類	③　敷　地　権　の　割　合	原因及びその日付〔登記の日付〕
１	所有権	５１６４２３分の８０１４	令和４年２月９日敷地権 〔令和４年２月１４日〕

所　有　者	京都市中京区〇〇〇町〇〇番地　△△△△株式会社

権　利　部　（甲区）（所有権に関する事項）

順位番号	登　記　の　目　的	受付年月日・受付番号	権　利　者　そ　の　他　の　事　項
１	所有権保存	令和４年４月１３日 第６６２７号	原因　令和４年３月９日売買 所有者　大津市〇〇〇〇町238番地（306号） 法　律　花　子

（以下略）

解説　建物登記簿に含まれた区分所有建物の登記は，一戸建て建物の登記（前頁）とは少なからず異なる。表題部には，当該建物全部に関する表示に続き，建物区分所有者の専有部分の記載が見られる。記載例では，共有関係となる敷地権の登記にも注目しよう。建物登記簿甲区には，所有権保存登記があり，その登記名義人が現所有者であることがわかる。

判例索引

大審院

最高裁判所

下級裁判所

事項索引

あ 行

か 行

さ　行

た　行

な　行

は　行

ま　行

や　行

ら・わ行

新プリメール民法2 物権・担保物権法〔第2版〕

2018年6月15日　初　版第1刷発行
2022年9月25日　第2版第1刷発行

著　者　今村与一・張　洋介・鄭　芙蓉
　　　　中谷　崇・髙橋智也

発行者　畑　　光

発行所　株式会社 法律文化社

〒603-8053
京都市北区上賀茂岩ヶ垣内町71
電話 075(791)7131　FAX 075(721)8400
https://www.hou-bun.com/

印刷：中村印刷㈱／製本：㈲坂井製本所
装幀：白沢　正

ISBN978-4-589-04232-3